ストーリーで理解する
日本一
わかりやすい
Mobility as a Service
MaaS&
Connected Autonomous Shared Electric
CASE

中村尚樹
NAKAMURA Hisaki

プレジデント社

はじめに

ＭａａＳと書いて「マース」、ＣＡＳＥは「ケース」と読む。いずれも英単語の頭文字を並べて作った造語だから、はじめて見たり、聞いたりする人にとっては、何のことか、さっぱりわからないだろう。私も最初は、よくわからなかった。カタカナで「マース」と書いてあれば、「火星」のことかと思う。「ケース」となると、「場合」という意味に受け止められかねない「ケース」もある。そこで本書ではそのまま、アルファベットで表記することにした。

ＭａａＳは、「モビリティ・アズ・ア・サービス」を略した言葉だ。日本語で〝モビリティ〟というと、「乗り物」を指す場合が多い。しかし、英語本来の意味は「可動性」、つまり自在に動けること、あるいは「易動性」、つまり移動のし易《やす》さである。社会的な職業の移動を指す場合にも用いられる。ＭａａＳという文脈になると、モビリティは、「交通手段を使って自由に移動できること」という意味になる。

メディアでは、文脈によってＭａａＳの示す内容が異なることがある。よく使われるのは、スマートフォンで様々な交通手段を便利に使おうという「ＭａａＳアプリ」と、そのシステムを指す場合だ。もうひとつは、マイカー以外の様々な用途で使われる「サービスカー」として、クルマを利用する場合のイメージだ。このように違いが出るのはなぜかと言えば、ＭａａＳという概念がややあいまいだからである。

別の言い方をしてみよう。ＭａａＳの目指す世界は、共通している。ひとことで表現すれば、「移動の最適化」である。これを私なりにかみくだいて言うと、「いろんな無駄を省きながら、できるだけ公共交通を利用して、快適に目的地へ行きましょう」ということだ。この場合の「快適」とは、早く着く場合もあれば、物見遊山で行程を楽しむ場合もある。ＭａａＳの主体は、あくまで利用者なのだ。もともと北欧のフィンランドで、公共交通機関を、より便利に使ってもらおうという発想から生まれた言葉だから、基本的には、使う側の目線に立っている。一方で、その手段を提供する側の目線に立ってみれば、それぞれのＭａａＳが存在するわけだ。さらにＭａａＳを前提にした新しいビジネスやサービスも、広い意味でＭａａＳの世界に含まれる。だから、提供手段や新規ビジネスが増えれば増えるほど、ＭａａＳの概念は広がっていく。

一方、ＣＡＳＥは、「自動車がインターネットでつながること」「自動運転」「シェアリング」、それに「電動化」という、四つのキーワードの頭文字を並べて作った言葉だ。

ＭａａＳをソフトとすれば、ＣＡＳＥはハードの比重が高い。こちらはそもそも、ドイツの大手自動車メーカーが作った言葉だ。だからＭａａＳが利用者目線なのに対して、ＣＡＳＥはメーカー目線という印象がある。

「みんなで使おう」というシェアリングだけがソフト面で異質だが、しかしシェアリングを含めていずれも、これからの自動車のあるべき姿を示している。つまり、時間軸で捉えると、ＣＡＳＥは未来のモビリティ像を表している。一方、「いまあるサービスをうまく組み合わせて、便利に使いましょう」というＭａａＳは、いまのモビリティ像であるとも言える。

　マイカーに対する立場で言えば、ＭａａＳは、「交通渋滞や大気汚染、エネルギーの浪費を減らすためにも、マイカー利用を控えましょう」という側面を持っている。これに対してＣＡＳＥを主導する自動車メーカーは、マイカー所有を前提に事業を考えている。その意味で、ＭａａＳの「マイカー削減」対ＣＡＳＥの「マイカー推進」という構図は、確かにある。

　しかしＭａａＳは、ストイックに「すべてのマイカーをやめましょう」と言っているわけではなく、マイカー利用よりも便利な手段があることを示しているに過ぎない。一方、ＣＡＳＥでは、駐車場で眠っているクルマをシェアリングで有効活用し、自動運転で事故や渋滞が減り、電気自動車は環境に対する負荷を減らすことができる。つまり「無駄をなくす」という立場で、ＭａａＳとＣＡＳＥは同じ方向を向いている。「移動の最適化」を求めるＭａａＳにとって、ＣＡＳＥの「最新技術」は有効な手段である。その意味で、ＣＡＳＥはＭａａＳを下支えする。あるいはＣＡＳＥが実用化されれば、ＣＡＳＥはその時点でＭａａＳの世界に含まれると言えるだろう。

　世界のＭａａＳ市場規模として、半導体大手のインテルは二〇三五年で約九〇兆円、ＭａａＳアプリの先駆者であるマースグローバルは二〇三〇年で約一一二兆円と試算している。いずれも相当な規模だ。何をもってＭａａＳ市場と捉えるかで、見方は大きく違ってくるが、ＭａａＳとＣＡＳＥに寄せる経済界の視線は熱いものがある。

本書では、ＭａａＳとＣＡＳＥを切り口にしながら、日本で様々な取り組みを進める挑戦者たちを紹介する。この分野では、ベンチャー企業や異業種からの参入が特に目立つ。クルマの将来を大きく変える自動運転にしても、自動車メーカーは日本内外を問わず、ベンチャーと組んで開発を進めている企業が多い。そこで本書では、まだ一部にしか知られていないものの、今後の成長が大いに期待されているベンチャー企業を積極的に取り上げることにした。そのほうが、ＭａａＳとＣＡＳＥ時代の特徴を、よりくっきり浮かび上がらせることができると考えたからだ。

ＭａａＳという言葉の定義だが、前述したように、それぞれの事業者や研究者、あるいは国によって、解釈された意味と内容にかなりの違いがある。しかし本書の狙いは、ＭａａＳを厳密に定義することではなく、ＭａａＳとＣＡＳＥによって切り拓かれようとしている新時代を展望することにある。そこで本書ではより広い意味で、ＭａａＳを捉えることとしたい。

さらに本書では、最新のモビリティ事情にとどまらず、どのような人物がチャレンジしているのかについても、なるべく紙幅を割いてみた。誰もまだ手をつけていないブルーオーシャンに船出した彼らの思いや熱意が、どのように実を結んでいくのか。いずれの事業も現在進行中であり、今後のニュースでぜひ、彼らの取り組みに注目してほしい。

なお本文では敬称をすべて省略した。肩書と年齢は取材時のものである。アルファベット表記の社名は、読みやすさを考え、最初に正式な名称を表記したのち、原則的にカタカナで記した。ただしＪＲとＤｅＮＡ、ＺＭＰ、ＳＢドライブ、それにＡＮＡは、カタカナのほうが読みにくくなるため、アルファベット表記とした。

ストーリーで理解する
日本一わかりやすいMaaS&CASE

もくじ

はじめに……3

第1章 MaaSとCASEとは何か

様々な分野に応用される〝アズ・ア・サービス〟とは何か……18
MaaSが生み出すこれまでとは違う社会……19
国交省や日本政策投資銀行からの評価……21
政府が目指すのは「超スマート社会」……23
各自動車メーカーが大慌てでCASEに対応し始めた理由……26
CASEの先端技術がMaaSの領域を拡大させる……28

電気自動車の歴史は一八三〇年代には始まっていた……30
時代は一〇〇年に一度のモビリティ革命に入った……33

第2章 交通弱者を救うMaaS

①過疎地域×MaaS&CASE
兵庫県豊岡市で生まれた
地域主体交通「チクタク」がもたらすもの……38
②オンデマンド×MaaS&CASE
東大発のオンデマンド配車システム
「コンビニクル」が輸送効率の向上につながる訳……52
③パーソナルモビリティ×MaaS&CASE
次世代型電動車いすを開発
ウィルが目指す〝最後のワンピース〟……72

第3章 観光型MaaSが持つ可能性

④観光×MaaS&CASE
人手不足に悩む地域の救世主!?
伊豆で進められる観光型MaaS「イズコ」とは？ ……92
⑤バス会社×MaaS&CASE
ひがし北海道や東南アジアなどで
MaaS事業を展開するウィラーの挑戦 ……113
⑥キャンプ場×MaaS&CASE
一日一組限定のキャンプ場を提供する
ヴィレッジインクのコンセプト ……126

第4章

都市型MaaS：タクシーとライドシェアの新動向

⑦ライドシェア×MaaS&CASE
ライドシェアとしてのウーバーが日本で広まらなかった理由……141

⑧配車サービス×MaaS&CASE
中国発の配車サービス「ディディ」が信頼を得ることに成功した訳……155

⑨IT企業×MaaS&CASE
大手IT企業のDeNAが始めた2つの事業、ライドシェア「エニカ」と配車アプリ「モブ」……164

⑩相乗り×MaaS&CASE
乗客マッチングサービスの「ニアミー」がタクシーの潜在能力を最大限に引き出す!?……184

第5章 都市型MaaS：まったく新しいマーケットの創出

⑪ライドシェア×MaaS&CASE
乗りたい人と乗せたい人をつなぐ
「クルー」が白タク行為にはならない理由……194

⑫社有車×MaaS&CASE
使っていない社有車を
最大限に活用する「モネビズ」……208

⑬国家戦略×MaaS&CASE
フィンランド発祥！
日本に進出したMaaSの元祖マースグローバル……223

⑭電動キックボード×MaaS&CASE
世界で広がる電動キックボード。
日本で導入されると、毎日の生活はどう変わる？……234

⑮シェアサイクル×MaaS&CASE
フランチャイズ戦略で
全国展開を進める「ハローサイクリング」……249

⑯駐車場×MaaS&CASE
〝なくてはならぬ〟をつくる
駐車場予約サービス「アキッパ」……260

⑰物流×MaaS&CASE
〝クライシス〟とも言われる
物流業界の革命に取り組むハコブ……280

⑱飛行×MaaS&CASE
日本発の空飛ぶクルマは
実用化と量産化に到達できるのか……292

第6章 CASEのカギを握る「自動運転」への挑戦者たち

⑲自動運転×MaaS&CASE
自動運転の先端を走ってきたZMPは
いかにMaaSの隙間を埋めるのか……308

⑳自動運転×MaaS&CASE
自動運転のカギを握るソフトウェア。
ティアフォーが仕掛ける日本発オープンソース戦略……320

㉑自動運転×MaaS&CASE
自動運転のプラットフォームを開発。
SBドライブが取り組む無人運転バス……334

第7章 ビヨンドMaaS：だれも見たことがない世界へ

㉒空き家×MaaS&CASE
アドレスが提供する定額制の住まいは
シームレスなMaaSがあってこそ成立する……345

㉓医療×MaaS&CASE
ヘルスケアとMaaSを掛け合わせると
医療者側と患者側のニーズを合致できる……355

おわりに……363

参考文献……366

第1章

MaaSとCASEとは何か

様々な分野に応用される〝アズ・ア・サービス〟とは何か

〝アズ・ア・サービス〟、日本語に訳すと「サービスとして」という意味の言葉が、数年前から様々な場面で使われている。これまで私たちは、「製品」という具体的で目に見えるモノを購入することで、そのモノが提供するサービスを利用してきた。ところがインターネットの急速な進展に伴い、企業は製品というモノを販売するのではなく、モノの本質である〝サービス〟そのものを提供することができるようになってきた。

その代表的な例がＳａａＳである。〝Software as a Service〟のことを指し、「サース」と読む。数年前だったら、コンピューター関係のソフトウェアは、ＣＤやＤＶＤなどのディスク媒体に記録された製品がパッケージとして販売され、私たちはそのソフトウェアをパソコンにインストールして利用するのが一般的だった。ところがインターネットの高速化に伴い、〝雲〟を意味する〝クラウド〟と呼ばれるサービスを利用することで、パソコンにソフトウェアをインストールすることなしに、サービスを必要なときに、必要なだけ利用することが可能となった。

この〝アズ・ア・サービス〟という考え方は、パソコン関係だけでなく、様々な分野に応用され、〝Ｘアズ・ア・サービス〟と表現されるようになった。ＸａａＳと書いて、「ザース」と読む。未知の値を示すＸの部分に、ＡからＺまでを頭文字に持つ、様々な単語が入るのだ。インターネットで検索してみると、例えばＡａａＳのＡは、Analytics（アナリティクス）。これは、クラウドで提供される解析サービスだ。ＢａａＳでは、Backup（バックアップ）や、Blockchain（ブロックチェーン）といった言葉が入る。ＣａａＳのＣは、Communication（コミュニケーション）。ＺａａＳに至ってはZangyo（残業）、つまり〝サービス残業〟という、ダジャレのような使い方まで登場している。

こうした時代背景の中で、ＭａａＳという考え方が世界で最初に生まれたのは、二〇一四年頃のことである。ところは北欧フィンランドの首都ヘルシンキ。フィンランド政府の肝いりで、新たな交通システムを構築しようというＭａａＳの取り組みがスタートした。

ＭａａＳが生み出すこれまでとは違う社会

ＭａａＳとは、Mobility as a Service（モビリティ・アズ・ア・サービス）の略で、「サービスとしての移動」を意味する。「移動のサービス化」とも呼ばれる。前述したように〝アズ・ア・サービス〟の世界では、製品を所有せず、サービスそのものが提供される。ＭａａＳの場合、自動車やオートバイ、自転車などの移動手段を所有することなく、必要なときに、必要なだけ移動サービスを利用するということになる。インターネットではクラウドを利用するが、リアルの世界ではどうするかと言えば、ＭａａＳでは、公共輸送サービスを組み合わせて利用したり、一時的に移動手段を借りたりすることで、移動という目的を達成することになる。

かつてはパーク＆ライドという言葉が流行ったときもあった。マイカーで目的地まで行くと、道路は渋滞し、駐車場も混雑する。そこでマイカー利用は最寄り駅までにとどめ、そこから先は公共交通

MaaS概要（複数交通機関と各種サービス、さらにまち全体がデータ連携した新しい移動サービス）

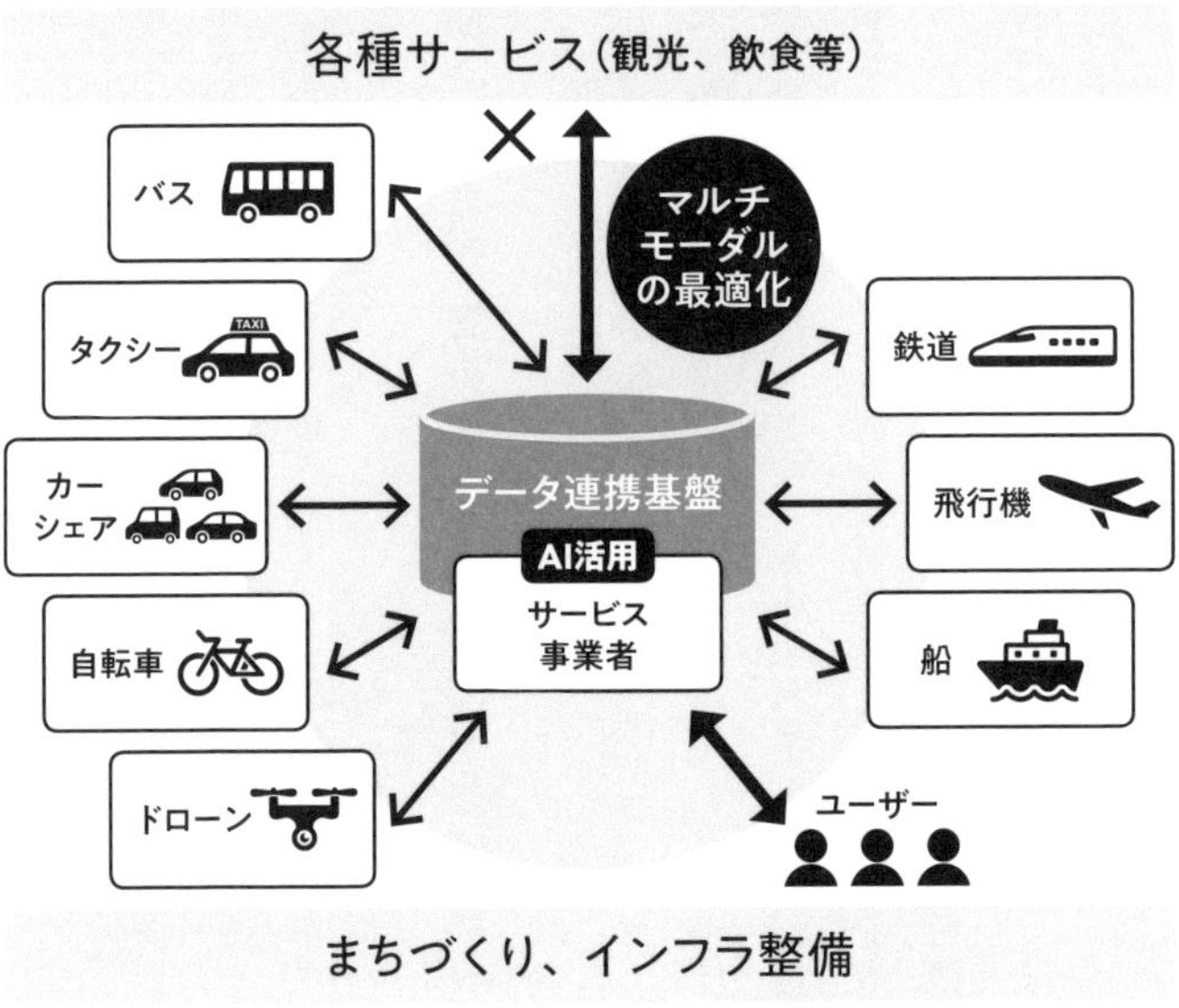

※参考：「官民ITS構想・ロードマップ2019」

機関を利用しようという考え方だ。ＭａａＳはそれを徹底しようとする。もしそれで不便になるのだったら、だれもＭａａＳなど使わない。

フィンランドのＭａａＳが衝撃的なのは、スマートフォンのアプリを効率的に利用することで、マイカー利用が必ずしも最適の選択ではなく、様々な交通機関を組み合わせて利用した方が早く、安く、しかも安全に目的地に到達できることを、世の中に知らしめたことだ。これについては第5章で詳述する。

確かに日本の現状では、長距離の移動や道路渋滞のときなどを除いて、一般的にマイカーのほうがドアtoドアで便利だろう。しかしＭａａＳの時代が本当に実現すれば、公共交通を使った移動の利便性が向上し、マイカーの維持費を中心とした交通費の削減にもつながる。マイカーが減少することで、道路の渋滞緩和や大気汚染の改善も期待される。高齢化が進む過疎地での交通弱者対策にも有効であり、交通事故の減少や駐車スペースの削減、人間優先の都市づくりにも役に立つ。電動キックボードをはじめとする各種マイクロモビリティのシェアリングなど、新たな交通サービスも検討されており、これまでとは違った社会が出現しそうな予感がする。

国交省や日本政策投資銀行からの評価

日本経済新聞のデータベースで検索すると、日経新聞でＭａａＳという言葉がはじめて登場したのは、二〇一七（平成二九）年一一月二〇日のことである。「ＭａａＳ、移動サービスに革命」という見出しで、ＭａａＳの意図を解説したものだった。ＭａａＳでヒットした記事は、二〇一七年はその一本のみ。二〇一八（平成三〇）年になると増えてくるが、それでも上半期は一〇本。それが下半期になると二五本と倍増する。さらに二〇一九（平成三一～令和元）年は年間で一〇六本と、幾何級数的に増えている。

ちなみに一般紙のデータベースで検索してみると、ＭａａＳが最初にヒットしたのは朝日新聞、毎日新聞、読売新聞とも二〇一八年のことで、この年は各紙ともそれぞれ一本ずつしか掲載されていない。それが二〇一九年になると、朝日新聞と毎日新聞はいずれも一五本、読売新聞に至っては四五本に増え、急速に社会の関心を集め始めていることがわかる。

国土交通省がまとめた『令和元年版交通政策白書』ではＭａａＳについて、「出発地から目的地まで、利用者にとっての最適経路を提示するとともに、複数の交通手段やその他のサービスを含め、一括して提供するサービス」と定義している。その結果、ドアtoドアの移動に近い形で、「ワンストップでシームレスな移動が可能となる」と期待している。

その上で白書は、ＭａａＳがもたらすメリットとして、「様々な移動手段・サービスの個々のサービス自体と価格を統合して、一つのサービスとしてプライシングすることにより、いわば『統合一貫サービス』を新たに生み出すものであり、価格面における利便性の向上により、利用者の移動行動に変化をもたらし、移動需要・交通流のマネジメント、さらには、供給の効率化が期待されている。さらに、小売・飲食等の商業、宿泊・観光、物流などあらゆるサービス分野との連携や、医療、福祉、教育、一般行政サービスとの連携により、移動手段・サービスの高付加価値化、より一層の需要の拡大も期待されている」と述べている。読みにくい文章だが、要するに、公共交通の使い勝手が向上するのみならず、広く社会に良い影響をもたらすということだ。

さらには街づくりにも言及して、「インフラ整備など都市や地域のあり方にも影響をもたらす可能性があり、都市分野、地域の経済社会など様々な分野にインパクトをもたらすイノベーションであるとも位置づけられている」と分析する。イノベーションとは、「革新」あるいは「新機軸」のことである。

ＤＢＩ（日本政策投資銀行）は「ＭａａＳの現状と展望」（二〇一八年一一月一五日）と題した調査研究レポートで、各レベルでのサービスの統合を目指すＭａａＳを「サービス統合型」、各交通事業者がそれぞれの輸送モード単体でサービスを便利にしようという取り組みは「サービス高度化型」、さらに輸送サービス自体ではなくその周辺に位置づけられるサービスであっても、移動に関連して、新しい技術やビジネスモデルを活用するもの全体を広くＭａａＳと呼ぶこともあるが、これを「その他関連ビジネス型」と分類している。スタート当初は「サービス統合型」だったＭａａＳが、多様に展開されて、様々な意味を持ち始めているのだ。

政府が目指すのは「超スマート社会」

政府は五年おきに、科学技術の振興計画として「科学技術基本計画」を策定している。二〇一六（平成二八）年一月に閣議決定された「第五期科学技術基本計画」では、「超スマート社会」の実現が目標とされた。

ところで最近、「スマート」という言葉が、ちまたにあふれている。以前は、「スマートな人」という文脈で、スタイルがいいとか、洗練されているという意味で使われていた。英語の語源を調べてみると、「ひりひりと痛みを感じる」という意味がある。転じて「鋭さ」や「機敏さ」を意味するようになった。特に、スマートフォンが出現して以降、「高機能」や「次世代」というニュアンスで、スマートという言葉が多用されている。

超スマート社会とは、「次世代」を超えるということになる。基本計画の中では、いまから三〇年後、二〇五〇（令和三二）年頃のあるべき「超スマート社会」として、「Society 5.0」という言葉が登場した。「必要なもの・サービスを、必要な人に、必要な時に、必要なだけ提供し、社会の様々なニーズにきめ細かに対応でき、あらゆる人が質の高いサービスを受けられ、年齢、性別、地域、言語といった様々な違いを乗り越え、活き活きと快適に暮らすことのできる社会」と定義された。これが本当なら、理想的な社会が実現することになる。

ところで「5.0」というバージョン番号の意味は、狩猟社会が「1.0」、農耕社会が「2.0」、工業社会が「3.0」、情報社会が「4.0」であり、これに続く社会という意味である。私には、示されたこの区分が、あまりに抽象的で観念的なように思われるが、ともかく、大きな変化が起きるということを示したいのだろう。

内閣府によれば、これまでの情報社会では、あふれる情報から必要な情報を見つけて分析する作業が負担であったり、年齢や障害などによる労働や行動範囲に制約があったりして、知識や情報が共有されず、分野横断的な連携が不十分という問題があった。Society 5.0で実現する社会は、ＩｏＴ(Internet of Things)ですべての人とモノがつながり、一般に「人工知能」と訳されるＡＩ(Artificial Intelligence)により、必要な情報が必要な時に提供されるようになる。様々な知識や情報が共有され、いままでにない新たな価値を生み出すことで、これらの課題や困難を克服するとしている。

ロボットや自動運転などの技術で、少子高齢化、地方の過疎化、貧富の格差などの課題が克服され、社会の変革を通じて、これまでの閉塞感を打破し、希望の持てる社会、世代を超えて互いに尊重し合える社会、一人ひとりが快適で活躍できる社会になるというのが、政府の謳い文句だ。そううまく事が運ぶとは思えないが、最新の科学技術を活用して、情報を含めた様々な資源の無駄遣いをなくしていこうという方向性自体は間違ってはいない。

ただし、膨大な情報と資源を特定の企業が掌握し、場合によっては、不正に情報操作されかねないという危険性も背中合わせとなっていることを、私たちは承知しておかねばならない。

政府は第五期の研究開発への投資額を、ＩＴやソフトウェア関連の技術開発を中心に、五年間で二六兆円と見込んでいる。

これを踏まえて二〇一八（平成三〇）年六月に閣議決定された「未来投資戦略２０１８」では『Society5.0』『データ駆動型社会』への変革」と銘打ち、デジタル技術の社会実装による変革の方針が示された。この中で、「まちづくりと公共交通の連携を推進しつつ、自動走行など新技術の活用、まちづくりと連携した効率的な輸送手段、買い物支援・見守りサービス、ＭａａＳなどの施策連携により、利用者ニーズに即した新しいモビリティサービスのモデル都市、地域をつくる」と記載された。

政府文書で、ＭａａＳという言葉が登場したのは、これがはじめてのことである。「超スマート社会」から長々と説き起こしてきたのはこの説明のためであり、ＭａａＳは来るべき「超スマート社会」の、売り物のひとつとなっているのだ。

続いて国土交通省は同年一〇月一〇日の会見で「ＭａａＳなどの新たなモビリティサービスの全国展開を目指します」とコメントした。国交省でもＭａａＳという言葉を使い始めるようになった。

政府のお墨つきを受けて、様子見だった企業や大学も一斉に、ＭａａＳに対する研究や開発に乗り出した。日経新聞の記事が急増したのも、それを受けてのことなのである。

各自動車メーカーが大慌てでCASEに対応し始めた理由

MaaSとほぼ同時期に現れた言葉に、ドイツの大手自動車メーカー、ダイムラーが二〇一六年に発表したCASEがある。次世代自動車の、四つのトレンドの頭文字をつなげて表現した造語である。ダイムラーは現在、事業会社であるメルセデス・ベンツなどの持ち株会社となっている。そのメルセデス・ベンツ日本のウェブサイトによれば、最初のCはインターネットでクルマを外部につなぐ〝connected（コネクテッド）〟のCだ。なおconnectedのカタカナ表記をトヨタ自動車やマツダは「コネクティッド」、日産自動車や本田技研工業は「コネクテッド」としている。続いてAは自動運転を意味する〝autonomous（オートノマス）〟のA。Sはみんなで共有するシェアリングを中心に、多様なサービスを意味する〝Shared & Services（シェアリング&サービス）〟のS。最後のEは〝電気〟を意味する〝Electric（エレクトリック）〟のE。電気自動車を含む電動化である。

自己所有ではなくシェアされた、電動でクリーンなクルマが、ネットワークに常時接続され、自動運転で目的地まで運んでくれるのが、究極のCASEの世界だ。

このCASEがいまや、ダイムラーばかりでなく、すべての自動車メーカーが目指すべきキーワードになっている。

自動車製造は、数万点にも及ぶ部品を必要とする、巨大な組み立て産業である。しかし自動車の部品を作る会社が、自動車メーカーを名乗れるわけではない。自動車メーカーにとって、内燃機関であ

全自動車メーカーのキーワードになっている〝CASE〟の概要

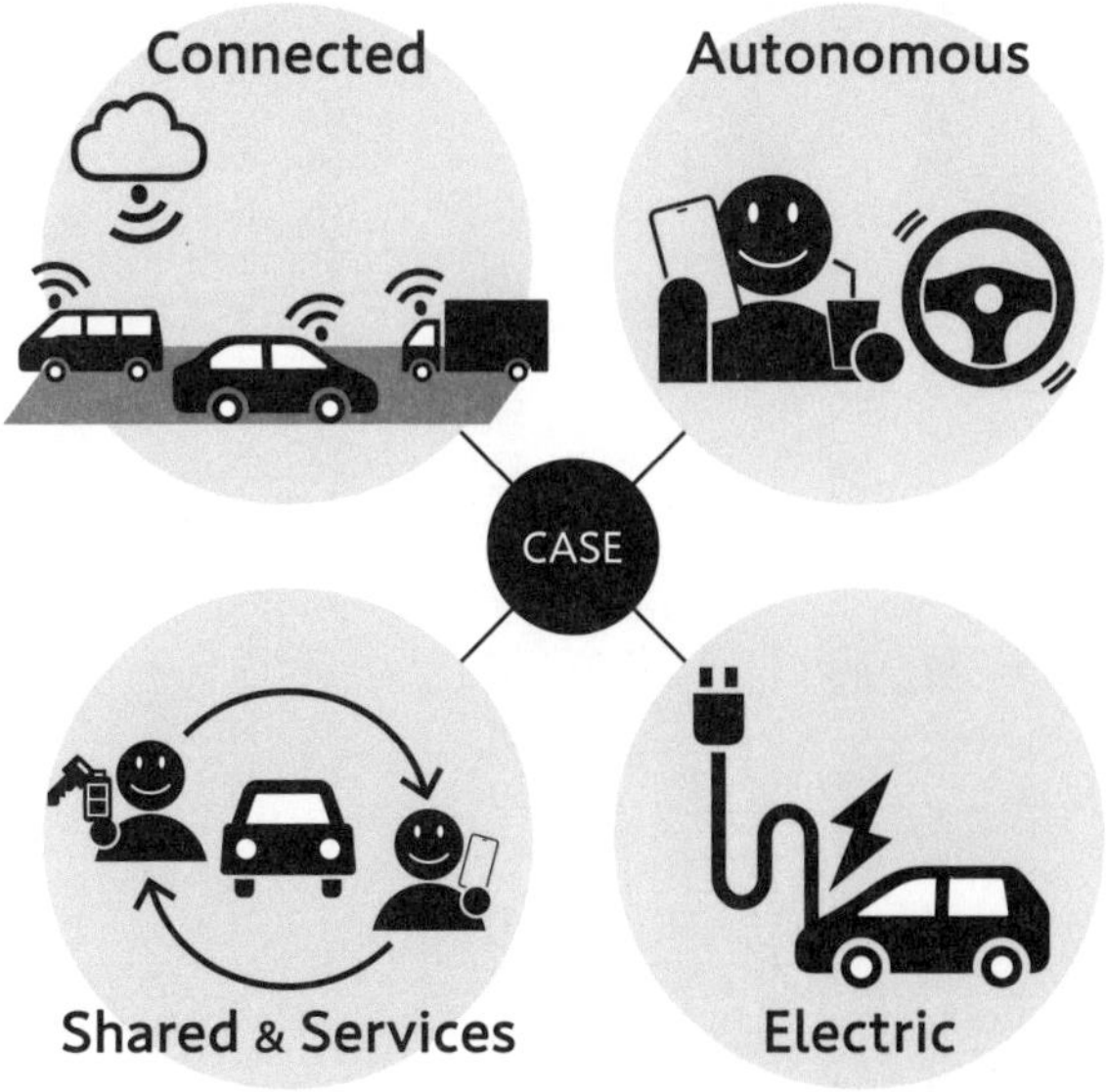

るエンジンの製造技術は、他業種からの参入を許さない大きな壁だった。エンジンを製造する者こそ、自動車メーカーと名乗れたのだ。

ところが環境対策や資源問題で、動力がエンジンに代わって電動モーターになると、構造のシンプルなモーターは比較的簡単に製造できるため、他の業種からの参入が容易となる。さらに自動運転やコネクテッドは、自動車メーカーより、むしろＩＴ業界との親和性が高い分野である。こうした理由で各自動車メーカーは、大慌てでＣＡＳＥへの対応に追われているのだ。

高級車のベンツを所有することはステータスシンボルである。そのベンツを作っているダイムラーが先頭を切って、ＭａａＳ時代に対応した新しいビジネスモデルとしてCASEを構築しようとしている。

ダイムラーのライバルであるBMWは、CASEの並びを変えて「ACES」(Autonomous, Connected, Electrified and Services)という名前で、電動化や自動運転の開発、カーシェアや駐車サービスなどの事業を独自に展開してきた。そんな両社が、二〇一九年二月にモビリティ事業を統合し、デマンド交通の「リーチ・ナウ」、充電サービスの「チャージ・ナウ」、ライドヘイリング(配車サービス)の「フリー・ナウ」、駐車サービスの「パーク・ナウ」、カーシェアの「シェアー・ナウ」という五つの新会社を共同で設立した。

CASEの先端技術がMaaSの領域を拡大させる

このように、CASEはメーカー主導で提案された概念である。一方、MaaSは〝モビリティ〟、つまり「移動のしやすさ」という目的がまず存在し、様々な交通は必要なときに必要なだけ利用する手段となっているように、利用する側に重点を置いた概念であることがわかる。「マイカー所有の是非」という二者択一の視点に立てば、確かに両者は「MaaS vs CASE」として対立する。しかし総体的に見れば両者は協力関係にあり、CASEの先端技術が、MaaSの領域を拡大することになる。

MaaSとCASEは、自動車メーカーとマイカーを頂点としたクルマ社会のパラダイムシフトを引き起こそうとしている。かつてのライバルが協力せざるを得ない時代となり、そこに新たなビジネスチャンスも生まれる。

特にCASEの中のC（コネクテッド）は、MaaSを成立させるための最も重要な要素である。地図で現在位置を表示できるスマートフォンの登場により、クルマを利用したい人と、クルマに乗せたい人のマッチングが可能となり、ライドシェアというシステムが出現した。利用者の依頼に応じて配車するオンデマンド交通やタクシーの配車サービス、シェアサイクル、物流プラットフォームや医療型MaaS、空飛ぶクルマ、さらには自動運転に至るまで、コネクテッドを抜きには語れない。〝つながる〟ことがMaaSの世界では、基本のキなのである。そこで自動車メーカー各社は、自動車に通信モジュールを搭載して、「つながるクルマ戦略」を推し進めている。

このうちトヨタは二〇二〇（令和二）年一月、人びとの暮らしを支えるあらゆるモノやサービスがつながる実証都市「コネクティッド・シティ」プロジェクトを発表し、日本内外から大きな注目を集めている。それによるとこのプロジェクトは、人びとが生活を送るリアルな環境のもと、自動運転やMaaS、パーソナルモビリティ、ロボット、スマートホーム技術、AI技術などを導入・検証できる実証都市を新たに作るものだ。建設が計画されているのは、静岡県裾野市にある「トヨタ自動車東日本」東富士工場の跡地で、東京ドーム約一五個分の広さがあり、二〇二一（令和三）年初頭の着工を予定している。

プロジェクトの狙いは、この街で技術やサービスの開発と実証のサイクルを素早く回すことで、新たな価値やビジネスモデルを生み出し続けることだ。興味深いのは、街を通る道を次の三つに分類し、それらの道が網の目のように織り込まれた（英語でwoven）街づくりプランである。第一の道は、スピードが速い車両専用の道として、完全自動運転、かつCO2を排出しないゼロエミッションの乗り物のみが走行する。第二の道は、歩行者と、スピードが遅いパーソナルモビリティが共存するプロムナードのような道だ。そして第三の道は、歩行者専用の公園内歩道のような道である。

トヨタはこの街をWoven City（ウーブン・シティ）と名づけ、初期には、トヨタの従業員やプロジェクトの関係者をはじめ、二〇〇〇人程度が暮らすと想定している。住民の生活では、室内用ロボットなどの新技術を検証したりするほか、健康状態のチェックなどでＡＩを日々の暮らしに役立てたりする。

最先端の実験的な都市づくりはすでに世界各地で行われているが、自動車メーカーが独自に街づくりに乗り出す事例はこれまでになく、ＭａａＳとＣＡＳＥにかけるトヨタの強い意気込みが感じられる。

電気自動車の歴史は一八三〇年代には始まっていた

ＣＡＳＥの中でも喫緊の課題となっているのが、Ｅの電動化だ。ヨーロッパではＥＵ（欧州連合）が年次目標を設定して、自動車のＣＯ２排出量を削減するよう各自動車メーカーに求めている。基準を達成できないメーカーは、巨額の「クレジット」を購入しなければならない。アメリカではカリフォルニア州などでＣＯ２を排出しない車を一定割合以上、販売することが自動車メーカーに義務づけられている。

ところで、一口でＥＶと言っても、いくつかの種類がある。電動モーターのみで動くのがElectric

Vehicle（電気自動車）。バッテリーを動力源としており、後述するＦＣＶと区別する場合は、ＢＥＶ（Battery Electric Vehicle）とも呼ばれる。台湾では、電池交換式の電動スクーターが人気である。

ＥＶには、Electrified Vehicleというもうひとつの意味もある。日本語に訳せば「電動車両」となる。ややこしいので、ＥＶと言えば、一般的には電気自動車の方を指す。電動車両は、ガソリンエンジンと電動モーターを併用するＨＶ（Hybrid Vehicle、ハイブリッド車）が代表格だ。ハイブリッドとは、複数の方式を組み合わせることを意味する。家庭用のコンセントから充電できるＰＨＶ（Plug-in Hybrid Vehicle、プラグインハイブリッド車）もある。ＰＨＶは短距離であれば電気のみでの走行が可能であり、走行用バッテリーの電気を使い切ってしまっても、ガソリンエンジンで走行できる。

ＥＶの走行距離を延ばすため、小型の発電用ガソリンエンジンを搭載して距離（レンジ）を延ばす（エクステンダー）、「レンジエクステンダー」もある。レンジエクステンダーは法制度上、電気自動車ではなく、ＰＨＶとして扱われる。

ＦＣＶ（Fuel Cell Vehicle、燃料電池車）は、燃料に水素を使って発電し、排出するのは水だけという電気自動車だが、一般に電動車両に分類されている。

電気自動車やＦＣＶは、ＣＯ２の排出（エミッション）がゼロという意味でＺＥＶ（Zero Emission Vehicle、ゼロエミッション車）と呼ばれる。

現在、主流となっている電池はリチウムイオン電池だが、電解液を固体にした「全固体電池」の開発も進んでいる。全固体電池は、小型化できるのが売り物だ。

そもそも、電気自動車の歴史は、ガソリンエンジンで駆動する自動車より古い。一八三〇年代には電気自動車がすでに誕生していた。そして一八八一年に開かれたパリ電気博覧会で、フランスのトルーベが、充電して何度でも利用できる二次電池を使った本格的な三輪電気自動車を出展した。

一方、オーストリアのマルクスが内燃機関を荷車に搭載した「マルクスカー」を発明したのが一八七〇年。ドイツのベンツがガソリン自動車を作って特許が認められ、一般に世界初のガソリンエンジン自動車誕生と言われているのが一八八六年のことだから、電気自動車はガソリンエンジン車よりも先に世に出たのだ。世界で初めて時速一〇〇キロを達成したのも、一八九九年の電気自動車だ。

日本の電気自動車は、第二次世界大戦後の一九四七（昭和二二）年に発足した「東京電気自動車」、後の「たま自動車」が製造した「たまセニア」、「たまジュニア」が有名だ。当時はガソリンエンジン車よりも経済性に優れ、日本でも電気自動車が評判を呼んだ時代もあったのだ。しかし、朝鮮戦争の勃発で戦略物資である鉛が不足し、バッテリー価格が暴騰して、電気自動車は表舞台から姿を消したのである。

たま自動車はのちに「プリンス自動車工業」に改称し、やがて日産自動車に吸収合併される。その日産が二〇一〇（平成二二）年に新世代の電気自動車「リーフ」を発売した。リーフは二〇一八（平成三〇）年に販売台数が三〇万台を突破し、一〇〇％電気自動車としては世界最多の販売台数を誇る。

一方、三菱自動車は、リーフより一年早い二〇〇九（平成二一）年に「アイミーブ」を電気自動車の量産車として、世界に先駆けて発売している。海外では、アメリカの「テスラ」が、高級電気自動車の販売を伸ばしている。さらに最近ではフォルクスワーゲンがＥＶ専用車「ＩＤ・３」、メルセデス・ベンツは「ＥＱＶ」、ポルシェもＥＶ「タイカン」を発表するなど、電気自動車の開発と発売が進んでいる。

時代は一〇〇年に一度のモビリティ革命に入った

ＣＡＳＥの中で、自動車メーカーにとって従来とは異質のビジネスモデルがシェアリングである。自動車メーカーはこれまで、消費者に自動車を購入してもらうことに意を尽くしてきた。価格別に大衆車から高級車までフルラインナップし、スタイルや目的別にはセダンやリムジン、サルーン、スポーツカーやオフロードタイプ、ピックアップトラックまで用意して、購買意欲をそそってきた。それがＭａａＳ社会になると、マイカーが売れなくなるかもしれない。そこでダイムラーは先手を取り、クルマを個人が専有するのではなく、シェアするという選択肢も提示した。これまでのビジネスモデルに執着していては、将来は危ういと感じ取ったのだろう。

ＭａａＳとＣＡＳＥをキーワードに、交通事業者各社や自動車メーカー、部品メーカー、さらにはＩＴ企業がプレーヤーとなって、「一〇〇年に一度のモビリティ革命」と呼ばれる時代に突入した。ＭａａＳやＣＡＳＥを構成する技術や考え方は、その多くが以前から研究開発されてきたものである。それがＩＴ技術の進歩を背景に、ＭａａＳやＣＡＳＥというキーワードで再構築され、新たな価値が創造されようとしている。移動手段の先には、移動する人びとの目的がある。交通が変われば、社会が変わる。新たなビジネスチャンスの創造にもつながるのだ。

第２章以降では、ＭａａＳとＣＡＳＥに該当する具体的な事例を紹介しながら、新たな社会の姿を展望してみたい。

第2章

交通弱者を救うMaaS

INTRODUCTION

ＭａａＳとは、マイカー以外の公共交通を使って、最適な移動を実現することである。逆の言い方をすれば、マイカーを何らかの理由で選ぶことのできない人たち、例えば過疎地の高齢者、あるいは何らかの障害がある人たちにとって、ＭａａＳは切実な要望であり、ＭａａＳという言葉が生まれる以前から、ＭａａＳの考え方を実現させるための様々な取り組みが行われている。本章で取り上げるのは、大きく分けて「（オン）デマンド交通」と「パーソナルモビリティ」である。

最初に、市営のコミュニティバスさえ撤退した地域で、住民がボランティアでドライバーとなってデマンド交通を成功させた事例を紹介する。ぎりぎりのところまで追い詰められた地域の人たちが、マイナス条件を逆手にとってプラスに変えるという逆転の発想である。

さらにＡＩ（人工知能）でオンデマンド交通をより使いやすくしようという取り組みも紹介する。オンデマンド交通は、ＣＡＳＥのＣ（コネクテッド）を利用した手法のひとつである。

次に、障害のある人や高齢者向けに開発されているパーソナルモビリティを見てみよう。

最寄りのバス停や駅から自宅までの道のりのことを、「ラストワンマイル」と呼ぶことが多い。もともと情報通信の分野で使われていた用語で、一マイル（約一・六キロ）という距離自体に意味があるのではなく、残された最後の区間ということである。通信業者が使い始めたため、業者の施設を起点とすればラストとなるが、利用者の立場からすればファーストワンマイルでもある。マイカーを使わない場合、このラストワンマイルをどうつなぐかが課題となっている。特に身体の不自由な人や高齢者にとっては、切実な問題である。新しいパーソナルモビリティは、これに応えることができるかもしれない。

ＭａａＳの世界において、モビリティの種類に制限はない。従来のメーカーにはない発想で育ってきている新たな取り組みを紹介したい。

①

過疎地域× MaaS & CASE

兵庫県豊岡市で生まれた地域主体交通「チクタク」がもたらすもの

平成の大合併で超広域化した兵庫県豊岡市。過疎化と高齢化が一気に進み、2008年に民間バス会社が4割の路線から撤退した。代わりに登場した市営のコミュニティバス「イナカー」も、3割が不採算路線として数年で廃止に。地域の危機である。そこで生まれたのが市民ドライバーによる地域主体交通「チクタク」だ。〝利用者の増加〟と〝経費削減〟を両立させたその仕組みとは――。

豊岡市バス交通体系イメージ

地域主体交通「チクタク」	公共交通空白地域における地域主体の取り組みを市が支援〈白ナンバー車両〉
市営バス「イナカー」	路線バス撤退地域における地域拠点間の移動性確保〈白ナンバー車両〉
路線バス「全但バス」	民間バス会社により、中心市街地と地域拠点、地域拠点間の移動性確保〈緑ナンバー車両〉
市街地循環バス「コバス」	均一料金の市営バスで、市街地の回遊性確保〈緑ナンバー〉

参考：豊岡市作成の資料「バス交通体系イメージ」

二ツ星の観光地を有する豊岡市に全国から視察団が殺到する訳

「人口減少で路線は減り、運賃収入が減る。深刻なドライバー不足に悩むバス会社は、完全に負のスパイラルに入っています。一方、うちは地域ごとに需要を把握し、時間帯や季節による変動を読んだ、適正な対応が可能です」

こう語るのは、兵庫県豊岡市役所で交通政策を担当する都市整備課主幹の瀬崎晃久《せざきてるひさ》だ。豊岡市は民間のバス会社が撤退した路線で、独自のスタイルの公共輸送を展開する。ポイントは、市役所が公共交通に対する方針を明確にした上で、権限を住民に委譲し、完全に住民目線で運営することだ。その先進的な取り組みは、赤字バス路線の維持に悩む全国の市区町村から注目を集め、担当者や議員らの視察がひきも切らない。

兵庫県の日本海側にある豊岡市は、全域が山陰海岸ジオパークに含まれた、風光明媚な土地柄である。市内の主な観光スポットを見てみると、〝但馬の小京都〟と呼ばれる城下町の旧出石町《いずしちょう》は、皿そばが名物で、人気の蕎麦屋さんの前では観光客が列をなす。〝外湯巡り発祥の地〟とも呼ばれる城崎《きのさき》温泉は、フランスのガイドブック『ミシュラン・グリーンガイド・ジャポン』で二ツ星を獲得したこともあり、下駄に浴衣姿の外国人観光客で賑わっている。〝関西の軽井沢〟と呼ばれ、民宿やペンションが六〇〇軒以上集まった神鍋《かんなべ》高原もある。豊岡市を訪れる観光客は、年間四〇〇万人以上に上る。

文化面では、日本内外の著名な演劇人を招いての〝演劇の街づくり〟も盛んで、仮称・国際観光芸術専門職大学の開学も予定されている。旧出石町では、現存する近畿地方最古の芝居小屋の出石永楽館が、現役で活用されている。戦時中に軍部批判の〝粛軍演説〟を行って代議士を除名された斎藤隆夫は出石町出身で、地元に帰って永楽館で開く演説会は、立錐の余地もないほど超満員の人気だったという現代史のひとコマもある。

「過疎化」と「高齢化」が進む琵琶湖よりも広い街

こうして豊岡市を紹介すると、非常に魅力的な街なのだが、住民にとっては不便な面もある。現在の豊岡市は「平成の大合併」により、二〇〇五（平成一七）年四月に旧豊岡市と城崎郡、出石郡の一市五町が合併して、いまの市域となったのだが、面積が六九八平方キロで、東京二十三区の六二八平方キロや、琵琶湖の六七〇平方キロを上回る。とにかく広いのだ。しかも中山間地が多く、森林面積は市域の七九％に上る。

一方で人口は、現在の市域で見て一九四七（昭和二二）年で約一〇万三〇〇〇人だったのが、二〇一九（令和元）年八月で八万一〇〇〇人に減っている。豊岡市は二〇一五（平成二七）年にまとめた「人口ビジョン」で、いまの傾向が続けば、二〇四〇（令和二二）年には五万七六〇〇人、二〇六〇（令和四二）年には三万八〇〇〇人にまで減少すると推計している。高齢化も深刻で、六五歳以上の高齢者は、二〇一〇（平成二二）年で二八・二％だったのが、二〇一五（平成二七）年で三一・六％に増えている。二〇一五年の全国平均は二六・七％だから、五ポイントも高い。将来的には二〇四〇年で四二％、二〇六〇年では四六％と、ほぼ半数が高齢者になるものとみられている。

土地が広くて、過疎化と高齢化が進む。その結果として起きることは、公共交通の衰退である。最初に撤退したのは、民間の路線バスだ。その穴を市営のコミュニティバスで埋めようとしたが、もとはといえば大幅な不採算路線である。一部の地区では、市営バスも撤退を余儀なくされる事態となった。地域の危機である。

私はそんな地区をレンタカーで走ってみた。豊岡市役所から三〇分足らずで、不採算路線の道に入る。遠方を見やると、低い山並みが折り重なるように連なっているが、道路沿いには手入れの行き届いた住宅が散在し、のどかで美しい田畑が広がる。廃村などの切羽詰まった印象はない。考えてみれば、当然のことだ。こうした地域では、マイカー所有を前提に生活が成り立っている。路線バスの利用者は、この五〇年間で全国的には六〇％の減少、地方に限れば八〇％も減っているのだ。問題は、たとえ少数であっても、日常の足を奪われた人たちが存在することなのである。

路線バスの代わりに走り出した「イナカー」

話は、新豊岡市が発足して二年後の二〇〇七（平成一九）年九月にさかのぼる。地元バス会社の全但バスは豊岡市内で二六路線を維持してきたが、このうち一一路線について、不採算を理由に一年後に廃止すると発表した。いずれも中山間地を走る路線である。かつて、路線の廃止は地元自治体の同意が必要だったが、二〇〇二（平成一四）年の道路運送法改正で、同意がなくても廃止できることになったのだ。

国土交通省によって〝路線定期運行〟と分類されている路線バスは、決まった時刻に決まった経路を移動する。それ以外のルートを通ったり、運行ダイヤを変更したり、停留所以外で乗り降りしたりすることは許されない。通勤や通学の利用客は、日常の足として定時制を求める人が多く、バス会社側もそのほうが効率が良い。しかし乗客が減ってきたいまとなっては、簡単にはバス停を変更したり、減便したりできないというマイナス面の方が、大きくなっている。

公共交通がなくなってしまっては、マイカーを使えない住民にとって、日常生活に重大な支障をきたすことになる。豊岡市や兵庫県、地元の交通事業者や住民代表などが「地域公共交通活性化協議会」を開き、対策を検討した。

その結果、いわゆる「廃止代替バス」として、「イナカー」の名前で市営のコミュニティバスを走らせることになった。これは二〇〇六（平成一八）年一〇月に施行された道路運送法の改正で、鉄道やバス、タクシーの利用が困難な「公共交通空白地」を対象に、市町村やＮＰＯ法人などが自家用車を使って有償で旅客を送迎する「自家用有償旅客運送」が認められたことを踏まえての措置である。独立採算制の公営交通とは異なり、公的補助が前提となる。

自家用の白ナンバーで一五人乗りから二八人乗りのバスを市が一二台購入し、一一路線で民間のバス会社に委託して、「イナカー」の運行が始まった。路線の設定は、地域の需要に応じて柔軟に対応した。一部の区間では、停留所以外でも降車を可能として、利便性を上げることにした。

しかし、民間が撤退した路線だけに、利用者は少ない。豊岡市では路線を維持する前提として、基本的に一便あたりの利用者がひとり以上という最低基準を設けていた。往復路線で仮に復路に乗客が誰もいなかったとすれば、往路に乗客がふたり乗って、一便あたりひとりという計算になる。コミュニティバスについて、国は一便あたりの乗客が最低五人、兵庫県は四人という基準で経費を補助し、これを下回れば補助が打ち切られる。豊岡市はそれよりもかなり緩やかな基準で対応している。それでも基準に達せず、維持できない路線が出てきた。

前例のない市民ドライバーによる公共交通「チクタク」の登場

二〇一〇（平成二二）年度末で、基準を満たすことのできなかった三路線のイナカーが廃止されることになった。住民の足がなくなれば、外出が困難になる人が出てくる。高齢者の移動手段として「福祉タクシー」や「介護タクシー」、ボランティア団体などによる「福祉輸送」という手段もあるが、利用するには「身体障害者手帳」や「要介護認定」が求められる。

人口減少を背景に、居住などの生活機能を特定の地域に集中させる「コンパクトシティ」という考え方もある。しかし、冒頭で紹介した豊岡市の瀬崎は言う。

「生まれ育ってお墓があって、そこで生活したいという人をなぜ、真ん中に集める必要があるのか」

悩んだ末、豊岡市が地元からの要望を踏まえ、国土交通省に要望して実現させたのが、地域主体交通の「チクタク」だ。

「地域の、地域による、地域のための公共交通」であるチクタクの特徴は、事業者である豊岡市が、運営を地域住民に委託し、ドライバーも、二種免許を持たない一般住民が、ボランティアとして担うという点にある。

二〇〇六年の道路運送法改正で、市町村による「自家用有償旅客運送」が認められた。その際、「市民がドライバーになってはならない」とは書かれていない。しかし実際には、「イナカー」のように交通事業者に委託し、プロの運転手がハンドルを握るケースばかりだった。市民ドライバーは前例がなかったのである。

「国に事情を説明して交渉を重ねた結果、許可しようということになりました」

大臣認定の講習をドライバーが受けることで安全性を担保し、まずは五カ月間のパイロット事業として認められた。

車両もイナカーの中型バスや小型バスから、普通乗用車に変更し、毎日の運行はしないことにした。プロの運転手を頼まないことで、運行経費の多くを占めていた人件費が大幅に削減される。さらに運行日数の削減、車両の小型化も経費削減につながる。それは住民側から見れば、労力の提供という形で負担が増し、その一方でサービスの削減である。住民にとって苦渋の決断だったと、瀬崎は話す。

「市民の中には、『市役所が従来どおりに対応すべきだ』と批判する人もいます。しかし、時代の流れでやむを得ないこともある。地区の方にとって、バスの廃止はすごくつらいことだったと思います。それでも『助けてほしい。地元でできることは、自分たちでする』と、チクタクを受け入れる決断をされたのです。そんな地域の覚悟を、市は〝英断〟と受け止め、全力で支える決意をしました」

「週三日運行」「初乗り運賃一〇〇円」予約が必要な「デマンド制」で始まった

五カ月間の試行を経て、二〇一一（平成二三）年四月から、地域主体の新しい公共交通が本格運行を開始した。「チクタク」という名前は、豊岡市が地区の住民に委託したタクシーという意味で名づけられた。それだけでなく、時を刻む時計の音のように、地域活性化の歴史を刻んでほしいという願いも込められている。

現在では市内四地区で住民がそれぞれ運営協議会を結成し、チクタクを運行している。使っている車両は、白ナンバーで七人乗りのミニバン。豊岡市が各地区に一台ずつ、無償で貸し出している。車検や燃料代、保険料などは市が負担する。各地域で円滑に事業を進めるため、運行管理者と、事務局担当の事務員を置く。ドライバーは、大臣認定の安全講習に加え、豊岡市が独自に行う毎年の安全講習を受けた地域の住民で、有償ボランティアとして、市から日当三〇〇〇円が支払われる。また事務員には、運行管理業務に対する事務委託料として月額二万円が支給される。

チクタクを利用できるのは、会員登録した地域の住民に限られる。運行は週三日。運賃は初乗り一〇〇円で、四キロを超えれば二〇〇円。運賃は、市の収入となる。利用は前日午後七時までに予約するというデマンド（要求）制である。これらが共通する点だが、その他の運営内容は、各地域のチクタクに任された。

それぞれのチクタクでは、路線と運行ダイヤ、停留所を地域の実情に合わせて、細かく設定した。

特に停留所は、病院や銀行、農協、スーパーや資材店などの店舗、温泉センターまで、かゆい所に手が届くよう対応した。

以前のイナカーだったら、停留所は目的地からやや離れたところにあった。しかし車両サイズの小さなチクタクは、狭い道路や一方通行の多い城下町の出石地区も難なく走ることができる。乗客も少ないから、停留所が増えても十分対応できる。このためチクタクでは、ドアtoドアに近い送迎が実現するようになった。

チクタクの利用者はイナカー時代の約九倍に

停留所があり、複数の乗客を乗せるという意味で、チクタクの運行形態はバスである。しかし乗車を予約し、乗客にあわせて最短経路を取ることができる点は、タクシーに似ている。つまりバスとタクシーの良いとこ取りをしたというわけだ。料金も、バスと同等かやや上回るが、タクシーよりはかなり安い。

チクタクの使い勝手は、住民参加で意見を聞き、細かく改善していった。それは、「自分たちの足」という意識を住民が持つことにもつながった。ドライバーも顔見知りだし、相乗りする乗客も気心が知れている。その結果、市側では思ってもみなかったほどの結果が出た。月平均の利用者数をチクタク導入前後で比べてみると、イナカーの時代は二一・五人だった旧出石町の路線では、チクタクになると一九四・六人と、九倍近くに跳ね上がった。運転日数が半減し、車両も小型化されたのに、利用

左から豊岡市役所の瀬崎晃久主幹、吉谷優子主事、チクタクひぼこ事務局の本田一恵さん、加藤幸洋代表

者は大幅に増えたのである。一方で、この路線における市の年間負担額は、イナカー時代は三二六万円だったのが、チクタクでは一七〇万円と半減した。他の路線も同様の傾向で、この状態は、これまでほぼ維持されている。

二〇一八（平成三〇）年度の利用者は、四つのチクタクあわせてのべ約三四〇〇人である。このうち、利用者が年間のべ一三〇〇人と最も多い「チクタクひぼこ運営協議会」は、年間約一四〇日の運行業務を、事務局ひとり、ボランティアのドライバー一三人の体制で支えている。ドライバーは六〇代の男性が中心だが、四〇代の男性もいるし、六〇代の女性もいる。運転の担当は月に一回、多くて二回程度である。ちなみに「ひぼこ」という名前は、国造りの神として出石神社に祀られている「アメノヒボコ」に由来する。

協議会代表の加藤幸洋《こうよう》は六九歳。元県職員で、現在は会社員である。その加藤は、「地域の人が地域の人のために運行するのですから、チクタクについて反対意見はありませんでした。ただし六〇歳を過ぎても、みんな仕事を持っていますから、農家の方は農繁期以外で手伝ってもらうなど、それぞれの都合にあわせて協力してもらっています」と話す。仕事の都合や高齢でドライバーをリタイアする人も出てくるため、その補充も加藤の重要な仕事である。

利用者からの予約電話を受けて配車を担当する事務局は、地域のほぼ中心となる場所で、簡易郵便局を併設したミニスーパーを経営する本田一恵《かずえ》が担当する。ドライバーは交替で担当するが、事務局は本田ひとりしかおらず、七〇歳になった本田の負担は大きい。

「週三日だけでなく他の曜日も走ってほしいと要望されますが、本業もありますので、手一杯です。しかし、それだけチクタクを必要とされているのだと感じます」

いまも地域主体交通は非常に稀な存在

国土交通省の国土交通政策研究所は、「デマンド交通やコミュニティバスの導入状況」について、全国の市区町村を対象にアンケート調査を行い、その結果を二〇一八（平成三〇）年六月に発表した。それによればアンケートの回収率は六九・五％で、回答した自治体のうち、鉄道やバス、タクシーの利用が困難な交通空白地を対象に、有償で旅客を送迎する「自家用有償旅客運送」が導入されている市区町村は七四自治体で、路線数は三〇九に上った。

次にその運行主体を聞いたところ、民間事業者に委託されている路線が二二九で大半を占め、次いで自治体が主体となって運営している路線も六三あった。一方、「住民等」が運行主体となっている路線は、わずか五であった。回答は匿名が前提のため、五路線がどこかはわからないが、このアンケートで、チクタクの運行主体は「住民等」に該当する。全国的に、住民が運行を担う地域主体交通が、いかに少数かがわかるデータだ。その背景には、公共交通の運行を住民が担うことに前例がなかったことや、運行を担当する住民の責任の重さもあるだろう。それだけにチクタクの成功は注目に値する。

「きちんと理屈を考えれば、無駄な投資は抑えられる」

現在は路線バスやイナカーの便がある地域でも、減便や路線の廃止を心配する市民は増えている。豊岡市は近畿大学の協力を得て、二〇一七（平成二九）年に住民アンケートを実施した。その中で、「イナカーとチクタクの中間にあたる交通を作ってほしい」という要望が出された。

特に市内の観光地は、夏は海水浴や避暑、冬は松葉ガニ目当ての宿泊客で賑わう。しかしオフシーズンもある。旅館や民宿はマイクロバスを持っているが、ハイシーズン以外は空いている。「自分のところのマイクロバスを使ってもらってもいい」「半日程度ならドライバーができる」という声も寄せられた。さらにイナカーを運行している事業者に悩みを聞くと、「人材不足です」と言う。「地域の人がドライバーとして協力するのは、どうですか」と聞くと、「願ったり叶ったりです」との返事である。チクタクの成功を受けて、地元の人たちの間で、積極的に地域の交通に関わっていこうという機運が生まれている。

瀬崎は公共交通を担当する前、豊岡市に生息する国の特別天然記念物であるコウノトリを、野生に復帰させるプログラムに取り組んだ。具体的には、コウノトリが水田で生息できる環境を整えることである。その取り組みは農業の見直しにつながり、「コウノトリ育むお米」という有機無農薬のブランド米が、人気の特産品になるという経済効果をもたらした。

「公共交通も、きちんと理屈を考えて取り組みを進めれば、儲かるとはいいませんが、無駄な投資は抑えられる可能性があると、ぼくは感じています。『時代の流れだから』『地域が疲弊しているから』といって、あきらめることはないのです」

豊岡市は公共交通を、「社会資本」として捉えている。地方の公共交通は、それ単独では黒字の運営は難しい。しかしコウノトリが〝豊かな岡〟のシンボルとなったように、チクタクは、自分たちが地域を守り育てていくという決意の象徴として、住民に受け入れられている。

東大発オンデマンド交通

二〇一二(平成二四)年一〇月、豊岡市は「チクタクひぼこ運営協議会」に、パソコンを使ったオンデマンド型の交通システムを導入した。他の三地区では従来通り、事務局が手作業ですべて対応しているが、利用者が年間のべ千人を超えているのはひぼこ運営協議会だけで、繁忙な事務作業を軽減する狙いがある。

チクタクひぼこ代表の加藤は、「パソコンに入力すると、車載のタブレットにポップアップされます。運転中の携帯電話はダメですから、以前はいちいち車を停めて電話をしていました。しかし新しい交通システムでは、携帯を使わなくても確認できるようになり、非常に使い勝手が良くなりました。ドライバーはみな、新しいシステムに慣れました」と評価する。

事務局の本田も、「迎えの便の変更も簡単にできます」と歓迎する。従来通りに電話で受けた予約を、本田がパソコン入力する。

チクタクひぼこの使っているオンデマンド交通システムの配車の仕組みは、東京大学が開発したものだ。利用者からスマートフォンで予約が入ると、運行のスケジュールやルート、乗車人数などを、人の手を介することなく、すべて自動で設定するようになっている。ただしチクタクひぼこのように電話で予約を受けつける場合は、オペレーターが入力する必要がある。

ちなみに「オンデマンド交通」という呼び方の他に、「デマンド交通」という言い方もある。最近では区別されずに使われることが多いが、厳密にはニュアンスの違いがある。「デマンド」とは、「要求」という意味である。「オン」という前置詞には「〜してすぐに」という意味があり、「オンデマンド」で、「要求に応じてすぐに」という意味となる。それを実現するためには、情報をデジタル化し、コンピューターを使って即時に処理することが前提となる。ＩＴ技術利用型が、オンデマンド交通なのである。東大の研究室も、オンデマンド交通という用語を使っている。つまり、予約制移動サービスの総称がデマンド交通だが、最近ではパソコン利用が多数になっている状況を踏まえ、オンデマンド交通という呼び方が増えつつある。

第1章で紹介したＣＡＳＥのＣはコネクテッドを意味する。コネクテッドはインターネットでネットワークにつながることであり、オンデマンド交通も、コネクテッドを利用した手法のひとつである。

② オンデマンド× MaaS & CASE
東大発のオンデマンド配車システム「コンビニクル」が輸送効率の向上につながる訳

全国 52 カ所、毎月約 8 万人が利用するオンデマンド交通「コンビニクル」。センターサーバーと各地のシステムをつなぐことで、自治体は従来に比べて大幅に運営コストを削減した「予約制の乗合バス」を運行できる。これは CASE の C（コネクテッド）を利用した手法のひとつである。外出機会が増えることで、医療費削減にも効果があると期待されている。

従来のオンデマンド方式とコンビニクルの違い

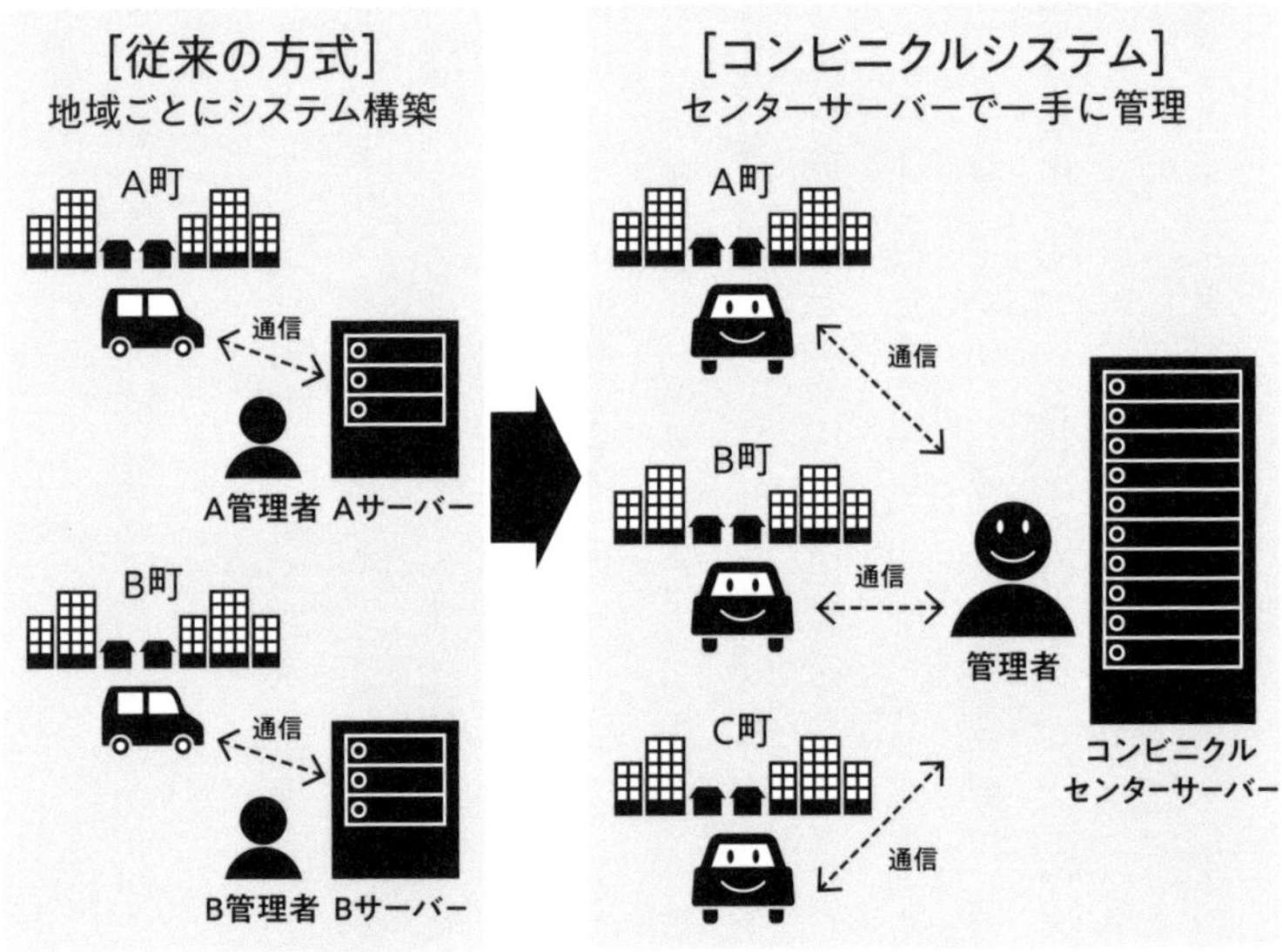

※参考：『スマートモビリティー移動の最適化がもたらす社会システムの変革』特集号「オンデマンド交通への取り組みと将来への展望」稗方和夫

不便な東大柏キャンパスで思いついた

東京大学は本郷、駒場に次ぐ第三の主要キャンパスとして二〇〇〇（平成一二）年、雑木林の広がる千葉県の米軍柏通信所跡地に「柏キャンパス」をオープンさせた。敷地が広々としているのは良いのだが、当時は最寄り駅だったJR柏駅から、かなり距離がある。バスは、国道が渋滞するため、遅れることがしばしばだった。現在の最寄り駅の「つくばエクスプレス柏の葉キャンパス駅」が開業したのは、二〇〇五（平成一七）年のことである。

「柏キャンパスに移って、とにかく交通が不便でした。新しい交通システムを試せるのなら面白いという、非常に身近なところからの思いつきです」

そう語るのは、当時の教授だった大和裕幸と共に、助教時代から開発にかかわった新領域創成科学研究科准教授の稗方《ひえかた》和夫だ。船舶の設計から始まった稗方の研究室では、物流や情報システムも研究しており、加えて輸送システムも研究対象となった。それを転用した交通システムの研究は、技術として親和性が高いものだったのである。ちなみに稗方は、経済産業省の外郭団体である情報処理推進機構から天才プログラマー（スーパークリエイター）として認定された経歴も持っている。

稗方らが考えたのは、利用者の要望に応えて、ルートやスケジュール、乗車人数などの運行計画を自動で設定する交通システムだった。

運行計画を自動で設定する交通システムとは？

利用者が電話で予約してオペレーターが配車するデマンド交通は一九七二（昭和四七）年、大阪府能勢町で始まった阪急バスによる「能勢デマンドバス」が最初とされる。一方、コンピューターを使ったオンデマンド交通は、稗方らが研究を始めた当時、すでに一部の市区町村で導入されていたが、サーバーシステムの購入にそれぞれの自治体が最低でも約一千万円から数千万円を負担し、年間数百万円の維持管理費をかけて運営にあたっていた。

そこで稗方らが考えたのは、サーバーを東大に置いて共用する予約制の乗合バスだった。インターネットを通じて、東大のサーバーと各地のシステムを常時つなぐのである。いわゆる「クラウドコンピューティング」のスタイルであるが、そのためのサーバーは東大が管理している。システムを導入する側にとって、高価なＩＴ機器の購入費や維持管理費が必要なく、経費を安く抑えられるのが第一のメリットだ。

もちろん、それだけではない。使い勝手も改善した。従来のデマンド交通はＩＴ技術利用型であっても、予約が入るとその都度、行き先を追加するというシンプルな運用が大半だった。これだと、乗客が増えるたびに、バスの配車スケジュールが変わって、到着時刻が遅れることになる。これに対して稗方らは、複数の乗客の要望に柔軟に対応できるようにした。

具体的には、予約を受けつける際、到着の希望時刻を先に聞いた上で、通常の移動時間に少し余裕

東京大学大学院新領域創成科学研究科稗方和夫准教授

を持たせて、サーバー側で早めの乗車予定を組んでおく。

「当時は〝ゆとり時間〟という言葉を使っていましたが、お客様に少し譲ってもらうような形で、新しい予約を受けつけていくのです」

他に予約が入らなければ、予定時刻より少し早く到着することになる。追加の予約が入った場合、多少回り道をしても最初に予約した乗客の到着予定時刻に大きく遅れることがなさそうな場合には、その予約を受け入れる。こうした予約の追加や変更が、直前でも柔軟に行えるのが、東大方式の売り物となった。ポイントは、そうした経路の生成を、完全自動で行えるようにしたことである。

コンピューターを使わずにオペレーターが配車する場合、担当者が経路を考えることになるが、人によってルートが違い、その結果として移動時間に違いが出ることがある。さらに、運転手にルートを伝達する場合も、携帯電話による口頭の指示ではわかりにくい場合がある。東大方式では、自動でルートが設定され、運転席のタブレットに表示されるため、こうした問題が解消された。パソコンに不慣れな利用者のためにオペレーターを残すところが多いが、アプリ画面が使いやすく改良されていることもあって、最近は高齢者でもスマートフォンやパソコンを使いこなして予約する人も多い。自治体によっては、高齢者にスマートフォンを無料で貸し出したり、利用料金を助成したりしているところもある。こうしてスマートフォンの利用が増えれば、オペレーターもより少人数で対応できるようになる。

東大と順風路の共同研究によって
二〇〇九年に開発された「コンビニクル」

東大のオンデマンド配車システムが評価され、事業の拡大を目指すことになった段階で、コンピュータの運用に強い企業と共同で研究開発にあたることになった。パートナーは、「本州四国連絡橋」建設のために設立された総合建設コンサルタント会社「長大《ちょうだい》」の、情報関連事業を行っていた部門である。その技術力をより発揮するため、二〇〇七（平成一九年）には、道路情報や移動情報に特化したサービスを提供するためのグループ企業、「順風路《じゅんぷうじ》」に分社化された。

耳慣れない社名だが、中国の古典で「順風耳」は「千里眼」と対になった神様の名前で、「世界のあらゆる出来事を聞いて知ることができる」能力がある。その順風耳にあやかりながら、道路が専門という意味を掛けている。

社長の吉富広三《よしとみひろぞう》は、一九五六（昭和三一）年生まれ。「（映画の）『黒部の太陽』を観て土木をやろうと志し、橋梁設計専門の会社に入ったのに、なぜか環境アセスメントの仕事ばかりやっているうち、ＩＴ系の会社の代表になりました」という人物である。

文部科学省の競争的資金を配分する機関のひとつであるJST（科学技術振興機構）から二億円の開発資金を得て産学共同研究の体制が整い、二〇〇九（平成二一）年に、商業ベースの第一バージョンが完成した。東大と順風路の共同研究により開発されたオンデマンド交通システムは、「コンビニクル」と命名された。「コンビニエンスストア」のように便利な「クルマ」という意味の造語である。

利用する側がコンビニクルを導入するにあたっての経費は、初期費用として五〇万円。これに一カ月あたり四万八〇〇〇円のサーバー維持費、それに車両に積むタブレットが一台あたり一万円である。使う車両の台数が増えると、それにあわせてタブレットの使用代が増えることになる。

順風路　吉富広三社長

最初に導入したのは、東大柏キャンパスのある柏市だ。柏市が導入すると、利用者の口コミで評判は隣町にも伝わる。さざ波が広がるように、各地に導入されていった。自治体の交通担当者が集まる会議でコンビニクルが紹介され、導入されたケースも多い。

コンビニクルは、あくまで東大と順風路によるシステムの名前である。コンビニクルを導入した自治体や団体では、それぞれの交通機関に独自の名前をつけて運用している。例えば柏市では「カシワニクル」であり、豊岡市では「チクタク」である。

全国各地でデマンド交通が増えている理由

二〇一九（令和元）年一〇月現在で、コンビニクルが導入されているのは全国五二カ所、利用者は毎月約八万人に上る。その運営形態は様々だが、運行自体はタクシー会社に委託するケースが多い。そのほとんどで、自治体が車両を買って委託先に貸与する。というのは、運転手を含めて一〇人乗り以下のワンボックスカーやミニバンが多く利用されるが、タクシー会社はこうした車を買ったところで、他に使う機会が少ないため、購入を嫌がるケースが多いからである。

なぜタクシー会社に委託するケースが多いかというと、公共交通を円滑に導入するという意味もある。二〇〇六（平成一八）年の道路交通法改正で、「公共交通ネットワークを地域で協議するための仕組み」として「地域公共交通会議」が制度化された。この地域公共交通会議には、地域でバスやタクシーなどを運行する会社も参加する。会議の合意は、必ずしも全会一致を必要とはしないが、「競合するライバルができることになる」として強い反対があれば、合意が得られにくくはなる。そこで自治体が、運営をタクシー会社に委託すれば、タクシー会社の同意と協力を得やすくなるという計算もある。

筑波大学の調査によれば、「デマンド交通」を導入した全国の自治体は、二〇一一（平成二三）年は二二六だったのが、二〇一七（平成二九）年には五五〇に倍増している。

日本は超高齢化社会を迎え、二〇三〇（令和一二）年には三人にひとり、二〇六〇（令和四二）年には五人にふたりが高齢者という時代がやってくる。通勤や通学する人たちがバス利用の中心となる場合、駅と住まいを結ぶ朝夕の決まった移動パターンが多い。これが高齢者中心の時代となると、時間帯も目的地も特定の場所や時間に集中せず、しかも移動量は少なくなる。こうした需要に対応するには、定期バスよりも、デマンド交通のほうがふさわしいのである。

デマンド交通が増えている理由は他にもある。国土交通省が二〇一一（平成二三）年度から実施している「地域公共交通確保維持改善事業」で、既存の鉄道の駅や、バスの幹線ルートに接続するデマンド交通を新たに設けようという取り組みについて、車両や予約システムの導入が助成の対象となったことも背景にあげられる。

予約の手間を省くふたつのシステム

コンビニクルのシステムで面白いのが、出発地と目的地を入れて検索すると、その日に乗ることのできる便がすべて表示されるスマホ画面もあることだ。その時点で、乗れるものだけが出てくる。一見、バス停の時刻表風である。このため利用者は、「これに乗ろうかな」という作業で済む。つまり、いくつかの条件を決めて予約するという能動性が、大幅に低減される。

というのも、時間に追われるビジネスマンと異なり、メインの利用者である高齢者は、それほど急いではいない。東大の研究室が千葉県柏市で行った実証実験の際のアンケート調査で、オンデマンド交通の不便なところについて聞いたところ、六四％が「予約の手間」と回答している。順風路によれば、利用者の年齢構成は七割が高齢者である。そうなると、バスの時刻表風で決めるほうがハードルが低く、使いやすいという人も多いのだ。コンビニクルを導入している自治体のうち、九カ所でこの表示が利用されている。

コンビニクルでは、「友だち乗合予約」というシステムも導入できる。

「利用者からの依頼で『○○に行きたいのだが、△△さんと一緒に乗りたい』と頼まれる。前のバージョンだと、オペレーターが△△さんの予約状況を確認したうえで配車するのですが、これが結構な手間なのです。『すごく大変なので、何とかならないか』と頼まれて、こういう仕組みを作りました。一緒に行きたい人を入力して、その場で検索できるようになりました」

コンビニクルの利用者はどこも、女性が四分の三を占めている。順風路の吉富は、オンデマンド交通で移動する車内が、交流の場にもなっていると指摘する。

「高齢の女性のみなさんは、車内でお喋りしたりして、トリップそのものを楽しんでいるのですね」

三重県玉城町では医療費削減にもつながった

三重県南部の玉城町《たまきちょう》は、事業主体の町が、玉城町社会福祉協議会（社協）に運行管理を委託し、コンビニクルのシステムを導入して二〇〇九（平成二一）年から「元気バス」を走らせている。玉城町では元気バスを〝福祉の一環〟として位置づけているため、料金は無料である。「廃止代替バス」であり、地元のタクシー会社やバス会社には、「ドアtoドアのサービスは行わない」「運行時間は午前九時から午後五時まで」「運行範囲は町内のみ」と説明して了解を得ている。

社協職員のオペレーターふたり、それにドライバー五人で運行体制をとっており、車両三台で毎日運行する。停留所は、運行開始当初は八三カ所だったが、現在では利用者の要望に応え、二倍以上の一九三カ所に増えている。利用は登録制で、平均して毎日のべ約七〇人が利用している。

運行開始から約半年後、元気バスの評価できる点について東大の研究室が住民アンケートを行ったところ、「自宅近くで乗れる」が二二%で最も多く、次いで「自由な時間に乗れる」が一五%、「自由に移動することができる」が一四%、「外出機会の増加」が一〇%、「車内でのコミュニケーション」が八%などだった。

バスを運行する社協には、「元気バスがあることで気軽に外出ができて良かった」「元気バスを利用して介護予防教室に通うことで元気になった」「無料で利用できてうれしい」などの意見が寄せられている。

これについて東大の稗方は、「人とのつながりなど、社会的な要素を評価する声が目立った」と分析する。元気バスのログデータ解析などからも、元気バスによる交友関係の広がりが確認された。稗方の調査では、利用者の七二%が、元気バスを通じて新たな友人関係を築いている。

さらに東大研究室は、七五歳以上の元気バスの利用者と非利用者の医療費を、三年間の医療費の増減額で分析したところ、元気バス利用者のほうが、非利用者より、年間でひとりあたり約二万一〇〇〇円少なくなっているというデータが得られた。町全体では年間約一一〇〇万円の減少につながっていると推計される。

社協事務局長の見並智俊《みなみちとし》は、「元気バスを使って外出していただくことで、閉じこもり防止になり、結果的に健康が維持され、医療費が抑制できたと考えています。停留所を目的地の玄関先に設置せず、あえて少し離れたところに設置し、歩いていただくことも、健康増進につながったと考えています」と話す。

社協では、元気バスの利用が急に減った高齢者について、担当者が訪問するなど、「見守り活動」の一環にも役立てている。元気バスが〝福祉の一環〟と位置づけられる背景のひとつには、高齢者に対する福祉サービスのうちの「予防的経費」としての側面があげられる。

東京都老人総合研究所の広報紙『老人研ＮＥＷＳ（現・研究所ＮＥＷＳ）』（第二一九号、二〇〇七年三月）によれば、「外出頻度と歩行障害の発生リスク」について、一日一回以上外出する人を一とした場合、二～三日に一回の人は一・七八倍、一週間に一回以下の人は四・〇二倍というデータがある。さらに「外出頻度と認知機能障害の発生リスク」については、やはり一日一回以上の人を一とすると、二～三日に一回の人は一・五八倍、一週間に一回以下の人は三・四九倍となっている。

また、カナダの著名な発達心理学者、スーザン・ピンカーは、アメリカの有名なカンファレンス「ＴＥＤ（テド）」で行われた講演を紹介するＮＨＫ教育テレビの番組「スーパープレゼンテーション」（二〇一八年三月一日放送）で、「健康で長生きの秘訣」をテーマに登壇した。この中でスーザンは、一〇〇歳を超える人の割合が、イタリア本土の六倍、北アメリカの一〇倍にもなるというイタリア・

サルディーニャ島での調査結果を紹介した。その結果としてわかったことは、長生きの秘訣として大切なことは「村の構築」、つまり多くの人たちと関わり合い、親しい人間関係を作ることであるとした。スーザンは、人と人とが実際に会って交流することで免疫系が強化され、幸福感を生むホルモンが増えて長寿の可能性が高まると分析している。

オンデマンド交通を取材して興味深かったのは、住民の負担が増す一方で、車両が小型化され、運行日数も削減されるというきびしい条件に対し、住民はそれをマイナスとして受け取るのではなく、逆に結束するためのバネとし、必死に知恵と身体を使って、以前より便利な環境を作り上げていることだ。単に「公共交通空白地を解消すればよい」という意識では、問題は解決しない。交通はあくまで手段であり、目的ではないからだ。

豊岡市や玉城町などでは、人びとの交流が深まり、コミュニティをより成熟させる、スーザン流に言えば「村を構築」するための手段として公共交通を活用している。それは結果的に、医療費削減にもつながる。そこには、「ネガ」を「ポジ」に転化する、人びとの知恵がある。

東芝デジタルソリューションズとの連携

バスの乗客減少に伴って、増え続けているオンデマンド交通だが、デメリットもある。少ない乗客に対応することを主眼としているため、直前に多くの予約が入ると、クルマに乗り切れない事態が発生する。その場合、利用者は、その車両が戻ってきたり、別の車両がやってきたりするのを待たなければならない。

そこで注目されているのがＡＩ（Artificial Intelligence、人工知能）の活用である。ＡＩは一九五〇年代から研究が続けられてきたが、近年になってディープラーニング（深層学習）と呼ばれる手法の導入で、統計と確率に基づく認識と推論の精度が飛躍的に高まっている。二〇一六年には「グーグル」傘下の「ディープマインド」が開発した囲碁のＡＩ「アルファ碁」が、「世界最強」と呼ばれた韓国のトップ棋士に圧勝して大きな話題となった。

ＡＩはいまのところ、「人間のように考える」段階にまでは到達していないが、「識別」や「予測」などの分野ではすでに実用化されている。その意味で、まだ「人工知能」ではなく、人間の決めたプログラムに従って、人間の能力を拡大するＡＩ（Augmented Intelligence）は「拡張知能」だという考え方もある。拡張知能という言葉を主張する論者の中には、「人工知能だと、『将来的にロボットが人間の仕事を奪う』という誤ったイメージを人びとに植えつけかねない」と考える人もいる。本書はＡＩの定義が目的ではないので、とりあえずは一般的な「人工知能」という呼び名を使っておくことにする。

その製品として、アメリカのＩＢＭは二〇〇九年に「ワトソン」を開発し、二〇一六年にはワトソンの日本語版をリリースした。日本では二〇一七（平成二九）年に、東芝のグループ会社である「東芝デジタルソリューションズ」が、ＡＩを使って情報を分析するためのサービスである「ＳＡＴＬＹＳ」（以下、サトリス）を発表した。

「世界知的所有権機関」の調べによると東芝は、ＡＩに関係する画像認識や音声処理、文字認識などの特許保有ランキングでＩＢＭ、マイクロソフトに次いで世界三位、日本ではトップで、ＡＩ開発に特に力を入れている。

サトリスを導入した事例では、ドローンの映像を使って送電線の異常を検知したり、廃棄物処理施設で燃焼画像を使って燃え方の異常を検知したり、医療系では、病理画像からガン細胞を検知したりする。さらには半導体工場における生産性の改善などにも使われている。いずれの事例でも、ＡＩが学習するための大量のデータが必要となる。

東芝デジタルソリューションズがサトリスの次なるテーマとして選んだのが、新たな交通システムとして注目を集めているオンデマンド交通だった。この分野では、順風路が九年間の実績を踏まえて、デジタル化された大量の運行ログを保有していた。ＡＩが学習するのに、願ってもないデータである。

「ＡＩを使えば、もっと効率を上げられる」

順風路の吉富は、東芝との出会いを次のように語る。

「東芝さんは、自分たちのＡＩ技術を活用できる場を探していました。うちのデータを見て、『高齢者の移動データをこんなに持っている会社は、他にはありません。ぜひとも一緒に共同研究したい』と声を掛けられました」

一方、順風路にとっても渡りに船だった。順風路はコンビニクルのシステムをすべて、自社の社員の手により社内で構築している。しかし、社員数は一五人。ＡＩを自前で開発する余裕はない。

「現在のコンビニクルのシステムでは、一日あたり車両一台で、約三〇件の予約に対応するのが限度です。しかしＡＩを使えば、もっと効率を上げられると考えました」

順風路のコンビニクルは、「フルデマンド」と「セミデマンド」のふたつの使い方が可能である。フルデマンドは、車両の移動パターンや経路に特別な制限はなく、連絡の入った順番どおりに、予約を次々と入れていくシステムである。乗客が少ない場合、利用者にとっては一番使いやすいスタイルだ。

これに対してセミデマンドは、運行ダイヤや乗り降りする停留所の一部を特定する。すべてを特定してしまうと、路線バスと変わらないことになってしまうため、停留所をどこにどれだけ設定するかが肝となる。セミデマンドはフルデマンドより使いにくくなるかというと、そうでもない。利用者にとっても、コンビニクルの走る時間や場所が特定されることで、帰りの時間が当初の予定より早くなったり遅くなったりした場合でも、セミデマンドのダイヤにあわせて乗ることができる。事業者側にしても、乗車率が増えて、より効率的な運行が可能となる。

コンビニクルでセミデマンドを利用したい場合、現状ではシステムを運用する担当者が、一部のダイヤを固定したり、特定地域の停留所を一カ所にしたりするなどの制限をかける。

「傾向にあわせてある程度制限を加えたほうが効率がいい場合、デマンドの配車に一定の法則を与えることができます」

担当者が適切な判断を下すためには、運行の実績を見ながら、利用者の傾向を把握する必要があり、十分な経験が必要となる。しかしＡＩにより、その傾向を細かく分析することができれば、いまより運行の効率が大幅に上がるはずだ。

こうして二〇一八（平成三〇）年七月、順風路と東芝による共同の実証実験が始まった。

データが揃った後に待ち受けていた課題とは？

コンビニクルは毎月、約八万人の利用者がある。過去のデータをすべてあわせると、出発点と到着点、到着の希望時刻と実際に到着した時刻、それに利用者の性別や年齢などがタグづけされた、五〇〇万件ものデータを順風路は保有していた。

「うちのデータを使って、例えば、『あすの朝、A地区ではB地区方向に何人分の需要がある』という予測が出せるかどうか、東芝さんと一緒に研究しました。その結果、『出せる』というのが、大体わかってきたのです」

ＡＩの特徴は、大量のデータを学習して、画像やセンサーデータ、業務データなどを解析することである。まずは移動需要を予測するためのベースとなるモデルを構築する。このモデルに順風路の持つ、実際の輸送実績、すなわち何年何月何日何時何分という日付、どこで何人が乗車し、どこで何人が下車したかに加え、その日が何曜日だったかや、当時の気象情報、すなわち晴れや曇り、雨なら降水量、さらに風速など、外部環境データを統合したビッグデータを〝教師データ〟として学習させる。将来的には、交通情報やイベント情報など、地域の特性も学習させる計画である。これを踏まえて、数週間先までにわたる、利用者の乗車場所や降車場所、利用人数を予測させるのだ。

サトリスの開発を担当するアナリスティクス・ディープラーニング技術開発部主任の入本勇宇次は、「様々なデータを組み合わせるのは、『雨の日は利用者が増えるため、この地域での需要は通常の二〇%増しになる』『日曜日のこのルートのこの時間帯は特に渋滞が激しくなり、平日の二倍の時間がかかる』など、地域ごとに詳しく予測ができるようになるからです」と説明する。

こうしてAIに学習させるデータは揃った。しかし、課題が待ち受けていた。これまですでに、タクシーの需要予測は一部で実用化されているが、そこで必要とされる情報は、空車を拾いたい利用客がどこで待っているかという、点の情報でよかった。

一方、オンデマンド交通で効率的な運行計画を立てるためには、乗車場所と降車場所という線の情報が求められる。それに加えて、前述したような膨大な量の情報を処理する必要が出てくる。

サトリスの場合、解析対象を特徴づけるパラメーターが、数万次元にも上るビッグデータの解析で実績がある。しかし、さしものサトリスも、そのままのデータ量では、処理するのに時間がかかりすぎるのだ。

入本とともに、サトリスの開発にあたってきたソフトウェア開発部の上田弘樹は、その対策に頭を悩ませた。

「例えば乗降場が二〇〇〇カ所ある地域では、乗車場二〇〇〇×降車場二〇〇〇＝四〇〇万通りの予測結果を処理しなければなりません。それが九年分。しかも、データの内容は、かなりゼロが多い。停留所はたくさんあるけれど、利用者は少ない。それを解析するのがけっこう難しいのです」

試行錯誤の末、彼らが編み出したのは、二段階でデータを処理するという方法だった。第一段階と

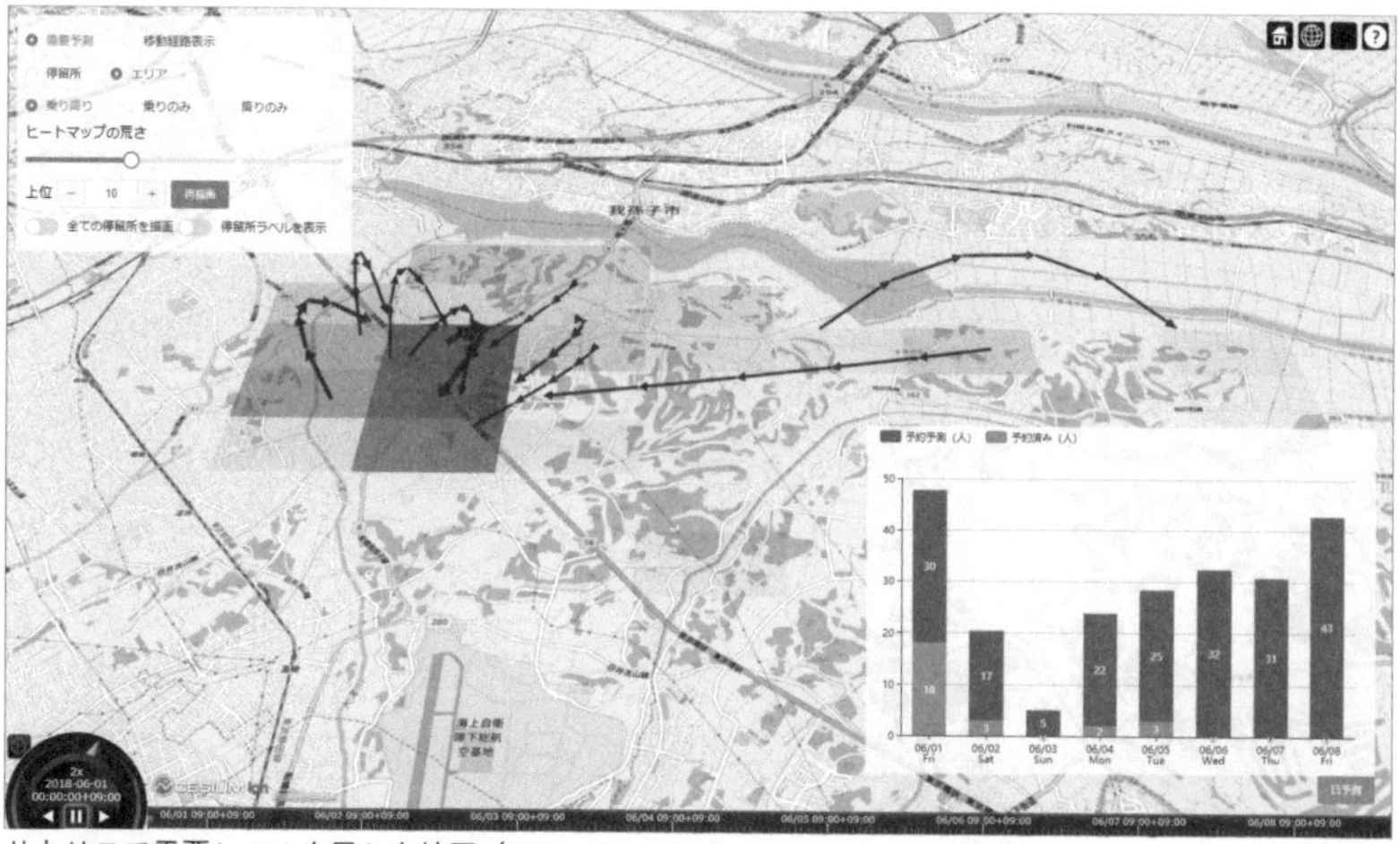

サトリスで需要レベルを示した地図（©OpenStreetMap contributors 東芝デジタルソリューションズ 提供）

して、乗車場所における需要件数の予測を行うモデルを構築した。次に、乗車場所に対応する降車場所の予測を行うモデルを別に構築した。最終的に、それぞれの結果を掛け合わせることで、すべての乗降ルートにおける需要予測を算出することに成功したのである。

勘や経験に頼っていた作業が、AIでより正確に行えるように

そのうえで、すべての乗降ルートにおける膨大な需要予測の結果を、実際の運行事業者が使いやすいよう、ひと目で、しかもわかりやすく表示することにも努力した。具体化されたのは、（1）一週間先までの一日ごとに、すでに入っている予約状況と、これから入るであろう予約の予測のグラフ化。（2）乗り降り需要をエリアごとにヒートマップ（データを可視化するため、数字の強弱を色の濃さで視覚化したもの）で表示。（3）需要が高いルートを、需要の程度に応じて、太さや長さに変化をつけた矢印で表示。時刻を動かすと、

矢印の形や太さが変化していく。こうした三つの要素を可視化できる需要予測マップが製作された。

上田は、サトリスによる需要予測の使い方を、次のように説明する。

「運営する自治体に、予測結果をデータとしてお渡ししても、たぶん『よくわからない』ということで終わってしまいかねないと思います。しかし、こういう形で可視化してあげることで、車両を何台運行するかという計画が立てやすくなります。お祭りなどイベントで人出が多い日は、人を増やしてでもバスを運行させたい。逆に雨の予報が出されている日は外出が減って、運行を減らしてもいい。それが過不足なくできるよう、ＡＩが需要を予測します。そういうことでコストを抑えたり、利便性を向上させたりできるのです」

入本は、需要予測を踏まえて、予約を受ける段階で微調整を行い、輸送効率を上げることができると指摘する。

「これまででしたら、新たに予約が入ると、別の車を回したり、別の時間をお願いしたりしていたケースでも、あらかじめ需要があるかもしれないとわかっていれば、少し長めに運行計画を設定して、一台でより多くの人を運べることになります」

勘や経験に頼っていた作業が、ＡＩでより正確に行えるようになる。運行を委託された事業者が替わっても、それまでと同じサービスを提供できることになる。さらに、こうした予測をもとに、その時々で柔軟に対応した使いやすいセミデマンド運行を提供することも可能となるだろう。

順風路は、サトリスによる需要予測をコンビニクルのシステムに取り込むため、システムの書き換え作業に入った。

「まだ他社は我々に追いついていないと思いますが、このままでは、いずれ追いつかれます。そうならないために、まったく新しいものを作るのです。しかも、そろそろ利用者が月一〇万人になろうとするシステムが、変な不具合を出すわけにはいかない。サービスインするまで二年くらいかかりますが、サービス内容はいまより上げて、しかし値上げはできない。むしろ、下がるでしょう。ですから大変なのです」

たしかに大変そうだ。しかし、笑顔で「大変」と語る吉富は、うれしそうでもある。最新の技術に対応しながら、利用者の役に立っているという自負心があるからだろう。

「これからはＭａａＳの世界でいう、自家用車がなくても、便利に暮らせる世界になるように、我々のシステムを提供しないといけないのです」

ＡＩを使ったオンデマンド交通システムは、他にも「ＮＴＴドコモ」や、公立はこだて未来大学発ベンチャーの「未来シェア」などが研究開発を進めており、一部ですでに実用化されている。

ＭａａＳの一翼を担うオンデマンド交通は、私たちの目に見えないところで、着実に進化を遂げている。

③ パーソナルモビリティ× MaaS & CASE
次世代型電動車いすを開発 ウィルが目指す〝最後のワンピース〟

2014年9月、発売と同時に売り切れになった電動車いすがある。一般的な車いすの2～10倍の約100万円という価格の「ウィル モデルA」だ。開発したのはベンチャー企業のウィルである。MaaSのラストワンマイルを担う移動手段の開発を手がける同社は、なぜ革新的なパーソナルモビリティや自動運転システムを世に送り出せるのか――。

2011年に東京モーターショーで初披露されたプロトタイプ

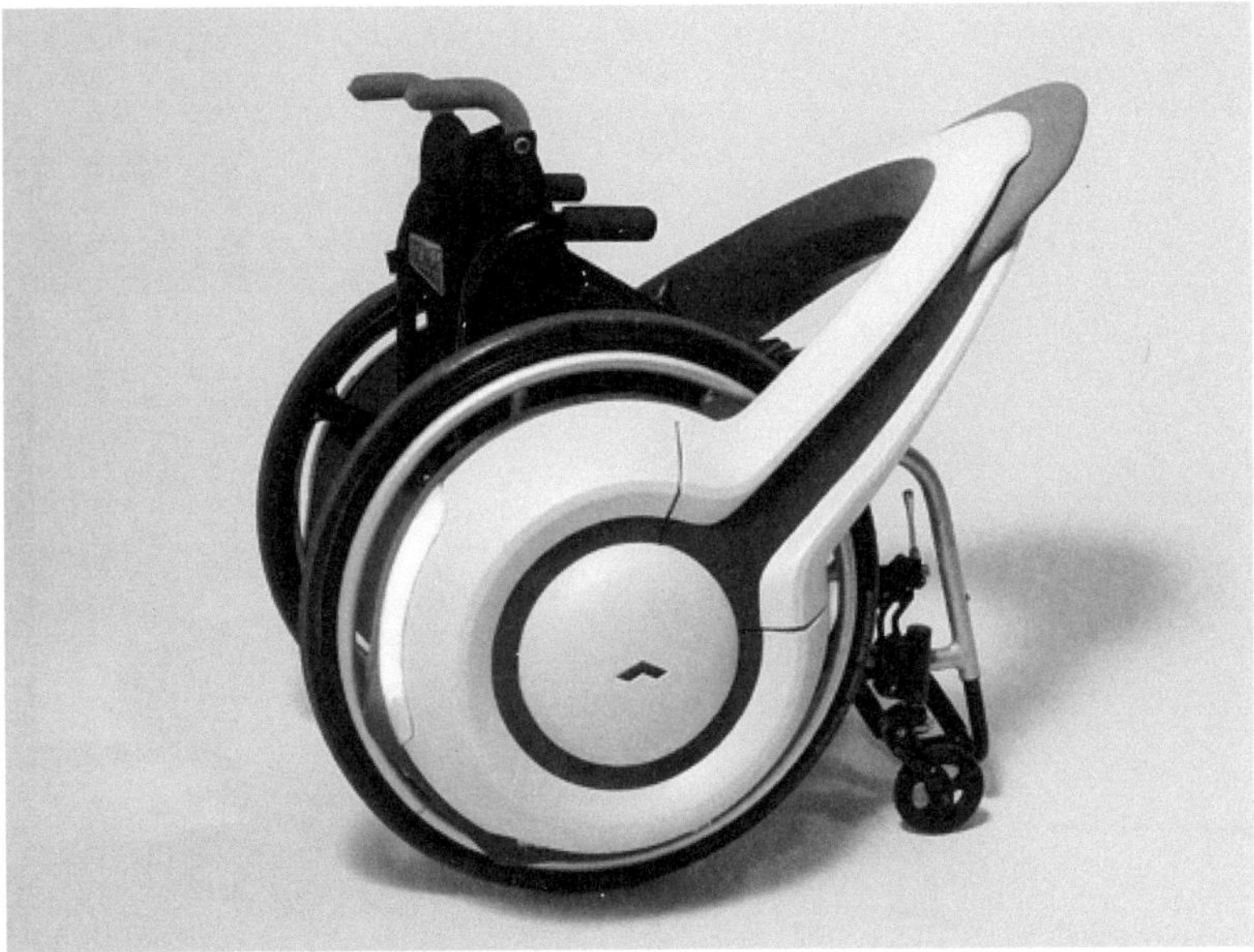

画像提供：ウィル

「車いすの人」と見られることに腹が立っていた女性が選んだ会社

「乗ってみたいと思える、まったくあたらしいカテゴリーの『パーソナルモビリティ』です」

この謳い文句に心惹かれ、人生の進路を決めた女性がいる。

木戸《きど》奏江《かなえ》は小学四年生のとき、剣道クラブで竹刀の素振りをしていて、振りかぶった両腕を頭上で止めることができないことに気づいた。何度やっても、腕が落ちてしまう。精密検査を受けた結果、筋ジストロフィーと診断された。徐々に筋力が落ちていく難病で、いまのところ根本的な治療法は見つかっていない。

やがて木戸は大阪で大学生となったが、少し長い距離を歩くと疲れるようになり、二〇歳になったとき、地元自治体の補助を受けて電動車いすを購入した。確かに平地を移動するには便利で、楽になった。

「勧められたものを買いましたが、デザインが自分に合っていないと感じ、あまり愛着が持てませんでした」

愛着が持てなかった理由は、デザインだけではなかった。

「車いすに乗り始めたら、周りから『車いすの人だ』と見られるようになりました。車いすが〝不幸の象徴〟で、私は〝不幸な女の子〟と見られるのに、かなり腹が立ったのです」

行動範囲をもっと広げようと、前向きな思いで購入した車いすなのに、周囲からは逆に「病気が進行した」と受け取られ、「車いすに乗った障害者」としてしか、見られなくなってしまう。そのギャップに内心、悔し涙を流した。自転車に乗るかのように、便利な移動手段を手に入れただけなのに、周囲の反応が変わり、不本意なレッテルを貼られるようになる。その結果、「なるべく乗りたくない」という抵抗感を持つようになった。

そんなとき、アメリカのボストンで障害者を対象に、公共交通のバリアフリーを学ぶプログラムがあることを知り、五カ月間の研修に参加した。そこで様々な国籍や人種の障害者たちと交流した。自由な雰囲気の中で学んだことは、「障害者であることは、私を構成するものの一部であって、すべてではない」ということだった。そう気づいた木戸は、「障害者であること」から、もっと自由でいられるのはどのような社会なのかを考えるようになった。

帰国して大学三年生となった木戸は、企業のインターンシップに参加してみることにした。その会社が〝乗ってみたいと思えるパーソナルモビリティ〟を作っているＷＨＩＬＬ（以下、ウィル）だった。パーソナルモビリティとは、ひとり乗りの乗り物という意味である。

日産を二年で飛び出し、世界を周遊。帰国後、友人とエンジニア集団を結成した

豊田佐吉を生み、スズキやホンダ、ヤマハ、カワイ、ローランドなど、個性的な企業の創業の地である静岡県の遠州地方には、「やらまいか」という方言がある。「とにかく、やってみよう」という意味である。ウィルで代表を務める浜松市出身の杉江理《さとし》も、地域や学校でよく聞いた言葉だという。

ウィル杉江理代表とモデルC

一九八二（昭和五七）年生まれの杉江は、大学時代、ボクシング部の活動に熱中した。卒業後は日産に入り、自動車の車体やテールライトのデザインを担当した。仕事は面白かった。しかし社外で行っていた、友人たちとのモノ作りの活動が、副業禁止規定に抵触すると会社から指摘された。チャレンジ精神を称揚する風土で育った杉江は、思い切りよく、二年で日産を退社した。

杉江は、これから何をやるにしても、中国語が必要になるだろうと考え、日本語教師をしながら、中国で一年あまりを過ごした。その後、「何でも見てやろう」の精神で、二年間にわたって東南アジアや南米に滞在し、現地の人びとと交流した。その間、杉江は、日本の友人からの依頼で、車いすの需要調査をしたこともある。

帰国した杉江は、ソニーで車載カメラを開発していた内藤淳平、オリンパスで医療機器を研究していた福岡宗明ら数人の友人たちと共に二〇〇九（平成二一）年、社会課題をテクノロジーで解決することを目指したエンジニア集団〝Sunny Side Garage（サニー・サイド・ガレージ）〟を結成した。

先輩経営者からの〝叱責〟が創業を後押しした

当初は「風の可視化アート」や「蛍がきれいに見えるライト」などを手掛けていたが、翌二〇一〇（平成二二）年にメンバーのひとりが出会った、ある車いすユーザーの言葉が、彼らの方向性を決定づけた。

「車いすに乗っているというだけで、自分がどういう人間かにかかわらず、『障害があり、助けが必要な人』と見られてしまう。だから一〇〇メートル先のコンビニに行くのもあきらめる」

彼はそう言ったのだ。

わずかな距離でも、段差や悪路などの物理的なハードルがあるというだけでなく、車いすに乗るということ自体に対する抵抗感があり、心理的なバリアで外出をためらう人がいる。

確かに、ほとんどの車いすは、半世紀以上もほぼ変化のない、パイプを使った古臭いデザインである。機能性が優先され、「自分らしさ」やデザインは、顧みられることがなかった。さらに肝心の機能面でも、車いすは、段差につまずいたり、溝にはまったりしやすい。上り坂や下り坂、砂場などは苦手である。坂道を横切ろうとすると、下り坂方向に流されてしまうこともある。ハンドルで運転する、少し大きめのシニアカーも電動車いすの一種だが、小回りが利かず、エレベーターの中で、方向転換はほぼ無理である。杉江たちは自動車や電機関係に強いエンジニアだから、車いすでも電動のものに着目したのだが、調べてみると様々な課題が明らかになってきた。

これこそ、自分たちの持つ、デザインとテクノロジーの力を示す絶好のチャンスではないか。自分たちは、電動車いすを改良するのではない。車いすには分類されないような、新しいカテゴリーのひとり乗りの乗り物を作れば、機能面でも、心理面でも、外出に対するバリアがなくなるのではないだろうか。

「デザインにこだわってはいました。最初は何か、カッコいいものを作ろうという、軽いノリでやっていました」

杉江たちは、だれもが乗りたくなるようなパーソナルモビリティ作りに挑戦することにした。こうして、ウィルプロジェクトが始動した。ウィルという名前は、車輪を表すWHEELに、意志を表すWILLを掛け合わせた造語で、「意志を持った車輪」という意味になる。

クラウドファンディングで一〇〇万円を集め、さらに自分たちで五〇〇万円を出し合い、一年に満たない短期間で、プロトタイプを完成させた。市販の車いすに、あたかもヘッドフォンのような形で、車輪を覆う電動駆動システムを装着して完成した。

杉江らは、お披露目の場として、福祉用具の展示会ではなく、あえて二〇一一（平成二三）年の東京モーターショーを選んだ。杉江は、枠づけを福祉機器ではなく、モビリティとして考えていたからだ。その斬新なデザインは、来場者から大きな反響を得ることができた。

ショーが終わると、杉江らは開発に弾みをつけようと、東京の車いすメーカー「オーエックスエンジニアリング」に協力を求めた。しかし創業者の石井重行の口から出た言葉は、実に重いものだった。

「ふざけるな！　夢を見させることがどんなに残酷なことか、わかっているのか。製品化するつもりがないなら、いますぐやめろ」

世の中には、試作品や実証実験の段階で終わってしまうモデルが山とある。なかなか実装に進めないという意味で、「実装の谷」という言葉もあるほどなのだ。石井の叱責は、杉江らのプロトタイプを高く評価したがゆえの、きびしい忠告であった。

ヤマハの元エンジニアであり、オートバイを愛した石井は、オートバイのテスト走行中に転倒事故を起こし、下半身不随となった。車いすが必要となったが、自分の欲しいものがなかったため車いすメーカーを起業し、優れた操作性と機能的なデザインを両立させて「日本の車いすを変えた」と評された人物である。車いすテニスで世界トップクラスの国枝慎吾選手や上地《かみじ》結衣選手も、同社の製品を愛用している。その石井の言葉は、杉江たちの胸に強く響いた。

これは、片手間でできる仕事ではない。内藤と福岡は、勤めていた会社を辞め、それぞれ貯金をはたいて資本金を出し合った。こうして二〇一二（平成二四）年五月、東京都町田市の小さなアパートを本社に、杉江がＣＥＯ（最高経営責任者）、内藤がＣＤＯ（最高開発責任者）、福岡がＣＴＯ（最高技術責任者）という体制で、会社組織としてのウィルがスタートしたのである。

苦労の末、アメリカで二億円の資金調達に成功した

「マーケットが小さい」

資金調達を始めた杉江に、投資家が投げつけた言葉だ。杉江は、いろんなベンチャーキャピタルを

回ったが、最初はまったく相手にされなかった。最近では高齢者の運転免許返納が増え、免許の要らない電動車いすの需要は、少しずつ高まってはいる。それでもウィルを設立した当時、業界団体の「電動車いす安全普及協会」の調べで、年間の販売台数は二万台程度にとどまっていた。

バスやトラックを含めた四輪の新車は、国内で年間に五〇〇万台以上が売れている。原付を含めた二輪車は、この四半世紀で七分の一にまで落ち込んでしまったが、それでも年間四〇万台程度の規模がある。自転車は年間七〇〇万台だ。それと比べれば、確かに規模はかなり小さい。

一方、アメリカで販売されている電動車いすの市場規模は、ウィルの調べで年間五五万台。アメリカの人口は日本の三倍弱なのに、電動車いすは約三〇倍も売れている。なぜこうまで違うのか、杉江に聞いてみた。

「第一に、他人の目を気にせず、必要な人は乗るというマインドセット（思考様式）です。第二に、アクセシビリティ（利用しやすさ）が、法律で決められています」

アメリカでは一九六八年に連邦政府の施設を対象にしたＡＢＡ法（Architectural Barriers Act、建築物障害除去法）、一九九〇年には、包括的な障害者差別禁止法としてＡＤＡ法（Americans with Disabilities Act、障害を持つアメリカ人法）が制定され、公共の建物やアパートなどでは車いすを自由に使えるよう、段差のないドアの設置などが決められている。欧米では靴のまま室内に入るという生活スタイルも、電動車いすが普及する要因になっている。電動車いすに乗ったまま、車内に乗り込んで、そのまま運転できる車も普及している。

これに対して日本では、木造建築の場合、建築基準法で床の高さが地盤から四五センチ以上と決められているのをはじめ、ドアや廊下の幅もせまく、多くの家では電動車いすで室内と室外を自由に行き来できる状況にはなっていない。

確かに日本の市場は、現状ではニッチである。しかし、ニーズがその程度しかないかと言えば、そうとも思えない。内閣府の『平成三〇年版高齢社会白書』によれば、日本で七五歳以上の後期高齢者は一七四八万人で、総人口に占める割合は一三・八％だ。しかも国土交通省が二〇一五（平成二七）年に発表した「全国都市交通特性調査」によれば、無理なく歩ける距離が一キロ以下と感じている人が七五歳以上の五二％、約九〇〇万人に上る。加えて、電動車いすに満足できない障害者の人たちがいる。裏返して言えば、潜在需要は相当あると言えるのだ。

杉江たちは二〇一三（平成二五）年四月、アメリカで資金調達を図ろうと、カリフォルニア州のシリコンバレーにウィルの拠点を開設した。なんの伝手もないアメリカで、生活費を切り詰めながら投資家を訪ね歩いた。

日本と違って、さすがにアメリカの投資家は目が肥えている。翌二〇一四（平成二六）年にかけて、あわせて約二億円の資金調達に成功したのだ。

発売と同時に売り切れた「ウィル モデルA」

次は、量産機の設計である。電動車いすには、最初から電動として設計されて、背もたれなどもスイッチの操作で動くタイプの他にも、普通の車いすにモーターとバッテリーを取りつけた「簡易型」、それにハンドルで操作する電動カートタイプの「シニアカー」がある。こうした従来の電動車いすとは違うカテゴリーのモビリティを作ることが、杉江たちの目標だ。

機能面では、前輪に〝オムニホイール〟と呼ばれる全方位タイヤを採用した。前方向に回る前輪の大きなタイヤの周りに、直角方向、つまり横方向に回転する二四個の小さなタイヤがついている。この結果、大きなタイヤと小さなタイヤの回転があわさって、あらゆる（英語で「オムニ」）方向に動くことができるのだ。一般的なハンドル型シニアカーの最小回転半径は一メートル四五センチ程度。これに対して、後輪を中心に三六〇度回転できるウィルのモデルは七六センチと、ほぼ半分である。

オムニホイールはコンテナの搬送道具や電動台車、ロボットの駆動輪などとして使われてきたが、これまで車いすで使われたことはなかった。オムニホイールは便利なのだが、横回転するタイヤとタイヤとの間に隙間ができるため、タイヤの表面が凸凹になり、従来の製品は振動が激しかった。モノを載せるだけならＯＫだが、人が乗るには乗り心地が悪すぎた。ウィルの開発グループは、二四個のタイヤの大きさを変えることで、その隙間を小さくし、振動を抑えることに成功したのだ。

さらに四輪駆動としたため、走破性が高まった。従来型の電動車いすは、小さな前輪がくるくると回るため、二～三センチの段差を乗り越えるのがやっとだった。歩行者にとっては何ということもない店舗の入り口や、歩道にあるわずかな段差が、車いすのユーザーにとっては大きなバリアだった。はじめて通る道は、グーグルストリートビューの画像で段差がないかどうか確認する車いすユーザーもいる。

これに対してウィルのモビリティは、前輪の向きが固定されていて、直径が二〇センチ以上あるオムニホイールの威力も相まって、七センチ程度は軽く乗り越えることができる。雪道や砂利道、芝生やでこぼこ道も苦にならない。坂道は一〇度まで対応できる。簡易型だと、前輪が浮いてしまって不安定になる傾斜だ。一般的に急こう配は五〜六度とされており、急な坂道もＯＫだ。

操作は、ひじ掛け部分に取りつけられたコントローラーに掌を軽くのせて、行きたい方向に傾けるだけである。従来の電動車いすはジョイスティック式のものが多かったが、モノをつかむ力が弱い人には使いにくいという問題があったためだ。手を離せば自動的にブレーキがかかるようになっている。

座席部分では、背もたれのクッションをいろいろ取りかえて、身体に様々な障害のある人も乗りやすいようにした。

スマートフォンで、遠隔操作ができるようにもした。これで、離れているところにいる利用者が、自分の近くに呼んだり、介助者が近くで操作したりできるようになった。

最後にデザインだ。前輪と後輪の大きさに均衡をとりながら、従来の車いすのイメージを打ち消すとともに、あらゆる人にとって使いやすく、同時に誰もが乗りたくなるような乗り物を意識して、ユニバーサルデザインで仕上げた。

こうして新しいカテゴリーの、ひとり乗りの乗り物が完成したのである。

ウィルの最初の製品という意味で、商品名は「ウィル　モデルＡ」と命名された。価格は約一〇〇万円と高価になったが、予約が殺到し、最初の五〇台は二〇一四（平成二六）年九月の発売と同時に売り切れた。

翌月、本社を横浜市鶴見区の横浜市産学共同開発センター内に移転した。生産は、台湾の企業に委託することも決まり、本格的な生産体制が整った。

モデルAは、二〇一五（平成二七）年度に選ばれたグッドデザイン賞の受賞作一三三七点の中から、最高賞であるグッドデザイン大賞（内閣総理大臣賞）も受賞した。

安価でより便利になった「ウィル　モデルC」

電動車いすの一般的な価格は、安いもので一〇万円前後、高いもので五〇万円前後となっている。モデルAは好評だが、同時に購入しやすいよう「もっと安くしてほしい」という声も多く寄せられた。そこで二〇一七（平成二九）年四月に発表したのが、「ウィル　モデルC」だ。Carry（運ぶ）、Compact（コンパクト）、Comfortable（心地良い）などの意味を込めての命名である。価格はモデルAの半分以下の四五万円に抑えた。モデルCは、二輪駆動とし、乗り越え性能も五センチとなったが、通常の使用では問題ないレベルだ。

その一方、機能面で改良された部分もある。モデルAではできなかった、分解しての持ち運びができるようになったことだ。車のトランクスペースに収納可能であり、車に積んで遠出した先で、ウィルを利用することができるようになった。シニアカーだと大きすぎて入れないようなスーパーや図書館でも、楽に入ることができる。帰ったら、玄関に省スペースで置いておくことも可能だ。

フル充電で走行距離の目安は一六キロ。モデルAではできなかったバッテリーの取り外しもOKだ。バッテリーの重さは二・八キロなので、持ち運びも容易である。

デザインのアクセントになっているアームカバーの色も、ホワイトの他、ピンクやゴールド、レッドなど八色用意し、使う人の好みに合わせられるようにした。

私も乗らせてもらったが、非常にスムーズな動きで扱いやすい。道路交通法では歩行者扱いで、最高時速は六キロと決められている。人間の歩きは、普通は四～五キロだから、座って六キロのスピードは、相当速く感じられる。もちろん、スピードは手元のコントロールレバーで自由に調整できる。

販売やレンタルのルート拡大にも力を入れた。輸入車を扱っているヤナセは、二〇一五(平成二七)年から取り扱いを始めた。免許を返納したシニア層の人に使ってもらおうという狙いだ。このほか、パリミキ、メガネの三城、大阪マツダなどでも販売やレンタルの取り扱いをしている。

もちろん、従来の電動車いすと同様に、市区町村の購入補助や、介護保険を使ったレンタルの対象となっている。この場合は、国の決めた「電動車いす」の枠組みの中に位置づけられることになる。

こうして障害のある人も、ない人も、区別なく利用できるモビリティは、安価で便利になり、多くの人に愛用されている。規模の大きな施設では、すでに伊勢神宮、志摩スペイン村、神戸ファッション美術館などに導入されている。

ウィル製品をＭａａＳの〝最後のワンピース〟に

ウィルの事業の柱は、パーソナルモビリティの製造と販売である。それに加えて、二〇一八(平成三〇)年には、ウィル製品を利用したＭａａＳを、事業のもうひとつの柱に据えた。

杉江にＭａａＳのイメージを質問すると、おもしろい答えが返ってきた。

「地球がつるつるになればいい。つるつるって、何のストレスもなく歩けます。ハードとサービスがあれば、まっすぐ歩けるようになるのです。自由にシームレスに、まっすぐ行きたいところに行けたらいい。それが、つるつるの地面をひたすら歩くことなのです」

ひとつの例として、杉江は電子マネーをあげた。

「例えばスイカって、ピッと行けて楽じゃないですか。あれがないと、切符を買わないといけなくて、面倒くさい。スイカがあることで、まっすぐ歩ける。それが、つるつるにした状態だと思います。ソフトウェアでもなんでも、そういう風になったらいいなと思います」

ＭａａＳとは、マイカー以外の様々な交通手段を上手に組み合わせて使うことで実現する、便利で最適な移動サービスのことをいう。しかし、電車やバスなどを降りてから、目的地にアクセスするための比較的短い距離を、誰もが安全に、かつ楽に移動するためのインフラは、まだ確立していない。これについては第3章でシェアサイクルや電動キックボードなどを紹介するが、ウィルもその一画に名乗りを上げたのだ。

そもそも杉江たちが作りたいと思ったのは、年齢や障害の有無にかかわらず、だれもが乗れて、だれもが乗りたくなる、ラストワンマイルのための新しい移動手段だ。これこそ、まさにＭａａＳの〝最後のワンピース〟としての役割を果たすモビリティとしてふさわしい。

第3章で紹介する小田急電鉄は、自社のＭａａＳの実証実験で、ウィルのモデルCを利用している。小田急次世代モビリティチーム統括リーダーの西村潤也は、「電動車いすはどうしても移動弱者、歩行が困難な方のようなイメージを持つのですが、ウィルは、少しだけ不自由とか、歩きづらい方にとっても、非常に良い乗り物だと思っています」と、従来の電動車いすとは一線を画するという認識を示す。そのうえで、「操作性も非常にいいし、小回りが利きます。段差もある程度いけますので、ラストワンマイルや、観光地で歩きにくいところ、ちょっと遠いところにも使ってみたいと思っています」と高く評価する。

世界に飛び出し始めたウィルの自動運転システム

ウィルは、自動運転システムの開発も手掛けている。しかし、自動運転と言っても、車の自動運転でイメージするような公道を走るスタイルとは少し違う。

ウィルの自動運転システムは当面、空港や駅、ショッピングセンターなど大型施設での利用を想定している。というのは、こうした施設で車いすを使う際には、施設の職員が介助したり、使い終わった車いすを回収したりする作業に、多くの人手が必要とされる。しかしウィルのパーソナルモビリティが、利用者を自動運転で目的地に運んだり、利用し終わったパーソナルモビリティが自動で元の待機場所に戻ってきたりすれば、職員の労力が大幅に削減されることになる。

まずハード面では、前方と横方向を監視するため、左右のアーム部分に一台ずつ、独自開発のステレオカメラを搭載し、広い視野角度を実現した。背面にはセンサーを搭載し、後方の安全策もとった。

これらのカメラやセンサーで周囲の状況をキャッチし、あらかじめ入力してある地図情報と照らし合わせながら、人やモノにぶつからないよう安全に注意しつつ、目的地に向けて自動走行する。例えば利用者をタクシー乗り場にまで送ったあと、自動で待機場所に戻るよう設定することもできる。

機体には通信回線を搭載しており、管理センターで、どの機体がどこに何台あるかを把握することができる。需要に応じて、自動運転で機体を適当な場所に配置することも可能だ。

現在、オランダのスキポール空港、アラブ首長国連邦のアブダビ空港、アメリカのダラス空港などで、実用化に向けた実証実験を続けている。

さらにウィルは三菱グループと連携し、建物内のエレベーターを自動運転の機体が利用できるようにする実証実験も行っている。無人の機体が近づくと、エレベーターがその階で停止して扉を開け、機体が乗り込むと、目的の階まで機体を送り届けるのだ。これにより、異なる階をまたいでの自動運転が可能となり、建物のあらゆる場所に移動することができるようになる。

将来的には、建物の中だけでなく、戸外での自動走行も見据えている。街中をウィルのパーソナルモビリティが自動で走り回る日が来るのも、そう遠いことではないかもしれない。

ちなみにウィルは、電動化と自動運転、通信回線によるコネクテッドも備えており、シェアリングで使われれば、CASEのすべての要素を満たすことになる。

〝境界線〟をなくしたい

冒頭で紹介した木戸の、その後をご紹介しよう。彼女はインターンシップでウィルの理念を肌で感

ウィル社員木戸奏江さんとモデルＡ

じ、「ウィルを広めていく過程に私も関わりたい」と希望して、ウィルに入社した。入社三年目のいまは、マーケティング業務を担当している。

「車いすには、こういう人は乗って、こういう人は乗らないみたいなラインがあるのです。例えば一キロ歩ける人は、車いすには乗らない。車いすに乗っている人は、歩けないというイメージがあります。そのラインを消す。私がウィルからすくっと立ち上がっても、周囲がびっくりしない世の中になればいいと思います」

最初の二年間は、広報を担当した。ウィル製品の利用者に話を聞いて、自社の広報誌『ＷＨＩＬＬ ＭＡＧＡＺＩＮＥ』に掲載する。老若男女、様々なウィルの利用者に出会った。「ウィルに乗って海に行くのは、心のリハビリ」と語った人。「自由自在に動けるという感覚は、自分の足で歩いているという感覚と一致する」と言う人。「症状が進行しても、外出を諦める必要はない」と言う人。「どんなＴＰＯにもマッチする、それがウィルに乗りたい理由」と語る人。

私が記事を読んで感じたのは、ウィルというツールがあることで、利用者のみなさんが本来の自分の人生を取り戻しているということだ。単に、自分の欠けた機能を取り戻すというだけでなく、ポジティブになれる。そんなウィルは、ネガティブな要素が含まれる「車いす」ではなく、確かに新しいカテゴリーのモビリティだと思えてきた。

第3章

観光型 MaaS が持つ可能性

INTRODUCTION

旅行代理店に行くと、様々なパック旅行のパンフレットが、所せましと店頭を飾っている。国内旅行、海外旅行とも、地域別に整然と分けられている。こうした商品は通常、鉄道やバス、飛行機などの移動手段、それにホテルや旅館などの宿泊施設がセットになっている。それでいて料金は、自分で別々に予約して支払う場合と比べて、大幅に安い。一泊の出張向けに、飛行機とホテルがパックになった商品は、だいたいホテル代がサービスになるようなイメージだ。なぜこんなに安いのかというと、旅行代理店がかなり早い段階で、飛行機や鉄道の座席、ホテルや旅館の客室をまとめて購入する、いわゆる箱買いをしてしまうからだ。交通事業者や宿泊業者にとって、空気を運んだり、空室になったりするリスクを冒すよりは、受け取る金額が下がっても、確実に予約を確保できたほうがありがたい。旅行代理店は、こうして確保した移動手段や宿泊施設を様々に組み合わせて、パック旅行の商品を仕上げていく。考えてみれば、これも広い意味でＭａａＳの一種と言えるだろう。

確かにＭａａＳのＭはモビリティ、つまり移動であり、宿泊までは意味しない。しかし観光旅行の場合、移動が単に目的地に行くための手段だけではない場合が多い。車窓の風景を楽しんだり、途中で市場に立ち寄って、特産物を買い求めたりすることもある。宿泊をしながらの豪華客船や豪華寝台列車による旅は、移動そのものが楽しみだ。日帰りを除けば、旅行には必ず宿泊が伴う。つまり移動と宿泊が密接不可分になっているのが観光旅行である。

こうしてみると移動の最適化として、〝より早く、より安く〟を目指す通常のＭａａＳとは、性格が異なっていることがわかる。時間がかかったり、値段が高くなったりしても、逆にそのほうが観光旅行としては楽しく、快適である場合が多い。そもそも観光旅行とは、効率を求めるものではないからだ。そこで本書では、宿泊も含めた観光のスタイルを観光型ＭａａＳと呼ぶことにする。

このように広い意味での観光型ＭａａＳは以前からあったのだが、最新の事情について、本章で紹介したい。ポイントは、観光客にとって便利なだけではなく、同時に地域の課題解決も目指そうという視点があることだ。

最初に、伊豆半島で行われている全国初の「観光型ＭａａＳ」を紹介する。

次に紹介するのは、鉄道の経営にも乗り出し、様々な交通機関との連携を模索する観光バス会社である。この会社は、東南アジアにおけるＭａａＳも積極的に展開し、注目を集めている。

さらに、観光型ＭａａＳの進展を予期するかのように登場してきた、新たな宿泊サービスもご紹介したい。

④ 観光× MaaS & CASE
人手不足に悩む地域の救世主!? 伊豆で進められる観光型 MaaS「イズコ」とは？

地方で、観光型 MaaS への期待感が高まっている。観光客という交流人口の増加によって、地域に合った公共交通を組み立てることができるのではないか。そんな願いも込めて、伊豆半島で「全国初」の観光型 MaaS が始まった。鉄道会社が中心となって取り組んだ実証実験の内容、そして今後の展望は――。

静岡県下田市のオンデマンド交通

観光型MaaSの実証実験が行われた伊豆半島の下田市とは？

伊豆半島南端近くの静岡県下田市は、風光明媚な観光地である。東大寺建立《こんりゅう》を指揮した行基上人《ぎょうきしょうにん》による開湯と伝わる温泉もあり、箱根や熱海、伊東と並ぶ、伊豆・箱根地方の代表的な温泉地でもある。江戸時代初期には天然の良港を持つこの街に奉行所が置かれ、江戸往来の廻船を監視する海の関所として栄えた。

江戸時代末期の一八五四（嘉永七）年には日米和親条約が締結され、アメリカに開港された下田には、坂本龍馬や吉田松陰も立ち寄るなど、激動の歴史の舞台となった。

下田市役所や下田市観光協会によれば、民宿発祥の地でもある。皇室の須崎御用邸があることで知られる須崎地区も下田市にあるのだが、増加する観光客に宿泊施設の建設が追いつかず、観光協会が頭を搾った末、一九六四（昭和三九）年に須崎の民家が旅館業法に基づく簡易宿泊所として認可された。そのとき、観光協会の会長が「民家の宿」を略して「民宿」と名づけたのが始まりとされる。インターネットで検索してみると、「民宿発祥の地」は他にもあり、事の真偽は定かではないが、下田は旅に関して先進的な取り組みを行ってきた土地柄であることは確かだろう。

そんな下田で二〇一九（平成三一）年度に、全国に先駆けて「観光型ＭａａＳ」の実証実験が行われた。事業の中心を担うのは東急（二〇一九年九月に「東急電鉄」から商号変更）と、東日本旅客鉄道（ＪＲ東日本）である。

なぜ伊豆半島が選ばれたのか

伊豆半島東側の伊東駅と、伊豆急下田駅間の四五・七キロを結ぶ伊豆急行は、東急の一〇〇％子会社だ。一九六一（昭和三六）年の開通当初から、ＪＲ（当時は国鉄）は伊豆急行との相互乗り入れを行っている。東急と伊豆急行にとってＪＲは、首都圏から観光客を運ぶうえで最も重要なパートナーだ。伊豆半島南部に路線を持たないＪＲにとっても、伊豆観光キャンペーンを繰り広げるうえで、伊豆急行を傘下に持つ東急は、相互補完関係を築ける提携相手である。

ＪＲグループでは旅客六社が協力し、国鉄時代を含めて一九七八（昭和五三）年から毎年、地域を特定した大型観光キャンペーンである「デスティネーションキャンペーン」を実施している。デスティネーションの意味は、「目的地」である。三カ月の開催期間中、その地域のテレビＣＭを集中的に流したり、プロモーション活動を大量に実施したりして、その地域の良さをアピールしたり、知られざる観光スポットを発掘したりする。その集客効果が大きいことから、近年では前年にプレキャンペーン、翌年にはアフターキャンペーンをあわせて実施する地域も増えている。

そのデスティネーションキャンペーンの対象県に、二〇一九（平成三一）年度は四月から六月までの三カ月間、静岡県が選ばれた。静岡が選ばれるのは一九年ぶり、三回目のことだ。

今回、静岡県が選ばれたのは、二〇一八（平成三〇）年に伊豆半島がユネスコ（国連教育科学文化機関）から「世界ジオパーク」に認定された影響も大きい。ジオパークは地球活動が生み出した特異な地形や地質を指定して、景観や自然環境を守っていこうという取り組みである。二〇一九（平成三一）年四月現在で、世界四一カ国、一四七地域に世界ジオパークがあり、日本では北海道の洞爺湖有珠山、新潟県の糸魚川、第2章で紹介した豊岡市を含む山陰海岸など九地域が指定されている。いずれも特異な景観を持つ景勝地である。

このうち伊豆半島は、フィリピン海プレートの上にできた火山島が約六〇万年前、本州に衝突して現在のような半島の形になったものだ。その後も地殻変動や火山活動が続いたことで、独特の景観と、そこに住む人びとの歴史、文化を育んできた。

ＪＲ東日本はデスティネーションキャンペーンの一環として、女優の吉永小百合を起用した「大人の休日倶楽部」のテレビＣＭで、地球発見の旅をテーマに、伊豆半島の様々なジオサイトを紹介した。ＣＭは評判を呼び、それまでは閑散としていた場所に、多くの観光客がつめかけるようになった。そのひとつの龍宮窟は、上部から見るとハート形に見えることから、恋人たちのパワースポットとしても人気を呼んでいる。

こうしたきっかけもあって、東急グループとＪＲ東日本が手を結び、より多くの観光客を呼び込もうと、観光型ＭａａＳに取り組むことになったのだ。東急とＪＲによれば、観光型ＭａａＳの実証実験は全国初とのことである。実験には西武グループの伊豆箱根鉄道、東海自動車や伊豆箱根バスなどのバス会社、伊豆急東海タクシーや伊豆箱根タクシーなどのタクシー会社も参加した。

「フェーズ1」ではドイツ発のスマホアプリを活用

今回の実証実験は、フェーズ（局面）1とフェーズ2の二段階に分けて実施された。フェーズ1の結果を見て、修正すべき点があればフェーズ2に反映するためである。フェーズ1は、二〇一九（平成三一）年四月から三カ月間の日程だ。

今回の実証実験ではまず、スマートフォン専用のＭａａＳアプリ、「Ｉｚｕｋｏ」（以下、イズコ）が導入された。ここでＭａａＳアプリについて言及しておこう。

そもそもＭａａＳとスマートフォンのアプリは、深い関係にある。第5章で紹介するが、世界で最初にＭａａＳの概念を構築したフィンランドの「マースグローバル」は、様々な公共交通を自在に使いこなすためのツールとして、スマホのＭａａＳアプリ「ウィム」を公開した。ウィムを一度立ち上げてチケットを購入しておけば、いちいち料金の支払いをすることなしに、各種の公共交通を自在に利用できる。このマースグローバルの方式が世界中にまたたく間に広がり、公共交通でＭａａＳといえば、何らかのアプリ導入が定番のようになっている。

東急とＪＲもその例に洩れず、イズコのアプリを構築することにした。発注した先は、ドイツの大手自動車メーカー、ダイムラーのベンチャー子会社であるムーベルだ。

ムーベルは、「ホワイトラベル」と呼ばれる戦略をとり、提携先のブランド名でアプリを提供している。二〇一九年一月時点で、世界二五の都市と地域で利用されている。

例えばベルリンでムーベルのアプリを使うと、公共交通のチケットに加え、カーシェアやシェアサイクル、それにタクシーなどの手配もできる。スマホ画面の地図には地下鉄の駅やバス停が表示され、目的地到着までにかかる時間と料金が表示される。

そのムーベルが、日本ではじめて導入されたのである。ムーベルを選んだ理由について、東急の交通インフラ事業部次世代インフラ担当主事、長束晃一《ながつかこういち》は、次のように語る。

「プロジェクトが立ち上がったのがサービス開始の一年前で、自社開発の余力はありませんでした。国内外のベンダー（IT関連製造販売業者）数社に打診しましたが、実質的な開発期間は四カ月しかなく、そのスピードに対応していただけたのがムーベルさんだったのです」

海外では、ひとつの都市の鉄道やバスなど公共交通機関を、ひとつの事業体がまとめて運営している例が多く、多くのＭａａＳアプリはこうした条件で設計されている。ところが日本の場合は、ひとつの地域に多くの事業者が参入しているため、海外のベンダーはアプリを根本的に見直す必要がある。

国内ではすでに、都市型や郊外型などＭａａＳの先行事例はある。東急自身も、二〇一九年一月から約二カ月間にわたり、田園都市線の「たまプラーザ駅」北側地区を中心に、郊外型ＭａａＳの実証実験に取り組んだ。しかし、一時間に一〇〇本以上のバスの便がある都市型と、三〇分に一本しかない伊豆とでは、選ぶべき交通手段がまったく違ってくる。アプリに、その土地にあった地域性が求められる。国内のベンダーは、短期間でそれに対応することが難しかったのだ。

ムーベルの開発担当者が来日し、日本側と議論を重ねて改良したが、相当に手間のかかる作業となった。最初の改良は、運賃システムの手直しである。ドイツではゾーン制で、何キロ行ったら何ユーロという運賃体系だ。これに対して日本では、各社によって料金体系が異なっている。さらにドイツでは、複数の会社にまたがって使える企画乗車券という概念自体がなかった。これを日本用に新たに開発してもらったのである。

地図の表現方法にもてこずった。「ピクトグラム」と呼ばれる絵文字で様々な施設を表現するのだが、そのイメージが日本とドイツとでは、かなり違うのだ。

「ドイツの地図表示が日本人にはわからないことがあります。価値観が全然違うので、それを先方に伝えるのに、かなり苦労しました。一例をあげると、貸し自転車のマークが、最初は鉄アレイのマークでした。鉄アレイはスポーツ施設。自転車はスポーツで乗る。だから、『自転車は鉄アレイ』という発想です。ドイツでシェアサイクルは鉄アレイで表現して、不思議でもなんでもないというのです。あるいはチケット売り場のマークが、なぜか〝%（パーセンテージマーク）〟です。買えるという意味らしいのですが、いまだに私もよくわかりません。こうした手直しが数多くありました」

苦労を重ねた末に、ＭａａＳアプリが開発された。イズコという名前の由来は、「伊豆へ行こう」という意味である。

アプリの売りである「デジタルフリーパス」と「オンデマンド乗合交通」とは？

フェーズ1の三カ月で、アプリのダウンロード数は二万三〇〇〇件に上った。国内他社で都市型ＭａａＳアプリの先行実績などを参考に、フェーズ1とフェーズ2をあわせた通期のダウンロード目標を二万件としていたから、予想の二倍以上という人気ぶりである。

無料のアプリをスマホにダウンロードし、イズコを立ち上げると、現在地から目的地までのルート検索ができる。ヴァル研究所が開発した、日本で最初の公共交通機関乗り換え案内サービス「駅すぱあと」を利用している。目的地を入力してルートを決めると、主力商品である二種類のデジタルフリーパスをクレジットカード決済で購入することができる。

このうち「イズコイースト」は伊豆急全線と伊東市内、伊豆急下田駅周辺の路線バスが使い放題となる。料金は三七〇〇円。もうひとつの「イズコワイド」は伊豆箱根鉄道の駿豆《すんず》線全線、修善寺駅と伊豆急下田駅周辺の路線バスが乗り放題、それに伊豆急線などの片道乗車が可能で、料金は四三〇〇円。有効期間は、いずれも二日間である。

デジタルフリーパスがあれば、いちいち切符を買う手間がはぶける。料金も、平均的な使い方で、通常料金より割安に設定されている。観光リフトや下田港内巡り、下田海中水族館など観光施設のデジタルチケットも購入可能だ。

イズコの売り物のひとつが、ＡＩを使った「オンデマンド乗合交通」だ。「デマンド」とは要求という意味であり、オンデマンドとは利用者の「求めに応じてすぐに」という意味になる。イズコでは、地元タクシー会社のジャンボタクシーを使い、乗客の注文に応じて、決められた停留所間で運行する。

利用者はスマホでイズコのアプリを立ち上げると、名前と電話番号を入力し、オンデマンドモードに切り替える。出発地と目的地を選び、乗車人数を入力したうえで「車を呼ぶ」をタップして予約する。

下田の旧市街地内、東西南北約一・五キロ四方に、一六カ所のバーチャル停留所が設けられた。勝海舟と土佐藩主が会談し、坂本龍馬の脱藩が許された寺として名高い「宝福寺」をはじめ、日露和親条約が調印された「長楽寺」、唐人お吉の開いた料亭「安直楼」、特産の海産物が豊富に揃う「ひもの横丁」など、観光スポットに近い停留所はもちろん、銀行や病院、さらにはスーパーマーケットの近くなど、一般市民にも使い勝手の良いように設定された。

予約が完了すると、スマホ画面には最寄りの停留所の位置に加え、「お車が〇〇分で到着します」と表示される。待ち時間は、平均で一〇分以内である。

利用者は、スマホに表示された地図で指示されている停留所に歩いて移動し、乗車する。観光客は基本的に土地勘のない人がほとんどなだけに、地図はわかりやすく表示されるようになっている。バーチャル停留所には、通常のバス停のような看板はないが、路面に乗降場所であることを示す大型のイズコのロゴマークが貼ってあり、迷わないようになっている。同時にＡＩは運転手に対し、行き先と最適な走行ルートを、運転席に取りつけられているタブレットで表示する。

料金について、フェーズ１の四月から六月は多くの人に使ってもらうことに主眼を置き、アプリをダウンロードすれば、誰でも無料で利用できるようになっていた。この期間に用意された専用車両は平日が一台、土日と祝日が二台、特に観光客の増加が見込まれる日は三台である。この三カ月間の利用実績は、約一〇〇〇件だった。

一般のタクシーのように自由に乗り降りはできないが、路線バスよりはきめ細かく停留所を設定してある。さらに路線バスは基本的にすべての停留所を通過するが、オンデマンド乗合交通の場合は、乗客のリクエストに応じて最適なルートを走る。このため空気を乗せて走るというムダがない。

第2章で述べたように、デマンド型交通は、日本では、マイカーなどを持たない交通弱者に対する移動手段の確保策として出発した。二〇〇六（平成一八）年には道路運送法が改正され、多くの地域でデマンド型交通が導入されるようになった。

人手不足のタクシー会社にとっても期待が大きい

二〇一九（令和元）年六月下旬、私は現地を訪ねてみた。実際に伊豆急下田駅前から車を呼んでみると、スマホ画面にはそのとき、「お車が4分で到着します」と表示され、車体に引かれた赤と青のラインが目にも鮮やかなジャンボタクシーが、表示された時間通りに到着した。乗客定員は七人で、大きな荷物を持つ人にも十分対応できるようになっている。

旧市街にはいくつもの観光地が点在しており、バーチャル停留所もそれに従って設けられている。ジャンボタクシーはマイクロバスよりひと回り小さい全長五メートルほどで、小回りがきくため、バスでは通行が難しい狭い路地も、なんなく通り抜けることができる。

利用客の最も多い停留所は伊豆急下田駅で、次に多いのが下田条約締結の舞台となった了仙寺である。私も了仙寺で降りて、あたりを散策してみた。

境内には「黒船ミュージアム」があり、黒船来航の歴史をわかりやすく知ることができる。隣接する下田公園は、日本一の株数を誇るアジサイの名所として有名だ。アメリカ海軍提督ペリーとその一行が歩いたという、距離にして四〇〇メートルほどのペリーロードには、幕末から明治、大正時代にかけての古民家や洋館が建ち並び、レトロな雰囲気のカフェやレストラン、様々なショップに改装されて観光客の目を楽しませている。ぶらぶら歩きしながら一〇分ほどで、ペリーの胸像が立つ岸壁に着いた。ここにもバーチャル停留所がある。

ほどよい散策が終わると、イズコを立ち上げてジャンボタクシーを呼んでみた。すると、ほんの数分でやってきた。クルマに乗って、出発点の伊豆急下田駅に戻ることにした。駅を出発してから一時間たらずの小旅行で、下田の風情を満喫することができた。もちろん、時間のある人はゆっくり歩いたり、食事をしたり、あるいは温泉に入ったりして、下田を堪能するのが一番だ。一方で、特急列車の時間待ちが少しあるという場合、あるいは市内を散策しながら少し歩き疲れたといった場合、イズコを利用したミニ観光はなかなか便利だと感じた。歩くのが困難な人や、小さな子供連れの人にも、短距離で利用できるオンデマンド乗合交通は役に立つだろう。

一回の乗り降りは、タクシーの場合だとワンメーター圏内、料金は最大七三〇円である。長束は、オンデマンド集合交通導入の意味を、次のように語る。

「バスがすぐ来るのであれば、バスに乗ればいいわけです。ところがバスが三〇分来ませんというとき、どうしますか。七〇〇円出してタクシーに乗るか。それとも、ときどき立ち寄りながら他の人と乗合になるけど、デマンドタクシーを使うか。それともレンタサイクルを使うか。選択肢のあることが重要だと思います」

利用客に選択の幅が広がって、便利になるというだけではない。タクシー会社にとっても、観光型

ＭａａＳによるオンデマンド乗合交通は期待される存在だ。

その最大の理由は人手不足である。バス会社もそうだが、特にタクシー会社で顕著で、運転手の高齢化が進んでいる。私が乗ったオンデマンド乗合交通の運転手も嘆いていた。

「私は六二歳ですが、若いほうです。年がいっても仕事ができるのはいいのですが、七〇代が何人もいます。会社が募集はしていますが、新しい人はなかなか入ってこないですねぇ」

人手が足りなければ、これまでのようにタクシーの台数で稼ぐことはできなくなる。その分、サイズの大きな乗合交通で乗客が増えれば、乗客ひとり当たりの単価は下がったとしても、相対的に収入の増加が見込める。観光客だけでなく、病院通いや買い物など、これまでタクシーを使わなかった人たちの日常の足として使ってもらえる可能性も高くなる。

「フェーズ1」で露見した三つの課題

三カ月間のフェーズ1が終了した。東急で交通インフラ事業部次世代インフラ担当課長を務める森田創《そう》は、事業前半の総括として次の三点を指摘した。

「第一に、アプリがとても使いづらかった。第二に、サービスエリアが限定的すぎた。第三に、商品のメニューが少なすぎた」

まずは、アプリ問題である。

イズコのコールセンターに寄せられた問い合わせ約二八〇件のうち、アプリのダウンロードに関する質問が約一五〇件で、全体の半数以上に上ったのだ。イズコのアプリが、他のアプリに比べて特にダウンロードしにくいというわけではない。伊豆旅行に行こうという人は、どちらかと言えば年配の人が多く、はじめてアプリをダウンロードするという人が多かったからだ。

森田は、「ダウンロードしていただくという心理的なバリアは予想以上でした。伊豆に来るのは中高年の方が結構多いのですが、そういう方にすれば、ダウンロードしたところで息切れしてしまって、先にいかないのです」と語る。

さらにアプリの使い勝手に関して、イズコは、チケットを購入するのに手順が多くてわかりにくいという声が多かった。

一方、地元の関係者からも、改善を希望する声が出された。フェーズ1がスタートしたあとで、地元の業者からイズコのサービスに参加したいという申し出があったのだが、アプリを運用しながらの改修は技術的に難しく、断らざるを得なかったのだ。

東急とJRは、「伊豆旅行のお客さんにお勧めする手段として、果たしてアプリでいいのか」という疑問に直面することになった。

「ジェイアール東日本企画」常務の高橋敦司は、次のように語る。

「いま、MaaSと呼ばれるものはほとんど、アプリケーションで動いています。データを取ったり、サービスを提供したりするのに、非常に有効です。しかし各地に観光型アプリができてくるとなると、旅行の都度、あちこちのアプリを入れないといけないという現象が起きてきます。頻繁に使うモノなら別ですが、年に何回かしか使わないアプリが本当にいいのだろうかという疑問が湧いてきました」

これらの疑問に対して、東急とＪＲが出した答えは明快だった。

「アプリをやめます」

その代わりにどうするのか。ウェブページをベースにしたサービスに変更することにした。それにより、新しいサービスの追加も簡単になり、拡張性が増した。例えば新たな割引サービスを実施したいときは、ポスターなどでＱＲコードを表示すれば、そのページに飛んでもらうことができる。

使い勝手の悪さと画面のわかりにくさも、改善した。画面で伊豆半島の地図を多用し、「ぱっと見てわかる」を合言葉に、直観的に使いやすいようにした。同時にスマホをあまり利用したことのない人にも理解しやすいよう、わかりやすい説明を心がけた。

これに伴って、ムーベルとの提携は解消した。

次に、サービスエリアと商品メニューの改善である。

フェーズ１で販売されたデジタルフリーパスと観光地の入場券を中心としたデジタルパスは、合計で一〇四五枚にとどまった。目標を前期と後期あわせて一万枚に設定していたから、まだ前期だけの段階ではあるものの、達成率はわずかに一〇％である。デジタルフリーパスについては、新たにＪＲ伊東線の区間や、熱海市内のバス乗り放題チケットなど、四種類を加えて六種類とすることで、フリーパスの魅力を増すことにした。

デジタルパスも、フェーズ１の七種類から、倍増の一四種類とした。

オンデマンド集合交通の停留所についても、新たにホテルや道の駅、それに市役所などが加わった。

この結果、フェーズ１の一六カ所から、フェーズ２では二七カ所となり、運行エリアも二倍以上の広さとなった。これに伴い、無料だった料金を、一日乗り放題で四〇〇円に設定した。

当初、フェーズ2は二〇一九（令和元）年九月から実施する予定だった。しかし、様々な問題点が出てきたことで改良作業が長引き、予定より三カ月遅れて同年一二月から、操作性と内容を一新したイズコが提供された。

東急の森田は、ＭａａＳについて、「ＩＴ世直し」であり、ＭａａＳアプリはそのための道具にすぎないという。

「どうやって地域の課題を解決するかが、すべてです。アプリか、それともウェブかは、単に入り口の違いで、こだわりはありません。入ってドアを開けて、そこにいる人に、どんなサービスを提供するかが大切なのです」

小田急が「ＭａａＳプラットフォーム」を展開する理由

ちなみに、伊豆半島と隣りあった箱根で観光事業を展開する大手私鉄の小田急電鉄は、二〇一九（令和元）年一〇月からＭａａＳアプリ「ＥＭｏｔ」（以下、エモット）の実証実験を開始している。エモットとは、ｅｍｏｔｉｏｎ（感動）とｍｏｂｉｌｉｔｙを組み合わせた造語である。

箱根地区では、エモットを通じて、「デジタル箱根フリーパス」を購入できる。フリーパス購入者には、美術館や温泉、土産物店などでの割引優待が受けられるなどの特典がある。

エモットは観光型だけではなく、小田急沿線のエリアで、「自家用車から公共交通機関へのシフトによる新たなライフスタイルを提案」する。その第一弾として、川崎市北部の新百合ヶ丘駅前にある小田急の大型商業施設で、一定金額以上を購入した利用者に、新百合ヶ丘駅から自宅最寄りのバス停までのバス無料乗車チケットを発行する。新宿駅と新百合ヶ丘駅では、小田急グループの一部の飲食店で使える電子チケットも販売する。

小田急は、アプリのエモットを運用するための共通データ基盤「ＭａａＳ Ｊａｐａｎ」（以下、マース・ジャパン）を構築している。いわゆる、「ＭａａＳプラットフォーム」であり、プラットフォームを運営する小田急は、「プラットフォーマー」となる。運用の仕組みとしては、検索エンジンや交通サービスの予約・配車システム、フリーパスなどの電子チケット、その他のサービスを含め、あらゆる情報がマース・ジャパンに集められる。エモットは、情報を集約しているマース・ジャパンから、必要とする情報を入手するという形だ。

ＭａａＳに詳しい「ＪＴＢコミュニケーションデザイン」の黒岩隆之チーフマネージャーは、二〇一九（令和元）年七月に開かれた「ＺＭＰワールド２０１９」の講演で、「ＭａａＳは手段であって、目的ではありません。買い物や観光などのサービスと、移動サービスを一緒に丸ごとパッケージして展開していきます。それを下支えするのが、サービスの基盤となるスマートシティであり、データをひとつの箱に入れてみんなで共有していくというプラットフォームが必要になってきます」と、プラットフォームの重要性を説明する。

小田急は、他の交通事業者や自治体などに、マース・ジャパンの利用を呼びかけている。小田急の星野晃司《こうじ》社長は、「鉄道とバス、タクシーだけでは、自宅から目的地へ行く交通は完結しません。オンデマンドのバスとか、カーシェアとか、レンタサイクルとか、いろんな組み合わせが出てきます。タクシーも小田急グループだけというわけにはいきません。いろんなところでＭａａＳの取り組みが始まっていますが、お客様にとってどれでも選べる多様性に加えて、使うべき価値や目的がないと、一番便利な仕組みはできません。その世界をしっかり作ろうというのが大きな目標です」と語る。

システムの開発費は小田急が負担し、利用したい企業にはランニングコストだけ求めて、参画しやすいようにした。スピーディーにＭａａＳのサービスを提供したい企業は、エモットをそのまま使ってもらえるようにしている。小田急グループのシンボルカラーは青色だが、各社が参加しやすいよう、エモットのロゴはあえて黄色を基調とし、小田急という名前もつけなかった。一方で、独自性を出したい企業は、新しくインターフェースを作ることができる。「私たちのチームで親身になって、ご相談に応じます」と言う。

マース・ジャパンはすでに、日本交通やＪａｐａｎＴａｘｉ、本書で紹介しているウィルやＤｅＮＡなどとの連携を発表している。海外勢との連携も積極的で、ＭａａＳアプリ「ウィム」を展開するフィンランドの「マースグローバル」、シンガポールでＭａａＳアプリ「ジップスター」を展開する「モビリティＸ」と、データ連携について合意し、アプリを接続することにしている。

このように小田急が各社の参加を求める背景としては、星野が話すように、参加事業者が多ければ多いほど、利用者の選択肢が増えて便利になることが第一の理由としてあげられる。

もうひとつの理由としては、ＡＩの急激な発展がある。ＡＩの分野では二〇〇〇年頃から、コンピューター自身がインターネットを介して入手した大量のデータを使って自ら学ぶという「機械学習」

の手法が開発された。二〇〇六年頃からは「ディープラーニング」（深層学習）と呼ばれる、何段階もの機械学習を積み重ねる技術が導入され、需要予測や配車などオペレーションの最適化、画像分析や音声認識などの高度化、各種マッチングなど、様々な分野で実用化されるようになってきた。それが新たなビジネスチャンスにつながるのである。このAI導入に成功して、サービスを充実させるためには、大量のデータが必要となるため、情報のプラットフォーマーを目指す企業やグループが増えているのだ。

例えばJR東日本は、データ基盤として「モビリティ・リンケージ・プラットフォーム」の構築を進め、MaaSアプリ「リンゴパス」の実証実験にも取り組んでいる。

ただしJRは、金沢や新潟におけるMaaS実験ではアプリを使わず、ウェブサービスをベースにしている。実はフェーズ2のイズコも、JRの技術提供を受けて開発が進められた。

こうしたアプリとデータ基盤を組み合わせるMaaS戦略に対して、イズコ陣営は一線を画すようである。その戦略が吉と出るか凶と出るか、今後の展開が注目だ。

人手不足という危機が刻一刻と迫る中で……

東急とJRが観光型MaaSに取り組んだきっかけは、直接的にはデスティネーションキャンペーンや世界ジオパークの認定であるが、その背景には観光業界を取り巻く切実な現実がある。

「観光型に関しては、伊豆半島に対する危機感です。観光客自体は微増ではありますが、増えたところで、それを支える足がなくなってしまうのではないかという危機感があります。端的に言って、人手不足です。正直言って、五年、一〇年先は、けっこうきびしい」

長束はそう語ったうえで、観光型ＭａａＳの果たす役割に期待する。

「運転手と配車する側、さらに乗客をデジタルでつなげることによって、運用を効率化するという狙いがあります。観光客の利便性も上がるし、運転手も一台で広い範囲をカバーできる」

フェーズ2では、デジタルフリーパスが拡充されるが、これはサブスクリプション、つまり定額払いの試金石ともなる。既存の紙でできたフリーパスなら、利用者がどこでどれだけ使ったのかがわからなかった。それが、デジタルフリーパスではＱＲコードを示すことで、実際の利用実績が目に見える形で記録されるのだ。いまのところ、デジタルフリーパスに参加する各社への売り上げの配分は、紙のフリーパスと同様、事前に合意した内容で支払われるが、「将来的には、乗ったベースに変えていきたいと思います。そうすると、値段が下げられるからです」と森田は語る。利用実績をデジタルフリーパスの料金に反映させることで、適切な料金設定ができるようになるという。

やや古いデータだが、静岡県が二〇一三（平成二五）年に実施した観光流動実態調査によれば、伊豆半島を訪れたときの交通手段を、複数回答を認めて聞いたところ、自動車が八〇％とほとんどを占め、鉄道は三〇％、バスは一二％にとどまった。鉄道は五路線、バスは三九〇系統、タクシーは約二五〇台がありながら、観光客のほとんどはマイカー利用なのである。逆の見方をすれば、公共交通機関の利便性が高まれば、鉄道やバスの利用がそれだけ増える可能性があるということでもある。

下田市観光協会事務局長の藤原徹佳は、地元として観光型ＭａａＳの取り組みに協力していきたいと話す。

「キャッシュレスの時代ですから、お客さんは本当にスムーズに観光ができるようになると思います。地元の認識がまだ低いので、事業者の意識をもっと高くして、お客さんにアピールできるようにしたい。そうすれば、観光型ＭａａＳはどんどん広がるのではと思います」

行政は、別の側面から東急やＪＲの取り組みに期待をかける。

静岡県によれば、伊豆半島南部の人口は、一九九五（平成七）年で八万六〇〇〇人だったのが、二〇〇五（平成一七）年には七万九〇〇〇人、二〇一五（平成二七）年には七万人となっている。その人口に占める高齢者の割合は、一九九五年で二〇％ほどだったのが、二〇一五年には四〇％と倍増している。人口の将来予測で二〇三〇年は五万三〇〇〇人、二〇四〇年には四万三〇〇〇人と、人口減少は否応なくやってくる。

観光型ＭａａＳが背負う交流人口の増加という期待

下田市役所統合政策課主事の福井廉は、人口減少と高齢化に対応するためには、観光による交流人口の増加が重要と考える。

「下田にも交通空白地があり、高齢化が進んでいて、地域の足を確保するといっても、なかなか難しいのが実情です。観光型ＭａａＳで観光客の利便性を高めることができれば、それは同時に、地域にあった公共交通を組み立てる、ひとつのツールになり得ると期待しています」

二〇一九年（平成三一）四月、静岡県と東急は、「3次元点群データの利活用に関する連携協定」を締結した。三次元点群データとは、3Dレーザースキャナーを使って集めた、現況の地形をスキャンしたデジタルデータである。静岡県は、南海トラフ地震など大規模災害に備えて、地形や道路、建物の三次元点群データを大量に収集している。そのデータ量は全国一の水準である。もし地震や津波で土地が変形したり、建物が壊れたりしても、三次元点群データがあれば元の姿を確認することが可能で、従来の災害への対応に比べ、速やかな復旧が見込まれる。外国の例で言えば、パリのノートルダム寺院は改修工事中の二〇一九年四月に発生した火事で、大聖堂の一部が焼け落ちてしまった。しかし、聖堂の内部と外観の非常に精緻な三次元点群データが存在しており、今後の復旧作業ではこのデータが活かされると予想されている。東急は沿線三一カ所のトンネルや一七三カ所ある橋の検査に、三次元点群データを活かしている。静岡県にとっては、東急のデータがインフラ維持管理の効率化や省力化、災害対策の強化に役立つことになる。

東急にとっては、観光型ＭａａＳの強力な武器になる。というのは、三次元点群データで高精度のデジタルマップが作成できるからだ。将来的に主流となるであろう自動運転の技術に、デジタルマップは不可欠である。実際に静岡県では、集めたデータを利用して、下田市などで自動運転車の走行実験も行っている。

東急とＪＲが主導して始まった観光型ＭａａＳは、地元の公共交通事業者や観光業界、それに地元自治体も巻き込んで、新しい地域の再生を目指した活動へ深化しようとしている。

⑤ バス会社× MaaS & CASE
ひがし北海道や東南アジアなどで MaaS 事業を展開するウィラーの挑戦

地方を軸とした交通革命を目指す企業がある。高速バスを中心に様々な交通事業を手がけるウィラーだ。2015 年に鉄道事業に進出したのを手はじめに、2018 年には同社の村瀬代表が〝MaaS のモデルコース〟と位置づける「ひがし北海道ネイチャーパス」を売り出した。さらにアジア諸国でも事業を展開する。次々と新機軸を打ち出す村瀬代表の原点は、学生時代に経験した〝感動の多重化〟だった。

ウィラー村瀬茂高代表（右）とベトナム交通大手マイリンのホー・フイ会長

移動革命の旗手・村瀬の原点とは？

「やりたいことは、世界中の人が、世界中のあらゆるところに、行きたいと思えば行ける状態を作りたい。これは大学生の頃からやりたかったことで、いまもまったく変わっていないのです」

高速バスから始まり、いまや鉄道を含めて様々な交通事業を手掛けるＷＩＬＬＥＲ（以下、ウィラー）は、ＭａａＳに関わる事業を積極的に展開している。新聞やインターネットなどの記事では、「数々の革新的なサービスを開発」とか「移動革命の旗手」、「交通の革命児」、さらには「ウィラーが独走するＭａａＳ」とまで称賛されている。

大学生時代に手掛けた学生向けパック旅行の企画を手始めに、いまではアセアン諸国などアジアを舞台に、いくつもの斬新な交通事業にチャレンジするウィラー社長、村瀬茂高の足跡を取材してみた。

一九六三（昭和三八）年、名古屋市で生まれた村瀬は、活発な子どもだった。幼稚園の頃は「自転車暴走族」で、よく近所のおばさんに怒られていた。小学校時代は野球少年、中学からはテニス少年となった。高校時代は朝から晩までテニスに没頭し、愛知県代表の選手に選ばれた。しかし高校三年の一学期、不慮の事故が村瀬を襲う。小指を骨折してしまったのだ。

「このまま頑張っても全国大会に出られない。それなら違う事をやるのもいいか」

テニスを断念し、名古屋の大学に入った村瀬はサークル活動に熱中した。複数の大学が集まるサークルで、夏はテニス、冬はスキーのスポーツサークルだ。そのときアルバイトをしたのが国内旅行の添乗員だった。その経験を一年ほど積んだとき、「自分たちでもっと面白い企画ができる」と考えた。

「名古屋だけでなく、東京や大阪など各地から集まった、これまで会ったこともない人たちと一緒に過ごす時間は、めちゃくちゃ面白かった。この出会いはすごく大切で、人との出会いを作りたいと思うようになりました。街の中で知らない人に声を掛けると『怪しいヤツ』と思われますが、ツアーで一緒にスポーツをやろうと誘うと、知らない人でも友だちなれる。スポーツと食事は、人との出会いを作る魔法みたいなものだと思ったのです」

大学二年生のとき、自分たちで学生向けのバスツアーを企画した。テニスやスキーをはじめ、ダイビングやウィンドサーフィンなど、学生がやってみたいと思うようなスポーツをメインの企画に取り入れた。その頃には、仲間は一〇〇人ほどに増えていた。実家が印刷会社を営む仲間に頼んで、格安で旅行パンフレットを印刷してもらった。旅行業法の規定があり、ツアーの主催者は免許を持っているバス会社だが、旅行の企画を仕切ったのは村瀬だ。

既存の商品との違いは、「学生目線」である。テニスやスキーで、コートやリフトの利用券を提供するだけなら、新たな出会いの可能性は低いが、「初心者レッスン無料サービス」をつけると、知らない者どうしが、そこで友だちになれる。

宿泊先にもこだわった。旅行会社目線であれば、大量に送客できて、食事も効率よく提供できる施設がいい。しかし村瀬たちは、自分たちが本当に泊まりたいと思うような、個人客向けのペンションやプチホテルをひとつずつ手間暇掛けて交渉し、開拓していった。個人旅行の楽しさを、団体旅行でも実現したのだ。

「体験を得ることができる。それがすごく重要だと思っていました。きれいな観光地を見るのもいいし、おいしいものを食べるのもいいけれど、そこに人との出会いが加わると『いいね』が『感動』という言葉に変わったり、深い思い出になったりする。エモーション（感動）の多重化ができるのです」

面白いという評判がたてば、それが口コミで広がるのが学生文化だ。売り上げはどんどん伸びて行った。特にスキーツアーは人気で、一冬で約三〇〇〇人も利用者があった。四年生のとき、「会社組織にしたい」というスポンサーが現れ、法人化することになった。

〝社長になるしかない〟と一九九四年に起業した

一九八六（昭和六一）年、スキーやダイビングなど、スポーツ系を中心とした旅行代理店が設立された。出資者が代表となり、村瀬たちサークルの卒業生が一部、そのまま就職した。

会社全体の売り上げは好調だったが、新規に作った大阪営業所の業績が芳しくない。そこで村瀬に白羽の矢が立った。

「大阪と名古屋は好みが違うのに、名古屋の商品をそのまま大阪で売っていたのです。おおざっぱに言えば、名古屋の人は、少し高くても全部詰まった商品がいいと言うのに対して、大阪の人は、余分なものを省いてシンプルな商品がいい。地域にあっていない商品を売っていたのです」

村瀬が大阪の社員に意見を聞くと、「こんなことをしたい」「あんなことをしたい」と、様々なアイデアが出てくる。大阪の意見が本社に届いていなかったのだ。「意見が通るようにする」と村瀬は約束した。その結果、年間二億五〇〇〇万円の売り上げが、翌年には八億円に、そのまた翌年には一三億円にと、うなぎ上りに急成長した。一時は大阪営業所を畳む話も出た程だったから、あまりの勢いに周りは驚いた。営業所再生の立役者となった村瀬だが、会社の方針と村瀬の考えに違いが生まれ、あっさりと退社してしまう。

「一番違ったのは、『いまあるものを伸ばしたい』と思っている会社と、『いまないものを常に新しく作りたい』というぼくの考え方です」

会社を辞めてから、「自分はいったい何がしたいのか?」「何ができるのか?」と自問した。「結局、やりたいことをやるためには、社長になるしかない」という結論に行き着いた。「社長になりたかった」わけではなく、「社長になるしかない」と、腹をくくったのだ。

一九九四(平成六)年、旅行代理店「西日本ツアーズ」を、大阪市に設立した。商品のひとつに、ディズニーランドのチケットがついた東京往復のツアーバスがあった。

「大阪の人は、『単純に東京往復したい』と言うのです。そこで東京~大阪の企画バスを始めたら、すごくヒットしました」

事業は好調で、やがて「東日本ツアーズ」も設立した。二〇〇五(平成一七)年には事業を統括する「西日本ホールディングス」(現・ウィラー)を作った。

それまでは観光バス会社に運行を委託していたが、二〇〇六(平成一八)年には、直営のバス事業に乗り出し、高速ツアーバス「ウィラーエクスプレス」の運行を開始した。ウィラーという名前は、「志」を意味する「WILL」に、人を表す接尾語「ER」をつけたもので、「志ある人たちの集まり」を意味する。「新しい価値を創造したい」「世界を変えたい」「移動で世界を元気にしたい」という村瀬の思いが込められている。

「その頃の路線バスから見ると、約半額の価格です。さらに、シートの乗り心地の良さも訴求することで、他社と比較して選ばれるようになりました」

バス事業も鉄道事業も「変えようと思えば変えられる」

現在、ウィラーエクスプレスの保有車両は二四〇台。「眠り」のための最適な環境が備わったシェル構造でフルフラットのような感覚で脚を伸ばせるシートや、ベビーカーについているフードのような「カノピー」で寝顔を隠せるシートなど、多彩なシートの車両を用意している。さらには、「そこにしかない日本を食べよう！」をコンセプトにオープントップバスならではの絶景を楽しみながら、その土地の生産者や料理人と交流をして旬な食材を楽しめる「レストランバス」も開発した。また、東京・池袋のシンボルとして街の魅力を伝えるまちなか交流バス「ＩＫＥＢＵＳ（イケバス）」も二〇一九（令和元）年一一月から運行を開始している。

ウィラーエクスプレスを運行しているのは全国二二路線で、便数は毎日二九二便。年間の利用者は約三〇九万人。グループ全体の売り上げは、約二〇三億円（二〇一八年実績）に上る。

「バスは、車両自体の投資額が比較的少ないので、フレキシブルに様々なサービスを提供できます。その一方、鉄道はむずかしいと決めつけるのも思い込みの世界です。変えようと思えば、変えられるところはたくさんあります」

二〇一五（平成二七）年には、京都府の中部から北部を中心に、一一四キロの営業路線に三二駅を持つ「京都丹後鉄道（以下、丹鉄）の運行を担うようにもなった。この路線は京都府などによる第三セクターで運営されていたが、乗客の減少で赤字がかさんで、業績の立て直しが緊急の課題となっていた。そこで民間の手法を導入しようと、施設の管理と運行業務を分離する上下分離方式が採用されることになり、運行業務について応募のあった複数社の中からウィラーが選ばれたのだ。

「地域の人口が減少する中で、災害などによるマイナスを除けば、基本的には利用者が増えています。特に地域との取り組みを重視し、地域の食材を使った料理を提供する観光列車など、企画商品が好評です。また丹鉄に乗ったことがない子どもが多いので、乗り方の説明から車両の整備の話、地域のイベントなどを紹介する新聞を作って、沿線の小学校に配布しています。こうした様々な取り組みの結果、新聞やテレビで紹介される機会も、以前と比べて圧倒的に増えました。それは地域の情報発信につながっています」

MaaSは社会課題を解決するためにある

「人によってＭａａＳの捉え方が違います。日本では、統合的に交通手段を検索・予約・決済できるアプリを〝ＭａａＳアプリ〟と呼んで、ＭａａＳアプリを作ることをＭａａＳと言う向きがありますが、ぼくの考えは少し違っています。いまある交通を組み合わせただけでは、いままでとあまり変わりません。テクノロジーを使った新しい交通サービスを交通空白地帯に配置し、それらが統合的に検索・予約・決済が可能になる。ひとつのサービスになることによりデータが分析できるようになり、もっと安全に、もっと効率的に、もっと快適に、移動ができるようになる。このように移動体験が変わった姿こそ、ＭａａＳだと思うのです」

かつては鉄道が、生活の中での移動手段として有効だった。しかし最近はロードサイドにスーパーマーケットやショッピングモールが次々と建つ、郊外型の街づくりが進んでいる。自動車を持っていないと、生活が非常に不便な状況になっている。こうした中で村瀬は、鉄道を中核に据えたＭａａＳの展開を考えている。

「ＭａａＳは、社会課題を解決しないと、作る意味がないと思っています。ローカルの社会課題と言うと、ひとつは人口減少の急激な進行で、いまある公共交通をはじめ、あらゆるインフラを維持できるかどうかという不安があります。もうひとつは、高齢のひとり住まいの方が圧倒的に増えています。このふたつの課題を解決し、同時に、地域にお金をもたらす観光客やインバウンドをどう呼び込むか。それらをまとめてＭａａＳで解決できないかというのが、ぼくらの考えているところです」

地域の問題は地域の問題、観光対策は観光対策と分けるのではなく、観光対策で人を呼び込むことが、地域の活性化につながるという考え方だ。

現在は、ひがし北海道と丹鉄沿線地域のＭａａＳに取り組んでいる（ちなみに「ひがし北海道」の「ひがし」は、一般的にひらがなで表記されることが多い）。

「一時間に一本しかない公共交通では、つながっても不便なままです。これを時間的、空間的、そして経済的な軸を埋める新たなサービスで解決する。丹鉄の全エリアでいきなりは無理なので、特定のエリアで試行しながら、徐々に対象を広げていって、丹鉄沿線では、車がなくてもどこにでも行けるようになるという段階が、第一ステップと思っています」

次のステップとして村瀬は、定額制をあげる。

「今後、急激に増えていく独居の高齢者が、いつでも外にストレスなく出られる環境を作っていくことが、すごく大事だと思います。その際、お金を気にせず、出たいときに出られる定額制は、移動のストレスを削減できます。そこを目指したい」

丹鉄沿線の路線バスやタクシーは、ウィラーとは資本関係のない会社がそれぞれ運営している。定額制とした場合、どのように収益を配分すればいいのだろうか。

「それが日本版ＭａａＳをどう組み立てるかで、非常に重要なポイントです。いまはお話しできませんが、しっかりと利用データをとって実績を出すことが重要です」

自社開発した観光型ＭａａＳアプリを発表

二〇一九（令和元）年八月、ウィラーは自社開発した観光型のＭａａＳアプリを発表した。対象地域は、前述のＭａａＳに取り組む丹鉄沿線とひがし北海道地域である。

ウィラーのアプリで特徴的なのは、出発地点と最終目的地、それに日程を設定すると、ルート内の寄り道スポットや、その場所を最も楽しむことができる交通、観光スポットなどが案内される。選んだルートやアクティビティの予約や決済もできるようになっている。

このうちひがし北海道地域では、ＭａａＳアプリ発表の一年前から、ＪＲ釧網《せんもう》本線乗り放題や駅から摩周湖への往復バスチケット、網走地方の観光バス一日乗車券、知床からウトロへの往復バスチケットがセットになった「ひがし北海道ネイチャーパス」を販売している。ひがし北海道の旅行というとレンタカーの利用が一般的だが、長距離になるので疲れが出るかもしれない。そもそも運転免許を持っていなければ利用できない。しかし、このパスを使えば、料金的にもかなりお得に、公共交通機関を利用した旅行が可能となる。

ＪＲ釧網本線はオホーツク海沿いを走る唯一の路線で、沿線には世界遺産の知床半島や摩周湖など貴重な観光資源があるが、利用客の減少で廃線の危機が続いている。これを知った村瀬が、ＭａａＳという手段を利用することで、観光再生ができるのではないかと考えたのだ。村瀬はＪＲ北海道をはじめ、地元のバス会社やタクシー会社などと協力して、ＭａａＳのモデルコースとなる「ひがし北海道ネイチャーパス」をまず開発した。

「いままでのルート検索との違いは、最寄りにどういうアクティビティがあるかが出てくることです。さらに検索するとき、途中の観光地に滞在する平均時間を加味して、利用しやすい交通機関が案内されるようになっています」

村瀬は、鉄道の使いやすさを増すためには、本数を増やしたりバスとの接続を便利にしたりするなど、利便性の改善が第一だと言う。しかしそれだけではなく、「ローカル割引」や「お年寄り割引」のような運賃プランを作ることで、マイカーよりも電車やバスの方が便利で安いという選択肢を作りたいと話す。

「今後、大都市への人口集中が進み、地方は衰退していくという予測もされていますが、ＩＴ技術で、距離に関係なく情報やサービスにつながることが可能になったわけですから、むしろ地方のほうが住みやすい場所になり得るのです。地方を軸とした、交通革命を目指していきます」

アジア地域でもＭａａＳ事業を展開している理由

ウィラーは、日本国内では地方をターゲットにＭａａＳを手掛ける一方、アセアン諸国を中心としたアジア地域でも多様なＭａａＳ事業の展開を始めている。

三キロ以内という比較的短距離のモビリティについては、シンガポールで現地子会社の「ウィラーズ」が、三井物産の子会社などと協力して自動運転の商用化を進めている。二〇一九年一〇月からは、大型植物園「ガーデンズ・バイ・ザ・ベイ」で、映像や音楽も楽しめるアトラクションの要素も取り入れた自動運転バスを、有償で提供している。運転操作は完全自動だが、安全管理者が同乗して、緊急時はスタッフが対応する。

ベトナムでは、同国最大級の交通事業者「マイリングループ」と、ジョイントベンチャーの「マイリン・ウィラー」を二〇一七年に設立し、二〇一九年六月から「マイリンタクシー」を使ったタクシー配車アプリサービスを開始した。アプリには、ベトナム語と日本語、英語の翻訳機能が搭載され、日本語での予約やドライバーとのチャット対応も行い、日本からの旅行者に使いやすいサービスを提供する。また都市間バスには、ウィラーが国内で導入しているリアルタイムの遠隔監視システムやリラックスシートなど日本品質のサービスを投入し、従来のバスに比べて安全性と乗り心地の大幅な改善を行った。さらにオンデマンドバスと都市間バスの予約を連動させ、出発地から目的地までの交通をひとつのアプリで検索、予約し、決済も可能とした。

台湾でも、二〇一七年に地元大手バス事業者とジョイントベンチャーを設立した。オプショナルツアーが主流であったところに、もっと自由に個人旅行を楽しんでもらえるよう、路線バスとその先の交通をつなぎ、新しいスタイルの個人旅行を提供している。

「欧米はクレジット決済が主流です。しかしアセアン文化は現金払いがメインなので、各国の事情にあわせて対応できるようにしました」

ウィラーが事業を展開する国はシンガポール、ベトナム、台湾、そして日本の四カ国。数年後にはインドネシア、マレーシア、タイ、フィリピン、ミャンマー、カンボジアの計一〇カ国とする計画だ。

「ぼくらは課題解決型で、既にある企業と競合することがありません。さらに地元企業とジョイントベンチャーでやっているので、それぞれの地域で歓迎されています」

タクシーもあれば自動運転もある。それを全部、その国でやるのではなく、その国に必要なものだけやればいいというスタンスだ。

村瀬に、アセアン諸国を中心としたアジアで展開を進める理由を聞いてみた。

「ある程度、アセアンぐらいまでの規模感を作っておかないと、海外企業が来たとき、日本だけというのはお客様の利便性で対抗しづらいかもしれない。ですから、アプリもアセアン中で使えるように作ってあります」

村瀬は、日本もアセアンも、抱えている課題は同じだと言う。

「日本のローカルと、アセアンの共通項は、交通が不便なことです。東京とシンガポールだけ、すごく便利になっています。しかし例えば、大渋滞とか事故とか、環境汚染をどう解決するか、それが共通課題です。日本で言えば特に、高齢者の課題解決をしっかりやっていきたい。それはアセアンの一〇年後、二〇年後の姿でもあるからです」

村瀬は、自宅をシンガポールに置いている。ウィラーの本社は大阪にあるが、アジアの子会社の統括会社はシンガポールにある。一年間のうち三分の一がシンガポール、三分の一がアセアン、残る三分の一が日本。年間の外国滞在は二〇〇日を超えている。スピード感を重視する村瀬は、現地で直接指揮を執る。

「全部一〇〇点を目指すよりは、やりながらどんどん変えていく。日本人はそこが下手なのです。全部一〇〇点にしようとすると、いつまでたっても追いつかない。とにかく走りながら、同時に、しっかり見ていくことが大切です」

思い返せば、村瀬は自転車で走り回っていた幼稚園時代からずっと「仲間」とのつながりを大切にしてきた。いまや「チーム村瀬」は、アジア各地に広がっている。最後に、今後の抱負を聞いてみた。

「日本全国はもちろん、アジアを簡単、便利に移動できる、利便性の高い交通ネットワークを構築します。我々の成功が人びとの笑顔であり、私たちの夢を叶えることが社会貢献につながるという事業をやっていきたいですね」

⑥ キャンプ場×MaaS & CASE
一日一組限定のキャンプ場を提供するヴィレッジインクのコンセプト

小型のチャーター船でしか行けないキャンプ場が西伊豆にある。ベンチャー企業ヴィレッジインクが手がける自然のステージ〝アクアヴィレッジ〟である。そこには、人口減少に伴い公共交通機関の存続が危ぶまれる地方が魅力的な目的地に生まれ変わるためのヒントがある。「自分たちで交通網を作り、発信する時代」と訴える橋村代表。システムありきではないMaaSの姿とは——。

自動車では行けない「アクアヴィレッジ」（静岡・西伊豆）

西伊豆で始まった
一日一組限定のキャンプ場

本当の意味での〝贅沢〟とは何だろうか。そんなことを考えさせられるキャンプ場が、静岡県の伊豆半島にある。

伊豆急下田駅から車で約四〇分。西伊豆町の田子漁港に着くと、小型のチャーター船に乗り換えて海路を一〇分ほど。リアス式の美しい海岸線をたどって進むと、小さな浜が開けてくる。忙しい日常の此岸を離れ、対岸の非日常の世界へと渡って行く。そんな演出で、気分はいや増しに高まる。船着き場に到着すると、その先に広がるのが、一日一組限定、つまり貸し切りのキャンプ場である。

広さは小学校の校庭くらいはあり、一面が美しい緑の芝で覆われている。周囲を見渡すと一方は岩場の海岸で、三方は木立の生い茂った山に取り囲まれている。他に誰も入ってくることができない、隔絶された環境だ。いわば、陸の孤島である。

キャッチフレーズは〝大人の冒険〟。もちろん、子どもにとっても楽しいのだが、大の大人がわくわくするような、自然のステージである。「アクアヴィレッジ」と名づけられた、このキャンプ場を運営しているのが、下田市に本社を置く「VILLAGE INC.」（以下、ヴィレッジインク）だ。

「焚火をしたり、魚釣りをしたり、いろんな自然体験ができます。テントを張って、料理を作って、お酒を飲んで、音楽をかけて踊る人もいれば、海で遊んだりする人もいます。時間に縛られることなく、自由に二日間を過ごされています」

そう語るのは、ヴィレッジインク代表の橋村和徳だ。

受け入れ可能な一組の最少人数は大人六人。子どもはふたりで大人ひとりの計算だ。なんといっても一日一組しか受け入れないので、基本は抽選制である。しかし、決められた人数以上の団体は優先的に予約を取ることができる。季節によって団体受け付けの最小人数は異なるが、例えばハイシーズンの七月から九月は、平日で二〇人以上、土日祝日で四〇人以上となっている。

ヴィレッジインク橋村和徳代表

基本料金は大人ひとりが一泊二日税別一万五〇〇〇円で、子どもはその半額。チェックインとチェックアウトの時間に制限はなく、まるまる二日間滞在することも可能だ。この料金に含まれているのはテント、日差し除けのタープ、電源、水道設備、温水シャワー、風呂、トイレ、ベンチ、基本的な調理器具全般、ピザ焼き用の石窯、木炭、焼き網、使い捨て食器類などの利用である。食事や飲み物は、追加でケータリングやバーベキューセットを頼むこともできるが、基本料金には入っていない。
私は家族旅行で、伊豆半島の旅館やホテルを何回か利用したことがあるが、東京から離れれば離れるほど、料金はより安く、食事はより豪華になっていく。ひとり一万五〇〇〇円も出せば、キンメダイやクルマエビの刺し身が舟盛りにされた食事と温泉つきの宿に泊まることができる。戸外で蚊に悩まされることもなく、空調の効いた部屋で、快適に過ごせるのに……。そんな思いが脳裏をかすめた。
「無人島にいると思ってもらえばいいです。そこに興味がない人は、そもそも来ないのです。『ごはんもついていないのか』と言う人は、ここにはあわない。ある意味、グラマラスな体験なので、本当の意味のグランピングです。誰にも邪魔されない。時間も気にしなくていい。誰にも気を遣わなくてもいい。そんな環境なんて、なかなかないですよ」

橋村に言われてみて、気がついた。私たちは、グランピングというと、頑丈なテント内にベッドや調度品がしつらえてあり、戸外ではバーベキューなどが用意されているという、豪華なキャンプを連想しがちだ。しかし、グランピングの本来の意味は、グラマラス、つまり魅力的なキャンピングという意味である。都会に生きる現代人にとって、本当のグランピングとは、美しい自然環境の中で、気の置けない仲間たちとのんびり過ごす時間のことかもしれない。

「キャンプ場と言わないと伝わらないからキャンプ場と言っていますが、みなさんが普通に思っていらっしゃるキャンプ場とはまったく違います。プライシングも違います。サービスのやり方も違います。宿泊業とは、似て非なるものなのです」

テレビ局からITベンチャーへ転職。退職・独立を目前にガンが見つかった

一九七三（昭和四八）年、橋村は佐賀県唐津市のミカン農家に生まれた。やがて橋村は、海女だった祖母に素潜りの術を教わった。唐津の海と言えば、映画『グラン・ブルー』の主人公のモデルとして知られるフリー・ダイバー、ジャック・マイヨールも愛した玄界灘である。小学生時代は、朝飯前に海に潜り、銛《もり》で魚を刺すのが日課だった。

自然に囲まれて育った半面、華やかな未知なる世界にも憧れを抱いていた。東京の大学を卒業すると、テレビ局に入社した。採用は営業職だった。猛烈に働いて三年たった二〇〇〇（平成一二）年、営業先の社長に誘われてＩＴベンチャーの起業に参加した。

「テレビ局では、本当は制作志望だったのです。だから、当時は新しいジャンルだったインターネットのほうからテレビを飲み込んでやる。そんな気持ちで転職しました。しかも会社をゼロから立ち上げる経験なんて、めったにないじゃないですか」

営業部門長として四〇人の部下を率い、中国にも赴任した。

帰国した橋村は二〇〇八（平成二〇）年一一月、健康診断で生まれて初めて、胃の検査を受けた。そこで胃ガンが見つかった。

「最初の病院では、『全摘』と言われました」

実は、橋村はそのとき起業を準備していて、会社にはすでに辞表を提出していたのだ。勤めていたＩＴ企業は業績が好調で、すでに東証マザーズ市場に上場していた。いまは年間売り上げが数百億円の一部上場企業である。そのまま勤めていれば、大企業の幹部として、出世の階段を昇って行ったことだろう。

「起業断念がチラつきました」

一カ月半の治療で完治すると、下田に移住して事業を始めた

「九州の海生まれで海育ち、もともと生活がキャンプみたいなところで育っています。自分にとってのキャンプは、息抜きだったり、お祭りだったりしたのです」

会社員時代に、友人や仲間を連れてキャンプをするうち、飲み会以上の絆が生まれた。会社のスタッフを連れて行くようになると、チームビルディングがなされていった。風通しも、どんどん良くなる。日常生活に戻っても、みんな生き生きとしている。

「自然の中で、みんなが元気になるような研修をやれば、日本全体の生産性を上げるというところに貢献できると思ったのです」

自然体験を活かした企業研修という、これまでにないビジネス構想を思いつき、起業を決断した。

全国各地にキャンプ場はあるが、橋村は、既存の施設を使おうとは思わなかった。大自然の中で育った橋村には、作り物の自然に感じられたからだ。それに、ほかのキャンプ場利用者に邪魔されたくなかった。別に大騒ぎをしたいわけではない。しかし、他の人がいると、気を使わないといけない。せっかく自然の中のはずなのに、たくさんの人がいると雰囲気も壊れてしまう。夜になると消灯となり、音を出すのは禁止で、声を潜めないと話もできない。

橋村は、ありのままの自然の中で、「完全なる非日常という空間」を作りたかった。それこそ現代人にとって、お金に代えられない至上の価値があると直観したからだ。

休日になると、橋村は四輪駆動のマイカーで房総半島や三浦半島、伊豆半島など、各地を訪ね、地図には書かれていない農道にも入ったりして、自分のイメージにあう空間を探し回った。そうこうすること約一年。イメージにぴったりの土地が、西伊豆で見つかった。まとまった広さの平地があって、山や海で周囲から隔絶されている。少しカヤックで漕ぎ出すと、洞窟探検を楽しむこともできる。なにより、海に沈む夕日が美しかった。

とはいっても、最初からきれいな芝生の土地であったわけがない。会社が休みになる週末や夏休みに、橋村はひとり、黙々と木や雑草を伐採し、でこぼこだった土地を平らに整地して、二年がかりで芝生の広場に生まれ変わらせたのだ。

仲間たちとキャンプをして過ごすうち、だんだんと構想が固まっていった。

誰もがうらやむ勤務先には、すでに辞表を提出済みである。ちょうどそのとき、ガンが見つかった。傍から見れば、「なんという間の悪さよ」と思ってしまうのだが、そうは考えないのが橋村流だ。逆境に置かれたときこそ、人はその本質があらわになる。橋村は、自分の心に素直に従うことにした。

「やりたいこと以外に、時間と命をかけるのはもったいない！」

二〇〇九（平成二一）年二月、橋村は思い切りよく、創業に参加した企業を退職した。

橋村はセカンドオピニオンを求めて受診した、東京の有明にあるガンの専門病院で、治療を受けることになった。

「『よかったね、うちだったら切らないで、放射線でやるよ』と言われたのです」

立体的に放射線を当てる、当時の先端医療を受けた。治療期間は一カ月半。入院はせず、抗ガン剤も使わずに、完治した。

治療が終わった同年五月、下田に移住すると、ビィレッジインクを個人事業主として創業した。同社を株式会社化したのは、その三年後のことである。

二〇一〇（平成二二）年、アクアヴィレッジのテストサービスを開始した。念願の正式オープンは、翌二〇一一（平成二三）年である。コンセプトは「村づくり」。橋村はそれを「ヴィレッジング」と呼んでいる。大人が童心に帰れる場所、本来の自分を取り戻す場所、仲間との絆をさらに強める場所、新たな出会いと可能性を生み出す場所。このコンセプトに沿った場所とサービスをヴィレッジ、つまり村と定義し、自然の恩恵を活かした空間と忘れかけていた非日常体験で、人びとに感動の時を提供する。

都心を朝5時に出て8時には到着できる完全なる非日常という空間

「後づけで〝村〟と言っていますけど、とにかく、誰にも邪魔されない自分たちだけの空間を作って、気の置けない仲間と過ごす。来た人だけの内に閉じた、そのときだけの村です」

利用は企業研修だけに限らず、広く募ることにした。口コミで徐々に、利用者が増えていった。キャンプの経験者もいれば、初めての人もいる。キャンプを楽しみにくる人には、オプションでキャンプファイヤーも提供する。花火師を連れてきて、本格的な打ち上げ花火大会もできる。西伊豆の海は、関東では人気のダイビングスポットで、シュノーケリングやスキューバダイビングも楽しめる。豪華なグランピングを希望する人には、大型でおしゃれなシェードやテントを用意し、シェフを派遣してグルメな夕食を提供する。結婚式のオプションもあり、毎年数件の利用がある。誰の目も気にしなくていいので、芸能人が利用することとある。三六〇度、自然に囲まれた完全なプライベート空間なので、

DJを呼んだり、タープを使ったスクリーンで映画を上映したり、シークレットライブやミニフェスで夜通し盛り上がったりしても、誰からも苦情がこない。当初検討した企業向けとしては、研修だけでなく、会議や入社式などにも利用されている。同窓会の利用もある。様々な行事が終わって見上げる夜空は、天の川が美しい。生まれて初めて、夜空に感動する人もいる。

かつて倒産した大型スーパーが、「何でもあるけど、（買いたいものが）何もない」と揶揄されたことがあった。アクアヴィレッジはその逆で、「何もないけど、何でもある」のだ。

「こちらが全部提供するのではなく、お客さんに主体性があるので。プランニング段階からお客さんとの関係が始まります」

前述したように最少の利用人数は六人だが、六人でくるグループはほとんどない。平均すると、一組当たり約三〇人。多いときは一〇〇人以上が参加する日もある。最大の収容可能人数は一五〇人だ。正式オープンした二〇一一年の年間利用者は一〇〇〇人弱だったが、最近では後述するレンヴィッジも含めて、年間約四〇〇〇人にまで増えている。

私が現地を訪れた日、小学校六年生の子どもつながりで集まったグループの人たちが、それぞれ自由な時間を過ごしていた。アウトドア用のベッドが並べられ、大人はねそべって本を読んだり、おしゃべりを楽しんだりしている。子どもたちは走り回ったり、海岸の岩場で水遊びをしたりしている。さいたま市から訪れた八家族、あわせて三五人だという。幹事役のお母さん数人に話を聞いた。

「ここは人気で、予約をとるのが大変なんです。でも二〇人集めると予約がとれるというので、最初は人数が足りなかったけど、半年前に予約しました。足りない人数分は、あとから知り合いに声を掛けて集めました」

「西伊豆の海がきれいだと前から聞いていたので、楽しみにしていました。きょうは少し天気が悪くて、海で泳げないのが残念です。それでも子どもたちは、危なくない潮だまりを見つけて、蟹を獲ったりしては楽しんでいます」

「私たちは、アウトドアはそんなに好きじゃなくて、テントで寝るのは、実は初めてなんです。でもここは、そんな私たちでも楽しめそうで、行きたいなと思っていました」

「（どう過ごしていますか？）基本、（ビールやお酒を）飲んでます（笑）。さっきから子どもたちが、キャーキャー叫んで騒いでますけど、（周囲に）気を使わなくていいのがいいですね」

「（食事はどうしていますか？）昼とか、夜とか、各家庭で担当を分担していますが、ほぼ持ってきました。ご飯は、三升炊きの炊飯器をレンタルしました」

ここまでの交通手段は、それぞれの家のマイカーだ。午前五時前に家を出て、約三時間後の午前八時には到着した。

ヴィレッジインクでは、マイカー利用の他にも、伊豆急下田駅からバスで送迎している。リクエストがあれば、東京の主要な駅から貸し切りバスで送迎もする。都心から約三時間の距離である。

全国に広がっていく〝ヴィレッジング〟

アクアヴィレッジの成功を受けて、橋村はそのすぐ近くに、次なるキャンプ場「レンヴィレッジ」

を二〇一二（平成二四）年にオープンさせた。こちらも一日一組である。「大切な仲間と連なって楽しむ場所」という思いを込めて、「連」という名前がつけられた。キャッチフレーズは、〝大人の秘密基地〟である。海岸には美しい砂浜が広がり、泳いだり、カヤックを楽しんだりすることができる。

橋村の地元、佐賀県唐津市にある波戸岬《はどみさき》キャンプ場も、二〇一八（平成三〇）年からヴィレッジインクが宿泊サイトについて直営事業を展開している。ここは県営キャンプ場で、一日一組というわけにはいかないが、完全プライベートエリアのプレミアムエリア、サイトごとに仕切られてプライバシーが守られる一般サイト、テントに隣接して車を停められるオートサイトなど、ヴィレッジインクらしい雰囲気を出している。

海だけでなく、山にも〝村〟を作った。二〇一六（平成二八）年、軽井沢の西隣、長野県小諸《こもろ》市に〝大人の林間学校〟と銘打った「ソイルヴィレッジ」をオープンさせた。ソイルとは、土という意味である。東京都港区が所有し、以前は小中学生の林間学校に利用されていたが、やがて使われなくなっていた遊休施設だった。ここが便利なのは、体育館も併設されていることだ。これまでのアクアヴィレッジなどは、雨の場合はキャンセルが多かった。しかし、体育館が使えるのなら、雨天でもアクティビティが行える。戸外でセミナーなども行えるよう施設を整えて、研修やチームビルディングなどを目的とした企業向けに展開している。

ヴィレッジインクの評判を聞いて、あちこちからプロデュースを頼まれるようにもなった。

岡山県の無人島は、一島まるごと貸し切りのキャンプ場となった。北海道の廃牧場跡は、グランピング場となった。志賀高原で使われなくなったロープウェー乗り場の跡地は、北アルプスを一望できる天空のカフェバーに生まれ変わった。長野県のゴルフ場跡地は、二ホール分を使ってグランピング場とカフェに再生した。石川県のブロッコリー畑のそばの遊休地は、農業体験とセットになったグランピング場として活用されている。三重県の旅館だった施設は、一棟貸しのヴィラに生まれ変わった。運営は、それぞれの事業主体が担当している。

交通の便が非常に悪いからこそここにはMaaSの本質がある

話はいよいよMaaSである。

橋村が「村づくり」を手掛けたところはほとんどが、交通の便が非常に悪い、いわゆるへき地である。しかも、何もないところだ。これまでの観光業者なら、まったく見向きもしなかっただろう。従来はネガティブにしか受け止められなかった、その価値観を、橋村はひっくり返した。

「むしろ不便なほうがビジネスになる。そこに価値があるのです」

電車やバスを乗り継ぎ、あるいは延々とマイカーで走り、しかも最後は船に乗り換える。着いた先には何もない。ネガティブに考える人にとっては、骨折り損のくたびれ儲けでしかない。しかし期待に胸をふくらませる人にとっては、そうした手間さえ喜びとなる。無価値と思われ、一般的には〝ネガティブ〟と見なされているからこそ、見方と方法を変えれば〝ポジティブ〟になり得る。

これまでは、人が少なくなると、公共の交通機関がなくなる。地方は、どうしても置き去りにされがちだった。しかし、新たに魅力的な目的地が生まれれば、それにふさわしい交通ネットワークが必要となってくる。
「いままで交通は、お上だったり、交通事業者だったりが線路を作ったり、バスの路線網を築いたりしていました。それが当たり前だと思っていました。ところが、こんどはそうじゃなく、こういう交通が欲しいとか、こういうサービスの足を作りたいと思ったものを、コミュニティサイドが作れる。その時点で、いろんな可能性があふれてくるのです。システムありき、交通事業者ありきではなく、住まいも、楽しみ方も、みんなが自分で発信できる時代になっています。自分たちで交通網を作れるというところこそ、ＭａａＳの本質だと思います。村のためにどういう交通網を作るかという発想です。システムから入るＭａａＳではなく、みんなで作り上げるＭａａＳこそ、私たちが求めるＭａａＳなのです」

交通は、第一義的には手段である。不便なところに行くこと自体を、誰も目指しているわけではない。しかし、そこに新しい価値があるとわかれば、話は違ってくる。不便な海上から目的地を目指すという交通手段自体が新鮮な面白さとなり、新しい世界への期待をかきたてることもある。特に〝旅〟の場合、寄り道やまわり道にも楽しさがある。人生が旅にたとえられるのも、そんなところがあるからかもしれない。

モノの価値とは、絶対的なものではなく、相対的なものに過ぎない。ある人にとっては無意味なものが、別の人にとっては、かけがえのないものであったりする。私たちの目の前には、無限に新しい世界が広がっている。ダイバーシティ、多様性の広まりこそ、社会の進化、そして深化である。つまり観光型ＭａａＳとは、多様性を保障するＭａａＳなのである。

第4章

都市型MaaS：タクシーとライドシェアの新動向

INTRODUCTION

ＭａａＳを構成する有力な交通手段のひとつに、ＣＡＳＥのＳであるシェアリングがある。具体的には「ライドシェアリングサービス」（ライドシェア）が世界的に広がっている。このうちアメリカ生まれのウーバーは、アメリカはもとより、世界各国で事業を展開している。アメリカでは、タクシーの評判が総じて悪いこともあって、利用が急増したが、一方でタクシー業界からの反発も世界各地で起きている。ウーバーは日本にも上陸したものの、当初の取り組みは挫折する。

最初に、ウーバーを内部から知る人物に、当時の状況を語ってもらった。次に、タクシー業界におけるＭａａＳの取り組み、さらにはタクシー利用者のマッチングサービス、料金ではなく実費と謝礼を支払い一般の人の自家用車に乗せてもらうサービス、契約した会社の社員のみが使えるシェアリングサービス、さらには０円マイカーなど、タクシーとカーシェアなどをめぐる、様々な動きを紹介する。

⑦ ライドシェア× MaaS & CASE
ライドシェアとしてのウーバーが日本で広まらなかった理由

シェアリングエコノミーの草分け的存在であるウーバーは、日本へ進出すると、2015年に福岡で「みんなのウーバー」として自家用車によるライドシェアのテスト運転を開始した。しかし、タクシー業界からの強い反対と国交省の指導によって撤退を余儀なくされた。なぜウーバーは頓挫したのか。当時のウーバー・ジャパンを内部から知る人物に取材することができた――。

Uber によるライドシェアのサービスイメージ

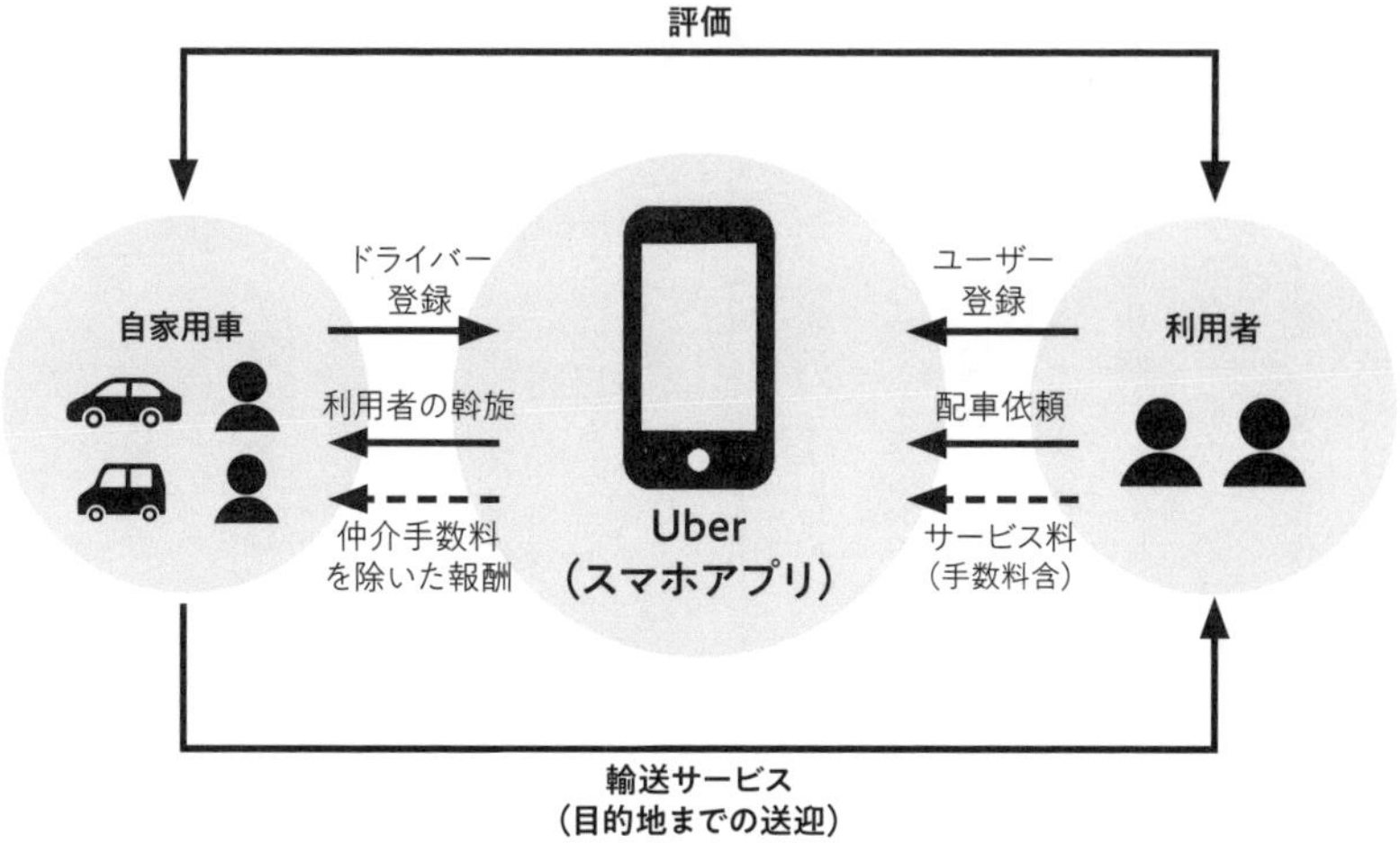

ライドシェア・ヒッチハイク・カーシェアの違い

アメリカの「ウーバーテクノロジーズ」は二〇〇九年、サンフランシスコで創業した。ちなみに「ウーバー」とは、「すごい」「優れている」などを意味するスラングである。翌二〇一〇年、「ウーバーキャブ」というタクシーの配車サービスを開始したのち、ライドシェアを手掛けるようになった。いまでは民泊紹介サイトの「エアビーアンドビー」と並ぶ、シェアリングエコノミーの代名詞的存在となっている。

ちなみに、本来の意味のライドシェアリング（ride-sharing）とは、乗り物による移動をシェア（共有）、つまり相乗りすることであり、自分の行きたい方向に向かうクルマに乗せてもらう、いわばヒッチハイクのイメージである。ヒッチハイクは、乗せてもらう側はタダだが、ライドシェアでは、ガソリン代などかかった経費の一部を負担する。他の乗客と相乗りになる場合もあり、「カープール」とも呼ばれる。これに対して、ライドシェアとの違いを明確にするため、報酬目的のシェアリングについて「ライドヘイリング」（ride-hailing）という言葉が生まれた。ヘイリングとは「呼び声」という意味であり、ライドヘイリングは、利用者の求めに応じて来てくれる乗り物、つまりシェアリング版のハイヤーである。ウーバーのメインの利用形態は、正確に言えばライドヘイリングである。しかし日本ではライドヘイリングも含めてライドシェアという場合が多く、本書でもその使い方に倣っておく。

なお似た言葉で、カーシェアという言葉もある。自動車を会員間で共有することから、この名前がついた。この場合、貸し出すのは車両だけなので、借りる人が自分で運転しなくてはならない。広い意味ではレンタカーの一種であり、ライドシェアとは別物だ。

二〇〇九年に創業したウーバーの仕組みとは？

ウーバーの基本は単純明快だ。車で目的地まで移動したい人がいる。一方、車を所有していて、運転する時間のある人がいる。双方を結びつければ、利用者は目的地に移動することができ、車を所有して運転する人は、利用者から代価を得ることができる。ウーバーは双方にとってメリットのある、マッチング（仲介）アプリを提供する。

なぜ、そんなことができるようになったのか。ひとことで言えば、スマートフォンの普及が大きい。乗客もドライバーもスマホを持っている。インターネットが高速化し、さらにＧＰＳと地図アプリで、スマホを持っている人の現在地が簡単にわかるようになった。そこでウーバーは、乗客と運転手をマッチングさせる配車のプラットフォームを完成させた。ウーバーの役割は、車を利用したい人とドライバーをつなぐだけなのである。

ウーバーを利用したいと思ったら、ウーバーの乗客用アプリを立ち上げて目的地を入力する。すると、クラス別に料金が表示される。最もベーシックで利用者が多いのが「ウーバーＸ」だ。同乗者がいて、目的地まで時間がかかるかもしれないが、その分料金が安くなるのが、「ウーバープール」。最高級車の利用で値段も高いのが「ウーバーＬＵＸ」。ドライバーがスペイン語を話す「ウーバーエスパニョール」。その他、車いすを乗せることができるタイプもある。

クラスを選択して呼び出しを掛ける。ＡＩによるマッチングが行われてドライバーが応えると、ドライバーの名前と車種、到着までの時間が表示される。車がやって来ると、あとは乗車し、目的地に着いたら降りるだけだ。目的地はスマホですでに伝わっているので、口頭でドライバーに伝える必要はない。料金もクレジットカードや電子決済による引き落としだから、下車するときに現金で支払うこともない。英語のわからない外国からの旅行者にとっても、使いやすいシステムとなっている。

一方、ドライバーの側から見れば、ドライバー用アプリを立ち上げると、出勤状態となる。利用客のリクエスト通知を見て、行く先などの内容を検討し、乗車を受けるかどうかを判断する。仕事が終わってアプリを切れば、その場で退勤となる。

アメリカでウーバーが急成長した背景には、タクシーに対する利用者の不満がある。車内は清潔とは言えないタクシーが多い。大都市の運転手は、移民としてアメリカに移り住んだ人が多数を占め、英語が得意でない人や、地理に不案内な人も多い。しかもニューヨークなどでは「メダリオン」と呼ばれる営業許可制度があり、供給過剰を防ぐためにタクシーの台数が制限されている。このため、呼んでもなかなか来ない場合が多いし、その割に運賃は高い。

こうしたタクシーに対する利用者の不満を、ウーバーはうまくすくい取ったのである。何といっても料金が安い。ウーバーはタクシー会社と違って車両を保有しておらず、運転手を雇っているわけでもないので、その分、運賃を安く設定できる。通常は、タクシーのほぼ半額である。ここで通常と書いたのは、「ダイナミックプライシング」といって、特定の地域や時間帯で利用が増えると、その際の料金が引き上げられるシステムになっているからだ。

ドライバーにとっても、ウーバーの提案は魅力的に映る。駐車場に眠っている自分の車は、そのままだと宝の持ち腐れで、何も生み出さない。しかし、自分の空いた時間に乗客を乗せれば、乗せるほど稼ぐことができる。無から有を生むイメージだ。

営業形態としては個人タクシーである。ウーバーが急激に普及した結果、車は街のあちこちを走っているので、タクシーほど待たずに利用できる。車両の安全性について言えば、ウーバーに使う車は、新車登録時から一〇年以内の車に限られ、ウーバーのステーションで定期的に検査するよう義務づけられている。

ドライバーの資格について言えば、基本的には乗客を乗せるための特別なライセンスは必要ない。しかし近年では、例えばカリフォルニア州のように、ウーバーのようなライドシェア業者をTNC(Transportation Network Company)というカテゴリーに位置づけ、そのドライバー向けにライセンスを要求する州が増えてきている。

ドライバーと乗客の双方が満足するシステム

一方、ウーバーとしては、どのようにドライバーの質を保っているのだろうか。

ウーバーを利用した乗客は、ドライバーを五段階で評価するようになっている。低評価が続くと、そのドライバーは登録を削除されることもある。

その逆もある。ドライバーも乗客を採点する相互評価のシステムを取り入れているのだ。マナーが悪かったり、問題があったりすると、スコアが低くなる。ドライバーはアプリ画面で、配車を求めている人のスコアを確認することができるので、あまりに点数が低い人に対しては、自分が近くにいてもリクエストに応答しなければ良いだけだ。ウーバーにとって、乗客は大事な顧客だが、同時に運転する側も大事な顧客である。事業を成り立たせるために、ドライバーと乗客の双方が満足するようなシステムを考え出しているのである。

ウーバーはアメリカで、総じて好意的に受け止められている。マイカーに代わる足として使えることから、交通渋滞の緩和にも役立っている。便利なウーバーに押されて、タクシー業界は大打撃を受け、倒産した会社も少なくない。「ウーバーのほうが儲かるから」という理由で、タクシー運転手の多くがウーバーに乗り換えたため、人手不足で倒産した会社も珍しくない。

その一方で、問題も起きている。特にニューヨークではライドシェアの会社が増えている。それぞれの会社で、必要な車の台数を予測してドライバーを募集する。ライドシェアで最も重要なのが、ドライバーの確保だ。客が乗りたいと思っても、配車に時間がかかりすぎると、「この配車アプリは使い物にならない」と判断されて、別の配車アプリに乗り換えられてしまう。そうなると、もう一度戻ってもらうのは難しい。タクシー会社ならシフトを組んで調整できるが、ライドシェアの場合は「働きたいときに働ける」のが売りなだけに、強制力はない。そこで考えられたのが、プラスアルファの優遇制度だ。例えば利用が増えると予想される深夜の時間帯には、「プラス二〇ドル」などとあらかじめ明示してドライバーを募集する。それが、ウーバー一社だけなら良いのだが、同じことを各社がするものだから、ニューヨークの路上はライドシェアの車であふれかえってしまう。勝つか負けるかの競争社会だから、同業者間で調整することもできない。本来は、渋滞緩和が期待されたライドシェアなのに、逆に渋滞の原因を作ってしまっているのだ。

ニューヨークでは、ライドシェアやタクシーをひとりで一台使った場合、二ドル七五セントの混雑税が徴収される事態にまでなっている。なお、複数で相乗りする場合は、ひとりにつき七五セント徴収される。

こうした問題はあるものの、総体的に見ればウーバーは好調だ。ウーバーのウェブサイトによれば、二〇一九年一〇月現在、ウーバーは世界六三カ国、七〇〇都市以上で事業を展開している。月間のアクティブユーザーは九一〇〇万人、登録ドライバーは三九〇万人に上る。

福岡で行ったテスト運転「みんなのウーバー」がわずか一カ月で失敗に終わった理由

日本では、二〇一三（平成二五）年にウーバー・ジャパンが設立され、翌二〇一四（平成二六）年から東京で、ハイヤーの配車サービスを開始した。この段階では、あくまで既存の交通事業者の利用を前提としたマッチングサービスである。

二〇一五（平成二七）年二月には、福岡市で「みんなのウーバー」のテスト運転を開始した。これはアメリカのライドシェアと同様に、一般のドライバーが自家用車で乗客を乗せるというものだった。これが「黒船襲来」とばかりに、日本のタクシー業界が一斉に反発する大騒動となったのだ。

元ウーバー・ジャパン部長安永修章さん

その後の経過も含め、日本におけるウーバーの動向をよく知る人物がいる。ウーバー・ジャパンの政府渉外・事業戦略を策定した安永修章《のぶあき》である。彼の経歴をまず、紹介しておこう。

一九七七（昭和五二）年に神戸市で生まれた安永は、学生時代には役者を志した。早稲田大学の演劇サークルでは、いまは人気俳優となっている堺雅人と同じ舞台に立ったこともある。しかし圧倒的な堺の実力を目の当たりにして、「堺さんにはなれない」と、役者の道を断念した。演劇や芸術を裏方としてマネジメントする道に進んだ安永は二〇〇九（平成二一）年、縁あってワシントンDCに赴任した。東大や京大、早稲田など日本の五大学が創設したシンクタンクの初代事務局長に選ばれたのだ。安永はそこで、アメリカ政府の要人はもちろん、日本政府から派遣されていた官僚、訪米する日本の国会議員、さらには各種シンクタンクのスタッフなど、ハイレベルなネットワークを築いたのである。

二〇一四（平成二六）年にシンクタンクを退職した安永は、その豊富な人脈を買われて、複数の外資系企業で勤務した後、二〇一七（平成二九）年に政府渉外・公共政策部長としてウーバー・ジャパンに入った。後に、事業戦略部長も歴任する。

「ウーバーは当時、新しい国に参入する場合、ゼネラルマネージャー、マーケティング担当、それにセールス担当の三人で、事業を立ち上げていました。日本でも三人が初期メンバーとして事業を開始しました。しかし政府渉外やロビーイングの担当、リーガル担当はいなかったのです。その結果、国やタクシー協会と調整することなく、いろんなことをどんどんやってしまったのです」

その象徴が二〇一五（平成二七）年に福岡市で試行された「みんなのウーバー」だった。日本では、いまに至るまで、白ナンバーの自家用車によるタクシー行為、いわゆる「白タク」は、道路運送法で認められていない。そこでウーバー・ジャパンは、テスト運転に参加するドライバーには、データ収集料としてウーバーが対価を支払い、乗客は無料とする方法をとった。ウーバーは儲からない。福岡市はＯＫを出した。

「国土交通省やタクシー協会には、ほとんど話をしていませんでした。その結果、何が起きたかというと、地元のタクシー協会が激怒して、それが東京のタクシー協会に伝えられ、国交省、国会議員という流れで、わずか一カ月で潰されました」

ウーバーは、日本の秩序を破壊する「黒船」と見られてしまったのだ。タクシー業界の経営者側と労働組合側が手を携え、〝白タク断固反対〟と銘打った集会やデモが各地で行われた。

「それまでタクシー業界は、日本中で細分化されてバラバラでした。それが、ウーバーという共通の敵ができたおかげで、一枚岩になった。そういう意味で、タクシー業界からすると、すごくいい敵だったと思います」

京丹後市の「ライドシェア特区構想」を背景に、ウーバーアプリが導入されるも……

京都府北部の京丹後市は、二〇〇四（平成一六）年に、丹後町や網野町など六町が合併して発足した新設の市である。このうち京丹後市丹後町（以下、「丹後町」と表記）では、六五歳以上の高齢者が人口の四割を超え、タクシー会社が利用者の減少で二〇〇八（平成二〇）年に撤退した。そこで地元のＮＰＯが二〇一六（平成二八）年四月、公共交通の空白地に対して適用される特例を使って、自家用車で有償の乗合交通をスタートさせた。住民だけでなく、観光客も利用でき、運賃はタクシーのほぼ半額である。それだけなら特に話題にもならなかった。注目を集めたのは、ＮＰＯが使う配車システムに、ウーバーのアプリが日本で初めて導入されたからである。法制度上はライドシェアではないが、タクシー業界にとってみれば、ウーバーによる事実上のライドシェア開始と目された。

その一カ月前、やはり公共交通空白地だった隣町の京丹後市網野町（以下、網野町）に、京都市のタクシー会社二社が突然、事業所を開設した。網野町には規模の比較的大きな病院がある。丹後町の住民は、新しくできたＮＰＯの乗合交通に乗って網野町で下車することはできる。しかし帰路で、網野町内での乗車は認められなくなった。なぜかというと、タクシー会社が存在する以上、交通空白地とは見なされなくなったからだ。この結果、帰りは運賃が大幅にアップし、しかも台数が少なくて使いづらいタクシーを利用しなければならなくなった。全乗車の四割が、丹後町外を目的地としているため、「往復で利用できるようにしてほしい」という住民の要望は根強い。

こうした事態になった背景には、京丹後市が政府の国家戦略特区に申請した交通空白地のライドシェア構想がある。国家戦略特区とは、地域や分野を限って大胆に規制や制度を緩和し、税制面で優遇するというシステムだ。首相官邸のウェブサイトによれば、安倍首相は二〇一五（平成二七）年の国家戦略特別区諮問会議で、「過疎地等での観光客の交通手段として、自家用車の活用を拡大する」と述べている。官邸は、「国家戦略特区を突破口に、あらゆる岩盤規制を打ち抜いて行きます」と決意表明までしている。ということは、最初は交通空白地のライドシェアであっても、それが「アリの一穴」となって全国に広まりかねない。京丹後市の構想に強い危機感を抱いたタクシー業界が、京丹後市内の交通空白地を解消してライドシェア特区構想を潰そうとしたのだ。

京丹後市のウェブサイトには、「白タク特区は現実的に実現が極めて困難であると国土交通省からコメントをいただいている」と報告されており、タクシー業界の狙いは、結果的に功を奏した形となっている。

タクシー業界や国交省との関係改善を図った

「私がウーバーに入ったとき、タクシー業界との関係は最悪でした。そこで私は当時のメンバーに、『これまでのやり方を全部変えましょう』と提案したのです。国交省やタクシー協会の合意がない限り、『ライドシェア新法』とか『規制改革』は絶対できません」

安永は、タクシー業界や国交省との関係改善に尽力した。

「ウーバーは基本的に、情報を出さない会社なのです。それまで取材の申し込みがあっても、ウーバーはほとんど応じていませんでした。国交省に対しても同様でした。つまり彼らからすると、『アメリカから、よくわからない人たちが乗り込んできた』という不信感しかなかったのです。そこで私は、『出せるものは出していこう』という姿勢を明確にしました。タクシー業界を主幹している国交省自動車局の旅客課に毎日電話をしたりして、情報交換を密にしました。また、政治家に対しても、国土交通部会など公共交通を担当している国会議員やタクシー議連の先生方との関係構築をはかりました。それまで国交省は、ウーバーが次に何をやろうとしているのか知る術がありませんでしたが、メディアに出る前のかなり早い段階で、次なる事業について相談したりして、国交省の中で根回しをしました」

その結果、国やタクシー業界との関係が劇的に改善したのである。

「ウーバーのそもそものミッションは、白タクをやることではありません。最初のビジネスは、タクシー配車のアプリでした。そこからさまざまなビジネスが生まれ、その中でライドシェアも生まれてきました。日本のウーバーを、その原点に立ち返らせようとしたのです」

日本のウーバーは、モビリティ関係の事業をタクシーの配車アプリに特化した。

「ウーバーがタクシーをやると言った二〇一七（平成二九）年ころ、日本で配車アプリのメジャープレーヤーはまだ、ジャパンタクシーさんしかいませんでした。DiDi（ディディ）さん、DeNAさんもこれからというときです。ジャパンタクシーは、日本の中では圧倒的なシェアでしたが、それでも世界の中では日本でしか使えないローカルアプリです。ウーバーの場合、全世界で使われているアプリなので、海外からお客さんが来られたとき、みなさんウーバーを開く。それまでタクシー事業者がタッチできなかった巨大なインバウンドのお客さんが、ウーバーのアプリを通じて入って来る。そこが大きな差別化になるはずでした。ウーバーのアプリは、ドライバーと乗客のマッチングという技術で、おそらくいまでも世界一です」

日本ではライドシェアをしないという選択をした

ウーバーのアプリは、世界の五〇言語に対応している。しかしウーバーは、その優位性を活かすことなく苦戦する。

「世界のどこでも同じアプリで、同じビジネスモデルのウーバーは、アプリを含めたビジネスモデルのローカライズに、うまく対応できませんでした。そのいい例が中国と東南アジアです。ウーバーは中国のビジネスをＤｉＤｉに、東南アジアのビジネスをＧＲＡＢ（以下、グラブ）に売却しました。彼らとウーバーの大きな違いは、ローカリゼーションです。グラブは中核戦略で『ハイパーローカリゼーション』と言っています。つまり、とことん現地化するのです。タイではタイでしかやらないサービス、インドネシアではインドネシアに根づいたサービスです。それぞれの国に法人を持っていて、どういうニーズがあるのかを把握し、その中でビジネスをしっかり組み立てています。モビリティではライドシェアだけでなく、タクシーとも組んだりします。二輪でライドシェアをやったり、物を運んだり、銀行口座を持たない人向けの決済サービスを始めたりして、現地で必要とされるサービスをどんどん、グラブのアプリが取り込んでいきました。モビリティのアプリから超えて、スーパーアプリへと進化していきました。それが受けたのです」

ウーバーは、日本ではライドシェアをしない選択をした。となれば、それにみあった営業戦略に変えなければいけなかった。安永はこの時期に日本のタクシー事業者とのパートナーシップの要とも言える事業戦略の責任者となり、そのための戦略を提案し、自ら全国を駆け回った。それにみあった営業職の人材を採用するよう求めた。しかし、ウーバーの体質は変わらなかった。

結局、安永は約二年でウーバーを去った。歴史に「もし」という言葉はないが、運転手不足の打開策や移動弱者対策、公共交通の振興策などを共通のテーマに、ウーバーが最初からタクシー会社と協調路線をとることができていれば、いまの規制をタクシー会社と共に変えて、日本型のライドシェアが生まれた可能性があったかもしれない。安永は、この仮説を肯定した上で、こうつけ加えた。

「日本の中でウーバーのような会社が生まれていたら違っていたかもしれませんが、外資が来ると、日本の企業はどうしても身構えてしまいますからね。ウーバーが日本に参入したとき、日本のためのサービスを提供する会社として入ることができていれば、状況は、いまとはまったく異なっていたでしょう」

ウーバー・ジャパンは二〇一六（平成二八）年に、「ウーバーイーツ」を開始した。配車サービスのノウハウを、料理の宅配サービスに活かしている。

いま安永は、「ROOTS Mobility Japan」の代表として、これまでの経験を活かし、モビリティや新テクノロジーに特化したコンサルティング活動を展開している。

⑧ 配車サービス× MaaS & CASE

中国発の配車サービス「ディディ」が信頼を得ることに成功した訳

DiDiとソフトバンクが50%ずつ出資し、設立されたディディ・モビリティ・ジャパン。同社のタクシー配車アプリはすでに全国12都市、310社で導入されている。ディディによれば「同じ走行距離で、実車率と営業収入が上がった」としてタクシー会社から高い評価を得ているという。アプリによってタクシーの生産性を、どのように向上させたのか？　ディディが日本で成功できた理由を探る。

タクシー配車アプリのサービスイメージ

参考：「ディディ・モビリティ・ジャパン」https://didimobility.co.jp/

二〇一八年に日本進出を果たした中国発の配車サービス「ＤｉＤｉ」

アメリカのウーバーと並び称される、世界最大級の配車サービスと言えば、中国の北京に本社を置く「滴滴出行（ディディチューシン）」（以下、ＤｉＤｉ）だ。ちなみに〝ディディ〟とは、自動車のクラクションの音を表現した中国語のオノマトペ（擬声語）である。前身の時代を含めると二〇一二年にタクシーの配車サービスから始まったＤｉＤｉは、その後、一般のドライバーが自家用車で送迎するライドシェアを中国で開始した。さらには都市間バスや通勤バス、ミニバスなどの配車サービス事業を展開し、フードデリバリーも手掛けている。二〇一六年にディディは、ウーバーの中国事業を買収し、中国国内における配車サービス事業者としての地位を不動のものとした。

アプリの登録者は五億五〇〇〇万人以上、一日あたりの乗車数は三〇〇〇万件にも上る。

アメリカの巨大ＩＴ企業四社（グーグル、アップル、フェイスブック、アマゾン）はＧＡＦＡ（ガーファ）と括られるが、同じような括りで中国の巨大ＩＴ企業三社（バイドゥ、アリババ、テンセント）はＢＡＴ（バット）と呼ばれる。ＤｉＤｉはＢＡＴのすべてから投資を受けた唯一の企業としても知られ、いまやＢＡＴの次の世代を担う企業として、中国はもとより世界中で注目を集めている。

「〝ウーバー以前〟と〝ウーバー以後〟があります。ウーバーのやり方はアグレッシブで、ライドシェアの失敗をみんな見ています。いまの事業者、例えばＤｉＤｉさんは最初に日本に来たとき、まずタクシー協会と国交省とタクシー議連の先生方に挨拶に行かれました。『ＤｉＤｉは日本では一切、ライドシェアはしません。タクシーしかやりません』というところから始まって、信頼を得ているのです。非常にうまくやられていますね」

前節で紹介した、元ウーバーの安永は、そう語る。

二〇一八（平成三〇）年九月、ＤｉＤｉは日本に進出した。ソフトバンクと五〇％ずつの出資で、ＤｉＤｉモビリティ・ジャパン（以下、ディディ）を設立したのだ。出資した両社の役割分担として、ＤｉＤｉは日本版アプリの開発を中心的に担う。一方ソフトバンクは、アプリを日本にふさわしい仕様にしたり、利用を促進したりするためのマーケティングや、タクシー会社に対する営業を担当する。

強みは週二、三回のペースで続けられる技術的な改良

日本側のトップとしてディディの副社長に就いたのは、ソフトバンク常務の菅野《すがの》圭吾だ。大学卒業後、ＩＴＪ（日本国際通信）、その後の日本テレコムを経て、現在はソフトバンクで新規事業開発室長も兼任する菅野は、通信領域や新技術に詳しい。ソフトバンクはなぜ、ＤｉＤｉに注目したのか、菅野に聞いてみた。

「開発力が一番の強みですね。すばらしいと思っています。日本の市場でも、その開発力を生かしたサービスを提供できると考えました」

前節で紹介したように、いち早く日本に進出したウーバーが、日本で受け入れられなかったのは、アメリカ流のグローバルスタンダードにこだわったためだった。

ディディ・モビリティ・ジャパン菅野圭吾副社長

ＤｉＤｉは中国で、五〇〇〇人ものＩＴ技術者を擁している。一方、日本側ディディの技術者は約二〇人。人数では比べるべくもないが、日本市場をよく理解しているのは、当然のことながら日本側である。ＤｉＤｉは、ソフトバンク側の知見を容れながら、日本版アプリの開発を進めたのである。

「ベースは一緒のモノを使っていますが、日本特有の部分にあわせた改良が必要です。例えば中国は、日本と違ってタクシー乗り場がありません。しかし日本では、地域によっては決まった場所で乗車しなければなりません」

タクシー乗り場の設定以外にも、乗車地点の改良が行われた。利用者がアプリでオーダーした乗車地点は、運転手からすれば一方通行のため、ぐるりと回り込まないと行けない場所ということもある。その場合、タクシーの到着に時間がかかることになる。そこで活躍するのがＡＩだ。

「ＡＩが過去のデータを元に、例えば、すぐ近くの別の道路で待っていただいたほうが短時間で到着できるという場合、利用者を『こちらへどうぞ』と誘導するのが、われわれのアプリです。こうして短距離を移動していただくと、スムーズに乗車できるのです。これはまだ、他社さんがやられていないサービスです」

サービスの開始当初は、当然のことながら過去のデータがない。そこで最初は、適当な乗車ポイントを手動で設定した。それが、数カ月たってデータが蓄積されてくると、過去の実績をもとに、ＡＩが正確に「おすすめの乗車地点」をリコメンドできるようになる。

利用実績を見てみると、タクシーがリクエストを受けてから、迎車地点に到着するまでの時間は平均で五分以内。さらにタクシーが到着して、客が乗車するまでの時間は、約七割が一分以内で、スムーズに乗車できているようだ。

「よく使われる乗車地点を自動的に、しかも正確に選ぶ。これがビッグデータのなせる技なのです」

より専門的なナビゲーションが欲しいという要望を受けて、ゼンリンの地図も使えるようにした。運転手により良い業務環境を提供するため、運転手の声を随時反映するよう取り組んでいる。

こうした大きな改良以外にも、ユーザーアプリ、ドライバーアプリともに、週に二回から三回のハイペースで様々な改良が続けられている。

「例えばユーザーがアプリを使っているとき、次の画面にスムーズに行けるかどうかをチェックします。もし、そこがボトルネックになっている場合は、ただちに改善します」

ソフトだけでなく、ハードウェアも工夫した。そもそも中国では、ドライバーが自分のスマホを使っている。これに対して日本では、視認性が良くなるよう、画面が大きなタブレットを導入した。というのも、タクシー運転手は高齢化が進んでいるからだ。平均年齢は五八歳。六〇代は当たり前で、七〇代も珍しくない。他社のアプリをスマホで使っている運転手は、配車を受けるためにタクシーを停め、老眼鏡をかけてから操作する人もいる。これでは手間がかかりすぎる。そこで、見やすさを検討した結果がタブレットなのである。タッチボタンの大きさも含めて、日本市場にあうよう改善した。

タブレットだと、後部座席の乗客からも、ルートが見やすいなどの利点がある。

「我々がタクシー会社のサービスにあわせて作り込む」

二〇一八（平成三〇）年九月、ディディは大阪でサービスを開始した。サービスエリアは主に大阪市内と関西国際空港周辺で、当初に利用できるタクシーは第一交通産業グループなど一二社だった。大阪を選んだのは、市場規模が大きいこと、そしてなにより中国からを中心にしたインバウンドの観光客が多いためである。中国でＤｉＤｉのアプリを使っている人は、中国のアプリでそのまま日本のディディのサービスを利用できるのだ。支払いも、中国の決済サービスがそのまま使える。

ちなみにその逆、つまり日本のディディアプリを中国で使うことはできない。「ユーザーから、まだ求められていないので使えませんが、将来的にそうなるとは思います」とは、菅野の弁である。

サービスの開始直前には、ディディの社員全員でタクシー会社に出向き、営業や、運転手向けのトレーニングを行った。いまは、タクシー事業に詳しい営業マンが各地を回り、ディディの採用を働きかける。採用が決まったら、運転手にディディの使い方をレクチャーする。

「タクシー運転手の出勤時間は、朝の四時とか五時から始まります。その時間にあわせて事務所におじゃまします。年配の方が多くて、ガラケーの所有率が八〇％という会社もありました。スマホすら触ったことのない人もいます。そういう人たちに、タブレットの使い方を一つひとつ、丁寧にご案内しています」

同時に、使ってみて不便なところなど、様々な改良点を聞いて、それをシステムに取り入れる。「タクシー会社が我々のサービスにあわせていただくのではなくて、我々がタクシー会社のサービスにあわせて作り込みます」

タクシー配車アプリでは後発組とあって、クーポン券の配布を中心とした各種キャンペーンを積極的に展開しているのも、ディディの特徴だ。例えば、アプリでタクシーを呼んだときの迎車料金を無料にしたり、アプリを初めて使うユーザー限定で一〇〇〇円分のクーポンを配布したりする。一カ月に一度は、いずれかの都市でキャンペーンを実施している。二〇一九（令和元）年九月末から一〇月にかけては全国一斉で、一日一回まで、支払いでスマホ決済のPayPayを使った場合、タクシー運賃を半額に割り引くキャンペーンを実施した。割引の上限は二〇〇〇円。このキャンペーンで、ディディとPayPayが負担した原資は合計二億円である。

こうした様々な努力の成果は、確かに出ているようである。

ディディは、大阪のあるタクシー会社について、導入前の二〇一八年三月と導入後の二〇一九年三月のそれぞれの実績について、比較した結果を公表している。それによれば、走行距離は導入の前後でプラスマイナス〇%と、まったく変わりがない。それでいて、お客さんを乗せた実車率はプラス五%、営業収入はプラス一〇%となっている。会社の規模の大小にかかわらず、効率良く配車できているという。

「タクシー業界は、前年割れが続く会社が多いのですが、ディディを導入して利用者が増加した業者さんからは、『前年割れを加味すると一層の増加だ』と、高い評価をいただいています」

サービス開始から一年後の二〇一九年九月末現在、ディディは全国一二都市の三一〇社でアプリが導入されている。台数がある程度確保できて、ユーザー数も多い都市から順次、展開している。

「サービス開始から平均で月に一都市のペースで展開エリアを拡大しています。利用者を見ると二〇代、三〇代の若いユーザー、特に女性が着実に増えています。スマホユーザーに使いやすいアプリで、キャンペーンが利いていると思います。全国で使えるようになって、ビジネスマンも増えています」

その上で菅野は、今後、提供を予定している乗務員向けサービスとして、タクシー需要の予測を、色の濃淡で地図上に表示する「ヒートマップ」、営業終了直前に帰社ルート上の注文のみを受けるようにする「GoHome」、乗車中のタクシーの乗車完了時間を計算して、次の配車を受けつける「乗車中の配車受付機能」などをあげる。

日本のタクシー配車アプリは戦国時代の真っ只中にある

菅野に、ＭａａＳへの取り組みについて尋ねてみた。

「ＭａａＳの世界では、我々ですべてを賄えるわけではないので、移動を主体とする会社と、一緒につなげていきたいと考えています。実際に、提携の話はいろいろ上がっています。すでにＪＡＬとは、タクシーの空港送迎の割引などのキャンペーンを実施しています。各交通サービスがシームレスにつながることがＭａａＳの完成形だと思いますので、それに向けた取り組みを進めていきたいですね」

菅野はディディについて、「お客さんにとっても、運転手にとっても使いやすく、乗っていてストレスを感じない」アプリだと言う。これもＭａａＳの、ひとつの特徴ということだろう。

日本におけるタクシー配車アプリの陣取り合戦は、戦国時代さながらの様相をみせている。

まず、タクシー会社の取り組みとしては、東京の大手タクシー会社「日本交通」の関連会社が、他に先駆けて二〇一一（平成二三）年一月に「日本交通タクシー配車」アプリ、同年一一月には「全国タクシー配車」アプリをリリースして、スマホを使った配車サービスを開始した。二〇一八（平成三〇）年には「Japan Taxi」アプリにリニューアル。すでに全国四七都道府県で、約七万台が対応し、アプリのダウンロード数は八〇〇万件を超える。

他の東京都内タクシー大手はソニーと合弁で「みんなのタクシー」を設立し、ワンアクションでタクシーを呼ぶことができるアプリ「エスライド」を二〇一九（平成三一）年四月にリリースした。現在の提携は六社。東京都内では一万台以上が対応する。

これに対して、外資では先述したウーバー、そしてディディが、配車システムに関する経験と技術力を売り物に日本市場に参入した。

ＩＴ系では、ＤｅＮＡがＭＯＶ（モブ）というアプリで対抗する。そのライバル関係にあったＤｅＮＡと日本交通が、タクシーの配車アプリ事業を二〇二〇（令和二）年四月に統合すると、同年二月に発表した。この結果、新グループで配車可能な車両は約一〇万台となる。国土交通省が二〇一八（平成三〇）年三月現在でまとめた全国のタクシーは約二一万九八〇〇台だから、ほぼ二台に一台のタクシーが該当するという大グループが発足することになる。次はＤｅＮＡの取り組みを見てみたい。

IT 企業× MaaS & CASE

⑨ 大手 IT 企業の DeNA が始めた２つの事業、ライドシェア「エニカ」と配車アプリ「モブ」

「アズ・ア・サービス」の世界をよく知る DeNA は、来るべき自動運転の時代を念頭に置きながら事業を展開している。駐車場に停められたままの自家用車を活用する「エニカ」、そして利用客と運転手をダイレクトにつなぐタクシー配車アプリ「モブ」の２つの事業が生まれた背景、そして今後の展望は――。

配車アプリ・モブのプロジェクトのひとつ「０円タクシー」

提供：DeNA

モバゲーで知られるＤｅＮＡ、なぜオートモーティブ事業に？

ＳＮＳ（ソーシャル・ネットワーキング・サービス）のモバゲーで知られる「ディー・エヌ・エー」（以下、ＤｅＮＡ）は、主力事業が、スマホで楽しむモバイルゲームの開発と配信で、売り上げ全体の七割を占めている。クリエイティブな仕事をしている人が多いためだろう。渋谷ヒカリエの本社に出入りする人たちは、みなラフな服装で、自由な雰囲気だ。二〇一一（平成二三）年にはプロ野球の横浜ベイスターズを取得し、ゲームをしない層にも一気にその名が知れ渡った。

ちなみに、ＤｅＮＡという名前の由来は、遺伝子情報を伝達するＤＮＡと、電子商取引のｅコマースを組み合わせたもので、「インターネットとＡＩを使った事業を世の中に広めて、喜びと驚きを届けるというミッション」を掲げている。

プロ野球のオーナー企業で、すでに大企業ではあるのだが、創業は一九九九（平成一一）年という、まだ若い会社であり、ＩＴベンチャー企業のはしり的存在である。

特に若い人の間でＤｅＮＡの知名度が上がったのは、携帯電話の普及に伴って、モバイルゲームのオープンプラットフォーム「モバゲー」が人気を博してからである。ユーザーはソフトウェアを購入して保有するのではなく、インターネットを通じて、ゲームなどのサービスそのものを利用する。つまりＤｅＮＡは、「アズ・ア・サービス」の世界をよく知っている。ＭａａＳとも相性がいいのである。

ＤｅＮＡはゲーム以外の新たな取り組みとして、三事業を掲げている。ひとつはヘルスケア、ひと

DeNA 中島宏常務

つがスポーツ、そしてもうひとつがオートモーティブ（自動車）である。なぜゲーム会社が自動車事業に取り組むのだろうか。それには、ＤｅＮＡでオートモーティブ事業本部長を務める常務、中島宏の個性が強く関わっている。まさに「事業は人なり」である。

一九七八（昭和五三）年、埼玉県所沢市で生まれた中島は、東京の大学に進学すると、理学部で「生物物理学」という学際領域を専攻した。その頃、アメリカでヒトのゲノムがすべて解析されたというニュースが流れ、中島は強い関心を持った。ゲノムとは、ＤＮＡのすべての遺伝子情報のことである。製薬会社はそれを製薬に活かしていく。しかし大学の研究室では、反応が鈍い。

「大学は、自分の興味や関心と異なっていると感じました。私は理学そのものを追求していくというより、技術をどう世の中に適用し、ビジネスに活かしていくかに進もうと思いました」

中島は、中小企業向けに新規事業を提案するコンサルティング会社に入った。しかし、自身で起業したいという思いがあった。そのためには、事業家の経験を積む必要があると考え、転職先の条件を三つ考えた。ひとつは新規事業を手掛けられること。ひとつは変化の激しい業界であること。そうでなければチャンスがない。最後に、お手本になる優秀な人がたくさんいる会社。これらの条件を満たした会社が、二〇〇四（平成一六）年に入社したＤｅＮＡだった。

自家用車の九七%は駐車場に停められたまま

最初の一年で大手都市銀行と一緒にジョイントベンチャーを立ち上げた。それは得難い経験だった。

「そろそろ起業しようかな」

辞める準備をしていたら、創業者の南場智子に、「新規事業の企画をやってみないか」と引き留められた。

そこで中島は、「広告営業をやらせてほしい」と提案し、一年間で成果を出した。そろそろ独立しようと思ったら、こんどは新規事業担当の執行役員に指名された。その頃ゲーム事業でモバゲーが大ヒットし、日本最大級のモバイルサイトへ成長していた。

「私の仕掛けていた新規事業は全部たたんで、いよいよ辞めようとしたら、社長室に呼ばれ、『次の担当は人事』と言われました」

事業を通してだけでなく、人を通して会社を見るという経験は、中島のキャリアの幅を広げた。

会社としてはメインのゲーム事業の他に、ヘルスケア事業とスポーツ事業を展開していた。しかし、主力のゲームアプリは、人気の変動が激しく、売り上げが安定しない。そこでもうひとつ、新たな会社の柱となる事業を立ち上げたい。白羽の矢が立ったのが、中島である。しかし、経験を重ねて視野が広がってきた中島は、手段としての起業に、あまり魅力を感じなくなっていた。

「収益性のあるビジネスということだけではなく、『世のために何を成し遂げられるのか』ということも重視させてもらいます」

その条件で、中島の新しい挑戦が始まった。ＤｅＮＡという会社の面白いところは、大企業になっても、会社を立ち上げた当初の、チャレンジングな姿勢を失わないところである。

その頃は、農業やセキュリティ産業、さらには宇宙開発も注目されていた。しかし中島の選んだのは、交通事業だった。

「日本社会にとって、根本的な課題といえば交通だと思ったのです」

人手不足でタクシーやバス、トラック、鉄道の運行があちこちで廃止されている。高齢者の交通事故が社会問題となっている。移動手段を奪われた買い物弱者が増えている。都市部では道路が渋滞し、公共交通機関は慢性的な混雑が続いている。一方で自家用車の稼働率を調べてみると、平均で三％にとどまっている。つまり九七％は駐車場に停められたままという実態が明らかになった。中島はこうした社会課題を、インターネットやＡＩの利用によって解決することが可能ではないかと考えたのだ。

お隣の中国は、日本より一〇年遅れで超高齢化社会がやってくる。日本で事業が成功すれば、それを海外に輸出することもできる。

「われわれはモビリティのアプリを作って、タクシーを検索したり、オーナーとドライバーをマッチングしたり、需要予測をしたり、管理決済をしたりするシステムを作るサービサーとして参入しました。いろんなものを統合するＭａａＳ事業者なのだと思います」

そのうえで中島は、ＭａａＳ事業の将来を、次のように展望する。

「モビリティサービスを考えたとき、カーシェアでは車を提供し、タクシーは運転手と車を提供します。やがて自動運転の世界になると、レンタカーやカーシェア、タクシーの垣根がなくなって、すべてがひとつのサービスになるのです」

そんな将来像を念頭に置きながら、中島は着実に事業を展開する。

車のオーナーと利用希望者を仲介する「エニカ」

二〇一五（平成二七）年九月、ＤｅＮＡは個人間カーシェアサービスの「Ａｎｙｃａ」（以下、エニカ）を開始した。車のオーナーと、車を利用したい人を、インターネットで仲介してマッチングするプラットフォームがエニカである。その頃はまだ、ＭａａＳのマの字もない時代である。人びとの間で、個人の車をシェアするという発想がなく、自動車メーカーの関心は薄かった。

「最初はモビリティの大きな庭の中の、かなりはじっこのほうで、ちょろちょろ遊んでいる程度の認識しか持たれていなかったと思います。ただ、インターネット関連って、最初はそんなもので、一部のマニアが騒いでいるところから始まるのです。マニアがキャッキャと騒いでいると思っていたら、もう越えられない規模になってしまって、気づいたころには代替不可能になっている」

しかし、立ち上げた当初はきびしかった。そもそも、社内でトップの強い反対にあった。「収益性のあるビジネス」であるどころか、どう見ても赤字必至と思われたからだ。

「南場にエニカの企画を持って行ったとき、三回くらい却下されました」

最初は、「流行らないと思う」。次は、「こんなの、誰も使わないと思う。なぜなら、私は自分の車を人にシェアしたくないから」。最後には、他の役員に向かって、「みんなもシェアしたいと思わないでしょ」とまで言われた。それでも中島は、提案し続けた。

「海外では、シェアリングがじわじわと広がっていて、日本は遅れているだけという感覚がありました。本質的には、シェアリングエコノミーって、遊休不動産とか遊休資産の活用が本質なので、社会における遊休財の規模が大きければ大きいほど、大きな産業になり得るのです。日本で乗用車は、六〇〇〇万台が登録されています。しかし、二四時間で換算すると三％しか稼働していません。これは、明らかにおかしい。その非効率は、解消の方向に絶対向かうはずです」

二四時間換算で三％とは、四三分である。確かに各種調査でマイカーの稼働率を見てみると、三〜四％、つまり一日あたり一時間程度しか使っていないという報告が多い。片道三〇分の通勤で往復一時間、休日の買い物を加えても、うなずけるデータである。

クルマ社会のアメリカでさえも、マイカーのシェアリングが、大きな動きとして始まっていた。では中島は、南場をどのように説得したのだろうか。

「これはDeNAの文化なのですが、どの役職者の意見だとしても、あくまでひとりの意見です。『一〇〇人のうち、南場さんを含めて九八人が使わなくても、ひとりかふたりが使ってくれれば、十分な市場規模になります。南場さんが使わなくても、大丈夫です』と、データで説得しました」

法律という壁が立ちはだかった

社内は説得した。これでスムーズに事が運ぶかと言えば、そうではない。国という厚い壁が控えていた。日本の法律に、マイカーのシェアリングを規定する条文がなかったからだ。

「そのような概念が法律にはないから難しいです」

国土交通省の担当者は、難色を示した。

「どうしてもマイカーをシェアに出したいのなら、登録免許税を払ってレンタカーの事業者登録をした上で、ナンバーを〝わ〟ナンバーにして、一年に一度車検に出してください」

国は、道路運送法八〇条による許可を前提に、レンタカーと同じ法律で規制しようとしたのだ。そんなことをしたら、カーシェアの手軽さがなくなってしまう。

確かに広い意味では、カーシェアもレンタカーの一種である。一九八〇年代にスイスで学生や若者が資金を出し合って車を共同で購入したのが始まりとされ、その後一九九〇年代になってアメリカでも広まった。カーシェアにはふたつのタイプがあり、クルマを所有する個人が使いたい人にシェアするタイプ、もうひとつはシェア事業者が会員を募って運営するタイプだ。

中島は毎週のように役所に通い、あちこちで調べものをするうちようやく目指す資料を探し当てた。

道路運送法七九条で以前は、「自家用自動車の共同使用」が規定され、国土交通大臣の許可が必要とされていた。当時は、複数の事業所が従業員の送迎を共同で実施したり、幼稚園バスをスイミングスクールの送迎に利用したり、マンションの住人が共同で車を購入する場合などを想定して認められていた制度だ。なぜ規制されていたかと言えば、「有償貸渡事業認可の脱法行為」、つまり違法なレンタカーとして使われることを懸念しての措置だった。しかしレンタカー事業の参入規制が緩和された結果、共同使用の規制が必要なくなったとして、二〇〇六（平成一八）年に廃止されたのだ。

「『カーシェアって、十数年前にあった共同使用という概念じゃないですか』と聞いたら、法律の専門家である国交省の方も、『確かに、そうですね』と認められて、『昔、規制緩和した共同使用という概念の中に収まるのであれば、やってもらってもかまいません』ということになったのです」

エニカの会員規約では、サービスの内容について、「当該自動車の取得及び維持に必要な実費等を共同で負担し、その使用及び管理に関する実質的な権限と責任を分担することを前提として、共同の使用について定めた契約（以下、「共同使用契約」といいます。）を締結し、自己の欲求充足のために主体的な立場において自動車を共同使用するためのプラットフォームサービスです」と謳っている。「貸し出す」のではなく、あくまで「共同使用」であり、狭義のレンタカーではないという前提だ。

そのことも踏まえてエニカでは、車の所有者をオーナー、利用者をドライバーと呼んでいる。

十数年前の共同使用がどういう概念だったのか。それにあわせて、ドライバーが守るべきこと、プラットフォームがすべきことなどをすべて規約に盛り込み、日本版のカーシェア、法的に言えば「車の共同使用」を具体化させた。

二〇一五年に始動したカーシェア事業の利用実態

社内をクリアし、国に納得してもらったあと、次はクルマをシェアしてくれる人探しである。

「最初にクルマをシェアに出すって、一〇〇人にひとりの超先端的な人なのです。そんな先端的な人たちを探し出し、口説いて回りました」

話題作りをしようと、当時はなかなかいなかった、アメリカの高級電気自動車、テスラの所有者を探し出し、『お持ちのテスラを出してもらえませんか』と、一人ひとり説得してまわったりもした。

いまは、エニカのオーナーを希望する人も増え、説明会が定期的に開かれている。カーシェアというシステムは、個人的な維持費削減になるのみならず、ドライバーは本当に必要なときにしか車を使わないため、全体的な交通量が減って、交通渋滞や駐車場不足の緩和、公共交通の活性化につながり、さらには大気汚染対策や石油資源保護にもつながると期待されている。

ドライバーにとって、エニカの使い方は簡単だ。使用する日程などの予約はすべて、エニカのアプリで行う。喫煙やペット同乗の可否は、オーナーが決める。

車の受け渡しは、オーナーのところに行く場合もあるが、駅での受け渡しが一番多い。

利用実績のランキングも出る。オーナーがドライバーを評価する。使い方の悪い人は評価が下がるのだ。オーナーはレビューを見て、星の少ない人からの申し込みを断ることもできる。

気になる〝共同使用料〟は、オーナーが設定する。ただしルールがある。車の購入金額や購入時の走行距離、年間維持費を入力すると、車に設定できる共同使用料の上限が決められ、それより高い料金は設定できない仕組みになっている。使用期間は最短でも二四時間で、一日単位で設定する。その範囲内でオーナーが決めるのだが、二〇一七（平成二九）年度のまとめでは、休日の設定金額で五〇〇〇円以下が三七・五％、五〇〇〇円から八〇〇〇円が三八・二％で、八〇〇〇円以下が四分の三を占める。これに保険料が上乗せされるが、利用が一日単位であることも考えると、割安なイメージだ。エニカによるオーナー収入は、東京の月平均で二万五〇〇〇円ほどになるという。自分が使わない時間を〝共同使用〟してもらう仕組みだからオーナー、ドライバー共にウィンウィンの関係となる。

DeNAのビジネスモデルは、エニカのプラットフォームによるマッチングであり、オーナーが共同使用料の一〇%を支払う。決済機能やコールセンターなどは、ゲーム事業で培った同社の持つシステムをそのまま流用する。

二〇一九（令和元）年五月時点で、登録車両は八〇〇〇台。車種は七〇〇以上で、この中には、BMWi8、ポルシェ911、日産GT－Rなど、新車価格が二〇〇〇万円前後の超高級車や、一九五六年式のジャガー、一九六六年式のフォードマスタングなど、ヴィンテージカーも含まれており、共同使用料の設定金額は、一日五万円を超える車もある。

「高級車のオーナーが登録される場合は、車好きの人とつながりたいとか、自分のクルマの魅力を自慢したい人が多いですね。もうひとつは、維持費を軽減できますから、シェアを前提に、ワングレード、ツーグレード上のクルマを買う人もいらっしゃいます」

登録会員は二五万人。年齢別には、二〇代前半を見てみると、ドライバーが一七%なのに対し、オーナーが七%なのはうなずける。しかしその他の年代は、ドライバー、オーナー共に特に偏りなく利用されている。

エニカ以外にも様々な形のカーシェアがある

エニカに続いて、ＮＴＴドコモや、旧ガリバーのイドムなどが、個人間のカーシェア事業に参入しているが、この分野ではエニカの実績がナンバーワンである。

ちなみに、個人間のカーシェアを行う際の根拠について、エニカとは違う考え方をとる会社もある。その会社は自社のサイトについて、「出品者が保有する自動車の貸出可能な日時、出品者の自動車に関する情報、出品者に関する情報、および出品者との独占的交渉権」を売買する場だとしており、「実際の自動車の貸し借りを無償で行って頂く限り、レンタカー業にはなりません」と説明している。

個人間のカーシェアのほかに、タイムズカーシェア、オリックスカーシェア、三井不動産系列のカレコ・カーシェアなど、企業が月会費をとって会員に貸し出すカーシェアもある。こちらのカーシェアは、レンタカーとして登録された車を使っている。エニカと違って最少貸出時間が一〇分や一五分など短いことが特徴だ。車が空いていたらその場ですぐに使える手軽さが受けて、日常の足として利用する人が増えている。

エニカでオーナー登録しているという三〇代の男性に話を聞いてみた。

「私は自宅に近い駅前を受け渡しの場所に設定しています。返却時に傷がないかどうかの確認をします。事故が心配でしたが、丁寧に使ってもらっているようで、いまのところ問題はありません。シェアしている車は人気車種なので、みなさん喜んで下さいます」と話し、満足している様子だった。

好評のエニカだが、採算ラインにはまだ乗っていない。

「このタイミングはまだ、投資段階です。水道や電気を通すとき、すぐに黒字となるわけがありません。私たちはライフスタイルや、社会システムを変えようとしています。将来的には、インフラになる事業だと思っています」

二〇一九（平成三一）年三月には、〝三メガ損保〟の一角であるＳＯＭＰＯホールディングスと合弁会社DeNA SOMPO Mobilityを設立して中島が社長に就任し、個人間カーシェア事業にさらに力を入れている。

倍率六〇倍以上の「〇円マイカー」の仕組み

二〇一九（令和元）年夏、エニカでキャッチーなサービス、「〇円マイカー」が始まった。「〇円マイカーオーナー募集」の宣伝が目を惹く。貧乏性の私は、「タダで車がもらえるのか」と一瞬思ったが、実際の話は、駐車場を提供し、管理を任された車を条件つきで一定回数、無料で利用できるというシステムだ。

エニカの基本は個人間でのシェアリングだが、〇円マイカーの場合、車の本当の所有者は、新しく設立された合弁会社DeNA SOMPO Mobilityである。レンタカー登録された車が、オーナーに貸与される。オーナー側に求められるのは、駐車場の提供、そして洗車やガソリン補給などである。ただし洗車と言ってもガソリンスタンドの洗車機を使えばいいし、洗車も給油も専用のクレジットカードを使う。自前の駐車場がない場合、付近の駐車場を借りるという選択もある。車は、エニカのカーシェアで利用される。オーナーにとってのメリットはと言えば、駐車代相当額がエニカのカーシェアで利用できるポイントとして付与されることだ。さらに、エニカのカーシェアで利用があった場合、その使用料の一〇％がポイントとしてオーナーに付与される。オーナーは、それらのポイントを使って、車を利用できるのだ。オーナーの特典として、一般のドライバーが予約できる期限の一週間先の日付まで、自分の管理している車を予約することができるようになっている。

〇円マイカーは都内九区を対象に一五台から提供を始め、オーナーを徐々に増やしていくことを検討している。ちなみに第一次応募者は、一〇〇〇人以上に上った。

このうち、幸運にもオーナーに選ばれた五〇歳の男性に、感想を聞くことができた。男性がオーナーに選ばれた理由は、カーシェアのニーズが高い場所で十分な広さの自宅駐車場を持っていたことが決め手である。貸与された車は、オフロードタイプのメルセデス・ベンツGクラスだ。以前はゲレンデヴァーゲンと呼ばれていて、クルマ好きには垂涎の的だ。世界中の芸能人やスポーツ選手に人気のモデルである。

男性が応募した理由は、「子どもも大きくなり、車に乗る頻度も少なくなって来ていたところ、〇円マイカーの存在を知り、興味のあった車種もあったので応募しました」と言う。高級オフロードタイプなだけに、アウトドアのレジャーやドライブに利用している。「自宅駐車場なので、すぐ乗れるだけでなく、お金もかけずに高級車に乗れるメリットは大きい」とのこと。無料でGクラスを乗り回せるのはうらやましい限りだ。

オーナーは一般のドライバーより先に予約が可能だし、エニカで多くのドライバーに乗ってもらうのは、車のコンディション維持のためにもいい。加えてオーナーは、ポイントをゲットできる。洗車や清掃はオーナーであれば普通にすることであり、高級車が自宅の敷地内にあることを考えれば、〇円マイカーという表現も、あながち的外れではないように思えてきた。

一般のエニカに比べて〇円マイカーの良いところは、他にもある。車には受け渡しの専用機器が取りつけられ、ドライバーは自分の運転免許証をカードリーダーにかざすだけで、ロックの施錠と解錠ができるのだ。車の受け渡しにオーナーが立ち会う必要がなくなり、オーナーの負担は大幅に軽減される。〇円マイカーの契約期間は六カ月間で、特に問題がなければ自動更新される。

中島は、〇円マイカーについて、「採算ベースにばっちり乗ります」と自信を見せる。

「エニカをやってきて、どこの地域にどういう年式のどういう車種の車を置くと、どのくらい利用があるのか、もうわかっています。そうすると、その土地に駐車場をお持ちで、利用率の高い車を希望される方なら、オーナーが乗らないときに稼いでくれる金額でペイします」

ＤｅＮＡは、ＳＯＭＰＯホールディングスと新たにもうひとつ、合弁会社を設立し、マイカーリース事業も開始した。定額制のサブスクリプションモデルで、新車を自由に選べるうえ、エニカのカーシェアに登録して、オーナーの負担軽減を図ることもできる。

日本発のタクシー配車アプリ「モブ」

二〇一八（平成三〇）年四月、ＤｅＮＡは神奈川県で、ＡＩを使ったタクシーの配車アプリ事業に参入した。参入当初の名前は「タクベル」。「タクシーを呼べる」という意味である。

システムの特徴は、タクシー利用客のスマートフォンと運転手の端末が直接つながることである。

他社の配車アプリでは、客からのリクエストを、従来型の有人オペレーターシステムにつなぐ場合もあるが、タクベルは人を介さず、そのままシステムが最適な配車を行う。加えてタクベルは、タクシーメーターと連動して、実車か空車かがリアルタイムで反映されるため、電話で配車の依頼を受けたオペレーターが、空車の確認をするのにも役に立つ。

一方、利用客のスマホ上では、迎車中の車両の位置がリアルタイムに確認でき、迎車の目安時間も表示される。タクベルでタクシーの予想到着時刻を事前に確認した上で、指定の場所へタクシーの配車を依頼することもできる。

ＤｅＮＡの儲けは、基本のシステム使用料に、配車回数に応じた手数料が加算される。

同年一二月には「ＭＯＶ（以下、モブ」という名前にリニューアルし、東京都内でもサービスを始めた。MOVE（移動）から、Extra（余分なもの）の「Ｅ」を取り除くことで、より快適な移動を提供したいという思いが込められている。それはタクシーだけでなく、交通全体を効率化するという視点を強く打ち出すためだった。

神奈川では、県タクシー協会の推奨アプリに採択され、県内で約半数の八二社、五五〇〇台に導入されている。東京では一〇社、四〇〇〇台に導入されており、東京と神奈川では、あわせて約一万台のタクシーがモブに対応している。

神奈川のタクシー最大手「平和交通」で、本社と同じ建物に同居する関内営業所次長の有本巧に、導入の経緯などを聞くと、侃々諤々の議論があったという。

「ＤｅＮＡさんがどうこうということではなく、『神奈川県のタクシーインフラを、民間の一社に預けてしまっていいのか』というところは、正直ありました。自社で開発する案もありました。おっかなびっくりで参加しましたが、配車件数が右肩上がりです。うちでやっていたら、こうまでうまくいかなかったでしょうね」

それまで駅で待機する運転手の中には、無線配車を取らなかった人もいた。駅に戻れば必ず客がいるので、下手に住宅街に入って迎えに行くよりも、「行って帰ればいい」という運転手も多かったのだ。しかし帰りは空車なので、実車率が五〇％を超えることはない。

「それがアプリ導入で、戻る途中にお客さんを拾えるのです。やってみたら、思ったほど面倒ではありませんでした。というより、おもしろいようにお客さんが増えるのです。ついでに、従来あった無線による配車も取り始めました。仕事の仕方が、如実に変わりました」

モブには二〇一九（令和元）年一二月、ＡＩを活用した「お客様探索ナビ」が搭載された。流しのタクシーが過去に利用客をピックアップした地点のデータに加え、運行中のタクシーから収集する道路交通情報、公共交通機関の運行状況、イベントや商業施設など人の集まりそうなポイントに関する情報、加えて雨や雪など天候も加味して解析し、各運転手の現在地にあわせてリアルタイムで、客を拾えそうな走行ルートを推薦する。同じルートを走るタクシーが多くなり過ぎないよう、調整もする。

実証試験が行われた平和交通で、その成果を聞いてみた。

「経験が一年未満で、まだノウハウがあまりない運転手に試してもらっていますが、一定の効果は出ています。新人の中には、他の人より多く走っているのに、売り上げがベテランの半分しかないという、努力が実を結ばない方が、少なからずいます。そういう方にとっては、セイフティネットになると思います。少なくとも、会社から文句を言われないところまでは到達してくれます」

これからデータが大量に蓄積されていけば、さらに精度は上がるだろう。

いずこも同じだが、特にタクシー業界は、運転手の高齢化が進み、人手不足が深刻である。「ＡＩが支援してくれるから、大丈夫です」と言うことができるようになれば、人材の確保にも役に立つと期待されている。

ベテラン運転手だった有本は、モブの活躍ぶりを見て、時代の変化を痛感するという。

「いいとか悪いとかじゃなく、なによりアプリのユーザーが増え続けています。最初は事業者が熱を入れていたはずなのに、ユーザーのほうが増えてきて、逆に事業者が置いて行かれないよう、必死に追いかけているというのが現状です」

ＤｅＮＡに対しては、配車アプリ時代を見越した対応と、レスポンスの速さを称賛する。

「ブラッシュアップしたら、効果はもっと上がります。タクシー会社はいろんな業者さんとつき合うのですが、ＤｅＮＡさんは、問い合わせに対するリアクションがものすごく速いのです。しかも、信用できる。こちらも、なんとか応えたいという気持ちになります」

モブのサービスエリアは神奈川と東京に続いて、大阪と京都、兵庫に広がっている。

人気が出すぎて苦情にもつながった「０円タクシー」の潜在力

「移動の『あったらいいな』を次々と現実に置き換え、多様なシーンにあった選べる体験を提供していく」

モブへのリニューアルにあわせてスタートした〝プロジェクト・モブ〟のキャッチフレーズである。第一弾として、二〇一八（平成三〇）年一二月、約一カ月間にわたって行われたのが、「〇円タクシー」だ。その狙いを、中島は次のように説明する。

「企業とタクシーと人とをうまくマッチングすると、企業がスポンサーとなって、運賃の割引ができます。それが一割引きとか二割引きとかではインパクトがないので、振り切ったところからやりましょうというのが〇円タクシーです」

スポンサーは日清食品。車体にはカップ麺の写真とロゴが大きくプリントされ、まさに〝走る広告塔〟である。

配車可能エリアは都内の渋谷区、新宿区、中央区、それに千代田区で、運行可能エリアは二三区全体である。期間中は五〇台の〇円タクシーが運行された。迎車料金や有料道路の通行料金も含めて目的地までの運賃は、スポンサーとモブが支払うため、乗客の料金は無料である。年末には年越しそばとして「どん兵衛天ぷらそば」がプレゼントされた。

人気を呼んだのは良いのだが、人気が出過ぎて、「呼んでも乗れない」という苦情が続出する事態となった。普通にモブで呼ばれたタクシーが、「なんだ、〝ゼロ円〟じゃないのか。それじゃあ乗らない」と、断られる事態も起きた。

「乗務員さんに、すごくご迷惑をおかけしました。その後も、スポンサーになりたいという企業や、やりたいタクシー会社もたくさんあるので、もう少し体制を整えてから、またやりたいですね」

中島の狙いは、地域の企業や店舗、飲食店、病院や公共施設という様々なポイントと、人とをマッチングさせることで、新たなビジネスモデルを生み出すことにある。レストランの予約で、タクシー料金をレストランが負担すれば、それは〇円タクシーだ。

「横のＭａａＳというか、マルチモーダルなＭａａＳは、いろんな事業者さんが積極的にやられればいいと思います。我々は、ＭａａＳの垂直統合を狙っていきたいのです。交通サービスが変わると、周辺サービスも変わってきます。駅から離れた郊外の土地が価値を持つ可能性もあります。交通分野×飲食だったり、交通分野×不動産みたいな、ＭａａＳを踏まえた〝ビヨンドＭａａＳ〟に新たなビジネスチャンスがあるのではと考えています」

中島がいま、注目しているのは、エネルギー産業を軸とした縦のＭａａＳだ。これから車がＥＶ化すると、動く大型電池が街中に、しかも大量に存在することになるからだ。

「将来的に、モビリティ業界とエネルギー業界の融合が起こる。そのとき、こちら側がネットワーク化されていないと、営業活動ができません。そして、ネットワーク化こそ、インターネット企業の強みとするところなのです」

ライフスタイルや社会システムを変えるほどのインパクトがあるのは、縦方向のＭａａＳだと、中島は考える。そのために使いやすいモビリティがタクシーであり、カーシェアだ。移動の自由度が高く、様々なサービスと整合性がとりやすいからである。中島が〇円マイカーや〇円タクシーを仕掛ける狙いは、そこにあったのだ。キャッチーなフレーズの裏には、モビリティを通じて新しい時代の構築を目指そうとする中島の強い意志が隠されている。

⑩ 相乗り× MaaS & CASE
乗客マッチングサービスの「ニアミー」がタクシーの潜在能力を最大限に引き出す!?

道路運送法で違法とされてきた〝相乗り〟とは見なされない〝相乗り〟事業を展開するベンチャー企業がある。ニアミーだ。タクシーの輸送力を従来の６倍以上に高める可能性があるというその事業は、同じような方向に行きたい人同士を乗車前にマッチングするというシステムである。新たにタクシー会社も参入を検討している相乗り事業の展望は――。

「ニアミー」利用時のキャッシュフロー

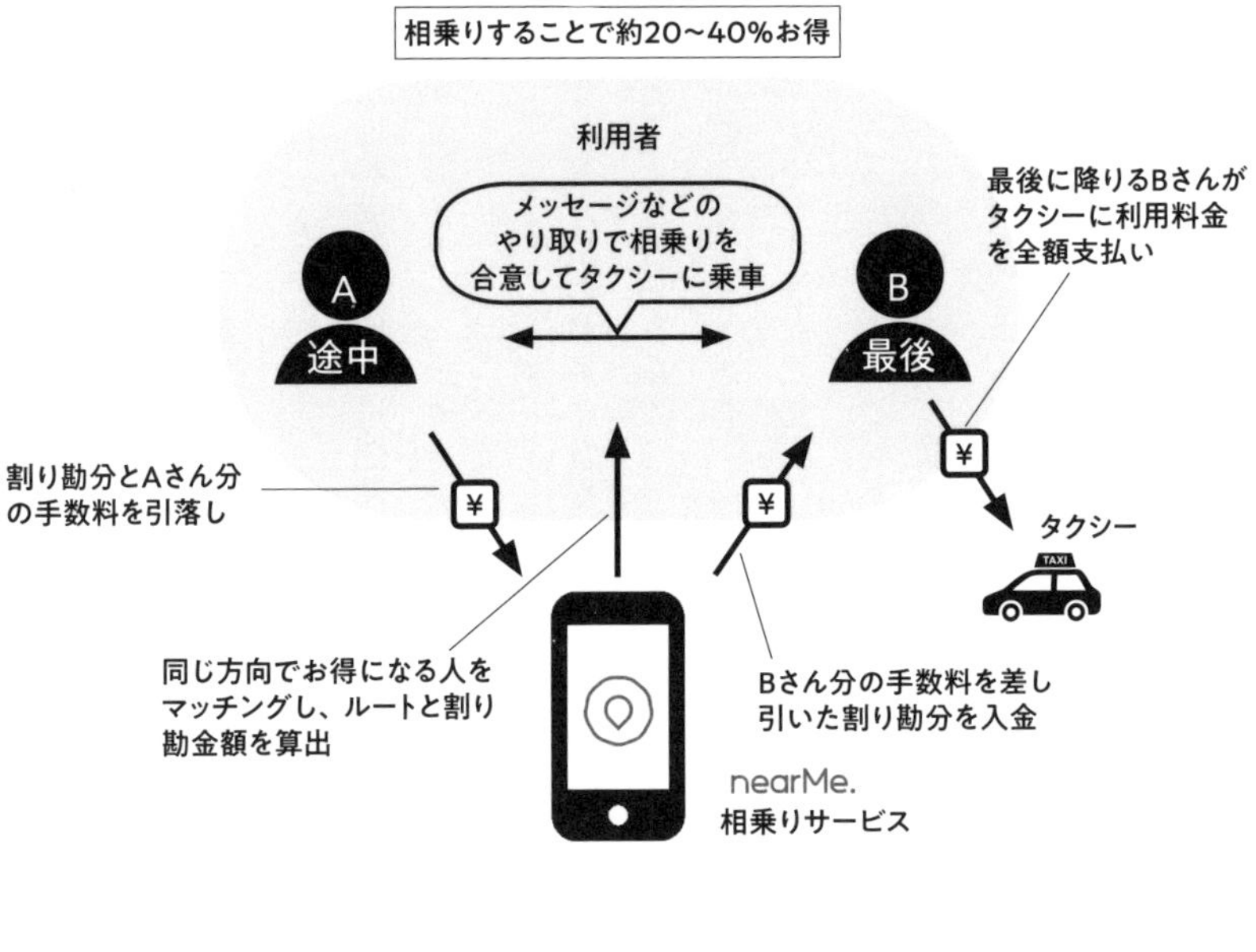

相乗りすることで約20～40%お得
利用者
メッセージなどのやり取りで相乗りを合意してタクシーに乗車
A
途中
B
最後
最後に降りるBさんがタクシーに利用料金を全額支払い
割り勘分とAさん分の手数料を引落し
¥
タクシー
TAXI
同じ方向でお得になる人をマッチングし、ルートと割り勘金額を算出
Bさん分の手数料を差し引いた割り勘分を入金
nearMe.
相乗りサービス

タクシーを有効活用すれば、輸送力は六倍以上になる

アメリカのウーバーや中国のＤｉＤｉなど、マイカーを利用したライドシェアは、タクシーに代わる新しいモビリティとして、利用者の選択肢を増やしている。従来のタクシーに対して不満を抱いていたり、台数制限があってタクシーが足りなかったりする地域の人たちに、ライドシェアは受け入れられた。すでに「営利型ライドシェア」を従来のタクシーとは別に、「オンライン予約タクシー」として許可している国も多い。

一方、日本では、ライドシェアは白タクとして禁じられている。

全国のタクシーとハイヤーは、二〇〇七（平成一九）年の二七万台をピークに、徐々に減って、二〇一七（平成二九）年で約二三万台である。小泉政権下での規制緩和で台数が増えた。しかし、競争の激化でタクシー運転手の労働環境が悪化し、「タクシー事業適正化・活性化特別措置法」が施行されて、特定地域では台数が制限されるようになった。タクシーの台数が増えない中、インバウンド客の増加もあって、タクシーは不足するようになっている。

「終電や終バスを逃してしまったが、タクシーは料金が高い」

「早く移動したいが、急な事故や悪天候でタクシー待ちの行列を見ると絶望する」

「イベントなどに行くためターミナル駅まで便利に移動したい」

そんなとき、どうすれば良いだろうか。

いまあるタクシーを、もっと有効に活用すれば良いではないか。そう考えたのが、タクシーの相乗りアプリを展開するＮｅａｒＭｅ（以下、ニアミー）社長の高原幸一郎だ。

ニアミー高原幸一郎社長

「タクシーの実車率、つまり走行距離全体に対して客を乗せて走っている営業走行の割合は、平均で四〇％台です。しかも、客はひとりしか乗っていない場合が多い。フルに客が三人乗るとすれば、単純に計算しても輸送量が六倍以上になる可能性がある。ポテンシャルは高いのです。業界全体としても、少ないドライバーで、より多くの人を運ばないといけない。ドアtoドアを担っているタクシーを最大限活用するためには、相乗りが一番有効な手段なのではないか、というのが私の立てた仮説なのです」

グーグルにはできないことをやりたいと語る〝元楽〟が始めた「ニアミー」とは

元楽《もとらく》という言葉がある。ＩＴ企業大手の楽天を退職した人たちのことで、その活躍ぶりが近年、注目を集めている。何を隠そう、高原も、その元楽のひとりである。

アメリカの大学院を卒業後、二〇一二（平成二四）年に楽天に入った高原は、物流事業の立ち上げや、海外Ｍ＆Ａ案件プロジェクトなどを手掛けた。楽天グループではインターネット販売の「ケンコーコム」執行役員、さらにアメリカで電子書籍系の会社の副社長、フランスの会社のCEO（最高経営責任者）などを歴任した。

「グーグルにはできないことを、やりたいと思っていました。グーグルで検索するということは、目的がある程度絞られていることが前提ですから、自分の志向の中でしか情報を得ることができません。しかし、発見とか驚きは、どちらかと言えば受動的なものだと思うのです。インターネットを使いながら、そういう情報にアクセスできれば、もっと便利で楽しくなると考えました」

楽天の仕事はやりがいがあったが、会社にとって優先順位の高い仕事が割り振られる。

「楽天でやろうと思っても、半年先に自分が何をやっているのか、わからないような感じです。だから、自分でやった方がいいと思ったのです」

そんな高原が最初に選んだ事業が、タクシーの相乗りだった。海外に赴任していて、観光地を訪ねてみたりしたが、ライドシェアの使えない地域では、行きたい観光地に行けない人たちがいた。日本で高齢者は、免許返納後の移動手段が課題となっている。日本では、特に終電や終バスを逃すと、タクシー乗り場に長蛇の列ができる。

「需給のバランスが崩れるときがある。こうしたドアtoドアの問題はたくさんありますが、現実を担っている事業者はタクシーなのです」

日本では法規制の関係で、ウーバーのモデルが使えないことはわかっていた。一方でウーバーには、「ウーバープール」という相乗り型の配車システムもある。そもそも自身の経験で、深夜に駅を出てタクシー待ちをしながら、「同じ方向に行く人がまとまって乗ることができたら、もっと早く帰れるのに」と、ずっと思っていたのだ。

「いまある資産を活用しながら、ウーバープールのモデルを掛け合わせると、日本ではタクシーの相乗りができるのではないかと考えました」

二〇一八（平成三〇）年一月、楽天を辞めた高原は、かねてから知り合いだったエンジニアの細田健二を誘って、ふたりでニアミーを設立した。細田はソフトウェアの販売などを手掛けるスタートアップ企業で技術責任者を務めていたが、「これからはリアルタイムの位置情報を使ったサービスの時代が来る」と感じて、高原の誘いに乗ったのだ。

社名には、「私の近くがより便利になる」「私の近くで、よりいいものをより発見しやすくなるような仕組みを作りたい」という思いが込められている。

ニアミーのオフィスは、東京駅から徒歩一分のビルにあるシェアオフィスだ。立地条件がすばらしい上に、開放的なスペースで、しかも若い人たちの活気があふれている。シェアリングを手掛ける企業のスタート地点に、いかにもふさわしい。

道路運送法で〝相乗り〟とは見なされない〝相乗り〟

道路運送法で、タクシーとは、「一個の契約により国土交通省令で定める乗車定員（一一人）未満の自動車を貸し切って旅客を運送する事業」と定められている。つまり一回の運送につき、一つの運送契約と決められているのだ。それは、複数の人が同時に乗車して、それぞれが運転手に対して料金を精算する相乗りの禁止を意味する。複数の契約になるからだ。ということは、会社の同僚どうしで相乗りして全員で割り勘にしたとしても、誰かが代表として支払いをすれば、それはタクシー会社から見れば、一グループによる貸し切りであり、相乗りとは見なされない。

それを、インターネットを利用することで、見ず知らずの人どうしの間でも実現できるのではないかと、高原は考えた。近年のＩＴ時代の特徴は、一人ひとりがスマートフォンを持っていることだ。つまり、人に注目して、乗車する前に人と人とをマッチングすることができれば、「一個の契約」という原則は守られることになり、実質的な相乗りが実現する。

高原たちは、タクシー乗り場などで二〇〇〇人以上にアンケート調査をした上で、三カ月半をかけてタクシー相乗りアプリを開発した。リリースは、二〇一八（平成三〇）年六月末である。

まず利用者には、ダウンロードしたニアミーのアプリで、クレジットカードを登録してもらう。次に、自分がタクシーで行きたい目的地を入力する。するとアプリが現在の位置情報をもとに、半径八〇〇メートルの範囲内で、同じような方向に行きたいという意思表示をしている人を探し出す。近くに相乗りする相手がいない場合でも、お気に入りの場所や位置情報を設定すると、相乗り候補を見つけて自動通知してくれる。

アプリ画面には最適ルートと割り勘にした運賃に加え、マッチングされた相手の現在地や写真、性別などのプロフィールが表示される。簡単なメッセージのやりとりや電話もできるようになっている。

アプリがマッチングを成立させる際の基準は、それぞれの利用者が単独でタクシーを利用する場合に比べて、最低でも一〇％以上、運賃が安くなる場合である。割引率が最大になるのは、目的地が同じ場合だ。しかし、大抵の場合は目的地が異なるから、寄り道をした分、割引率は下がっていく。ニアミーによれば、最大で四〇％、平均で二〇から三〇％程度の割引となる。

割り勘の運賃だが、乗車前にアプリがはじき出した運賃を元にして計算している。つまり、道路の渋滞状況などによって多少の誤差が生じる。二〇一九（令和元）年一〇月からは、一部のタクシーで事前確定運賃が利用できるようになった。乗車時に運賃を決定できる。このサービスを使えるタクシーの場合は、より正確に割り勘の精算ができることになる。

待ち合わせ場所で合流し、タクシーに乗車したら、アプリ画面で「合流」ボタンを押す。タクシーの運転手には、アプリ画面で表示された最適ルートを指示すればよい。

運賃の精算方法だが、最後にタクシーを降りる人がとりあえず、タクシー料金の全額を支払う。先に降りた乗客のクレジットカードからは、相乗りした分の運賃が引き落とされる。最後に運賃を全額支払った乗客には、登録した銀行口座に、割り勘分が振り込まれるシステムとなっている。

その際、それぞれの利用者はアプリ使用の手数料が差し引かれる。このニアミーの取り分だが、料率は決まっていない。ニアミーとしてはできるだけ多くの人にアプリを使ってほしいので、割引率が低くなるときは、最低割引率の一〇％を確保したうえで、手数料も低く設定される。逆に割引率が大きくなる場合は、通常の手数料となる。

なお、ニアミーのシステムは、タクシー乗車前のマッチングだから、マッチングをした人は、自分たちでタクシーをつかまえる必要がある。それは配車してもらってもいいし、流しのタクシーをつかまえてもいい。二〇一九年八月にはジャパンタクシーと提携し、ニアミーのアプリからジャパンタクシーのアプリを呼び出して、配車してもらうことも可能となった。

また、マッチングする対象は、現状では二組に限られる。女性どうしや、顔見知りだけなど、相乗りの相手を選ぶことも可能である。利用実績は非公表だが、ニアミーによれば、アプリは一万件以上のダウンロードがあり、使った人の約半数がリピートしている。利用時間は午後八時から深夜までの時間帯が多い。利用可能エリアはいまのところ、乗車地が東京、神奈川、埼玉の一部だ。新潟県長岡市の一部でも、実証実験を行っている。

「いつでも地域は拡大できますが、密度が大事です。マッチしないと意味がありません。エリアを特定して、徐々に広げていこうと考えています」

技術的には、ひとりがタクシーにすでに乗っていても、同じ方向に行きたいという通知が届けば、途中でも同乗者をピックアップできるよう、開発を進めている。

タクシー会社も参入し、解禁に向かう相乗り事業

二〇一九（令和元）年六月に総理官邸で開かれた「未来投資会議」で、タクシーの相乗り解禁が議論され、実現の方向で道路運送法などの整備を行う方針が固まった。すでに二〇一八（平成三〇）年には、大手のタクシー会社による相乗りの実証実験が行われている。自社のスマホアプリを使って、同じ方向に行きたい人をマッチングするシステムだ。

その際、国土交通省が利用者に対して行ったアンケートでは、七四％の人が「また利用したい」と

答え、「利用したくない」という人は四％にとどまった。確かに、相乗りに抵抗感を示す人は一定数いるのは事実だが、選択肢が広がるという意味で、大多数の人が歓迎しているとみていいだろう。

これまでは相乗りが法的に禁止されていたからニアミーを利用していた人が、タクシー会社のアプリに流れる心配はないのか。この質問に対して、高原は逆に、「追い風になります。うれしいです。相乗りが当たり前になってくれた方が、相乗りしてくれる人が増えるわけですから」と答えた。

タクシー会社の相乗りアプリは、自分たちのグループの中でしか利用できない制限がある。その結果、各グループのアプリに利用者が分散されて、マッチング率が下がる。

これに対してニアミーは、どのタクシー会社でも構わない。すべてのタクシーで利用可能だ。つまり、より多くの母数を確保できるため、マッチング率が上がる。

「タクシー乗り場でタクシー待ちをするときのことを考えてみても、自分が乗るとき、どの会社のタクシーに乗るかはわかりません。そういうとき、行列を少なくさせるため、待っているうちからどんどんマッチングさせるには、ニアミーのほうが使い勝手がいいのです」

他人事ながら、心配したのは、フリーライドだ。ニアミーのアプリでマッチングしたあと、手数料を惜しんで「あとは自分たちで割り勘します」となる恐れは、ないのだろうか。

「アンケート調査の結果で、相乗りに関する煩わしさのひとつに、割り勘の難しさがあります。知らない人どうしで、現金をやり取りしたくないわけです。お釣りがない場合もあります。友人や会社の同僚であれば、『明日払う』と言えますが、知らない人どうしではできません。ですから、いまのところ、そんな心配はしていません。もしそこまでなったら、ニアミーが広まっている証拠ですし、そのときに考えます」

高原の言うことは、もっともだ。

ニアミーの新しいサービス「オンデマンド型シャトル」

二〇一九（令和元）年八月、ニアミーは新しいサービスを開始した。東京都内から成田空港に向かうオンデマンド型シャトルをリリースしたのだ。出発地は新宿区や渋谷区、世田谷区など都内一五区に限られるが、料金は距離に関係なく一律三九八〇円である。通常のタクシーだと二万円以上かかる距離だ。リムジンバスだと二五〇〇円から三〇〇〇円程度だが、成田空港線乗り場のあるホテルを除けば、ドアtoドアではない。しかしニアミーのシャトルは、リムジンバスが経由しないような小さなホテルからでも、オフィスからでも、そして自宅からでも、ドアtoドアで成田空港に行くことができる。リムジンバスが運行しない時間帯にも対応する。

このほか、東京の渋谷区や東急沿線に住むゴルフ利用客を主なターゲットに、住民とゴルフ場をつなぐ相乗りシャトルの実証実験も行っている。

「将来的には、観光地でシャトルの周遊もできるようになります。観光客をなるべく違うところに運べば、オーバーツーリズムの解決にもなるし、広域観光にもつながります。エリア内でお年寄りの買い物とか、病院に行く支援を、シャトルでできるようにもなります」

ニアミーの取り組みは、日本におけるＭａａＳの世界をさらに一歩、広げている。

⑪ ライドシェア× MaaS & CASE

乗りたい人と乗せたい人をつなぐ「クルー」が白タク行為にはならない理由

ウーバーやDiDiは、日本でのライドシェア事業を諦めた形になっているが、実は市民ドライバーとマイカーによるライドシェアのシステムが存在する。2015年にアジットが始めた「クルー」である。20代の若き起業家が立ち上げた「車に乗りたい人」と「車に乗せてあげたい人」をつなぐマッチングアプリは、既存のライドシェアとどう違うのだろうか――。

CREW アプリの決済の内訳

実費 ＋ **手数料** ＋ **謝礼**

実費	手数料	謝礼
移動の際に実際にかかった、ガソリン代と高速料金の費用です。	プラットフォーム手数料として運営会社に支払われます。	乗車後に任意で設定でき、ドライバーに届きます。

出典：https://crewcrew.jp/

無償の行為として認められているライドシェア

前述したように、ライドシェア大手のウーバーやＤｉＤｉは、日本にも進出している。しかしその形態は、タクシーやハイヤーの配車アプリである。彼らが本国で行っているような有償のライドシェアは、日本では白ナンバーの自家用車によるタクシー行為、いわゆる「白タク」と見なされ、基本的に認められていない。それでは、日本ではライドシェアが行われていないのかというと、そんなことはない。まだ始まったばかりで、地域は限定的だが、複数の事業が行われている。そのひとつが、モビリティプラットフォームのＣＲＥＷ（以下、クルー）だ。

クルーのライドシェアがなぜ認められているのか。それをひとことで言えば、「無償の行為」だからだ。こう言うと、聖人君子の気高い行為のように受け取る人がいるかもしれないが、そんなことではない。単に、有償ではないということだ。

例えば、用事のある近所の人に頼まれて、自分のマイカーで送り迎えしてあげたとする。その運転という行為自体で料金を取れば「白タク」になり違法だが、送ってもらった人が感謝して、実費のガソリン代に加え、多少の謝礼を上乗せして支払ったとしても、法的に問題はない。送迎する行為自体は無償だからだ。つまり日本でも、ライドシェアは以前からあったのだ。クルーのサービスは、こうした古典的なライドシェアを、最新のＩＴ技術を利用して現代人向けにアレンジしたものである。

クルーのシステムを簡単に説明すれば、「車に乗りたい人」と「車に乗せてあげたい人」をつなぐマッチングアプリである。クルーを使って自家用車による送迎が行われるが、利用者は運賃を支払わない。ただし、ガソリン代などの実費やシステムの利用料は支払い、加えて利用者の意思次第で、任意の謝礼も支払う。

システムを考案したのは、クルーを運営するＡｚｉｔ（以下、アジット）代表、吉兼周優《よしかねひろまさ》である。

二六歳の起業家は「業界のために社会があるのではない」と言った

一九九三（平成五）年、さいたま市で生まれた吉兼は、知的好奇心を満たしたいという思いから、自由な校風が気に入った東京の中高一貫校に進んだ。バスケットボール部で活動する傍ら、祖父に買ってもらったパソコンで、ミクシィやスカイプなどＳＮＳサービスを楽しむようになり、インターネットサービスを作る側になりたいと思うようになった。大学は理工学部を選び、友人とアプリ作りに熱中した。

大学一年のとき、吉兼は友人に誘われて、学生向けのビジネスコンテストに応募した。その頃吉兼は、街角でゴミ箱が少なくなっていたのを不便に感じていた。そこで、「こんなゴミ箱だったら置いてみたい」と思えるよう、デジタル画面で広告が表示できるようにしたゴミ箱を提案した。上位には選ばれたのだが、優勝したのは、高校生だった。

アジット吉兼周優代表

「自分が最年少だと思っていたのですが、さらに年下が優勝したことに、衝撃を受けました」

ちなみに取材時の吉兼は二六歳。本書の主な登場人物の中では、最も若いひとりである。

一念発起した吉兼は、翌年のコンテストで、見事に優勝した。出品したのは、自分で撮った様々な写真を一括して管理できるアプリだった。いまある「グーグルフォト」に近いものを、すでに吉兼は考案していた。優勝の賞品は、アメリカのシリコンバレー見学である。そこで吉兼は、様々なIT起業家たちと意見を交わす機会を持った。

「彼らは夢中になってプロダクトを作っていますし、人生を賭けてやっている。経済的な利益だけでなく、社会的なインパクトをもたらすことが特に重要だと感じました」

その後も吉兼は、様々なアプリを考案しては、あちこちで開かれるビジネスコンテストに出品し、いずれも高い評価を受けた。獲得した賞金は、あわせて数百万円に上った。

二〇一三（平成二五）年一一月、吉兼は大学三年のとき、仲間と共にアジットを起業した。ちなみにAzitという名前は、AからZまで、つまりすべての分野でIT技術を活用していこうという意味と、みんなの「アジト」になる、というふたつの意味を掛け合わせた造語である。

「もともと〝起業〟ということに、こだわりはありませんでした。法人の登記をしたのは、実際に自分たちのやっているサービスで、企業との提携が必要になったためです」

大学卒業を目前に控えた吉兼は、企業に就職せず、アジットで事業を続ける道を選んだ。それまでいくつかのアプリをリリースしていたが、大きくヒットしたものはなかった。そんな中、約一〇〇個のビジネスプランの中から、仲間や出資者と相談して事業化を決めたサービスが、クルーである。

ちょうどその頃、福岡でテスト運転が始まった「みんなのウーバー」にタクシー業界が猛反発し、テストが中止に追い込まれるという出来事があった。

「業界の反発があるのは存じ上げていました。しかし、業界のために社会があるのではないと思います。トータルで考えたとき、クルーは世の中のために必要で、やる意味がある事業だと考えたのです」

吉兼は、タクシーとは違う形のモビリティサービスが日本にあっていいと思ったのだ。

「モビリティがサービス化するという文脈、いまで言うＭａａＳの話は、その頃からすでに明確にありました。アメリカの投資家たちが、当時のブログで盛んに書いています」

吉兼が、「モビリティのサービス化」に、「日本の文化」を掛け合わせて考えついたキーワードが「互助モビリティ」であり、目指すは互助の精神で成り立つ移動のシェアだった。クルーのコンセプトは、「〝おもてなし〟と〝ありがとう〟の循環」である。

「新規事業のアイデアとか、選び方は直観的ですね。総合点で何点というより、たくさんの複雑な指標の中で、自分としてはこれがいいと、ひとつの筋が見えたのです」

「クルー」のシステムの肝は〝謝礼〟にある

吉兼が大学を卒業して半年後の二〇一五（平成二七）年一〇月、アジットは、クルーのサービスを開始した。クルーとは英語で、船や飛行機などの「乗組員」という意味である。転じて、共同作業をするグループを指すこともある。クルーでは、車を運転する人のことを「クルーパートナー」と呼んでいる。単なる「ドライバー」ではなく、サービスを一緒に作っていく仲間という位置づけだ。乗せてもらう人のことは「クルーライダー」と呼ぶ。

サービスを始めたのはいいが、クルーパートナーもいなければ、クルーライダーも少ない。吉兼は、「検証を含めて、呼ばれたら、自分で送りに行っていました」。クルーライダーは、「暇そうな友人を誘ったり、飲み会で宣伝したりして。最初は一〇人くらいです」。

ここでクルーのシステムを説明しておこう。

まず、クルーパートナーである。誰でもすぐなれるわけではなく、三段階のステップを経て、登録されることになっている。まず書類審査だ。免許証や車検証、自動車保険などの提出で、身元の透明性を確認する。問題がなければ、面接が行われる。「なぜクルーパートナーを志望するのか」といった質問が出される。最後にクルーの安心や安全性、法令などに関する講習会がある。

この三段階すべてに合格し、クルーの理念を理解して納得した人だけが、登録できる仕組みになっている。合格するかどうかのポイントは、多少の小遣い稼ぎを含めて、金銭的な目的で希望する人は、クルーパートナーにふさわしくないと判断されて断られることだ。クルーパートナーに登録されても、謝礼の誘因や強要につながりかねない会話は、禁じられている。事前の面接などで問題がなくても、ライダーからの評価等で問題が判明した場合は、アジットが何らかの対策を取ることになっている。

クルーライダーは、アプリを無料でダウンロードし、名前と顔写真、そしてクレジットカードを事前に登録しておく。

基本の利用可能時間は、午後八時から翌日の午前三時までの七時間。出発できるエリアは大体、山手線の範囲内である。行き先に制限はない。利用時間や利用場所が限られるのは、クルーパートナーの人数が限られているため、範囲を広げすぎると、マッチングの確率が下がってしまうからだ。利用時間を夜間に設定しているのは、会社勤めを終わった人がクルーライダーとして乗車しやすい時間であること、さらに終電前後の時間帯で移動に対する需要が多いことが理由である。

車を利用したいクルーライダーは、迎えに来てほしい場所、行き先をアプリに入力する。複数で乗ることもできる。決定ボタンを押すと、混雑具合にもよるが、大体三〇秒から一分前後でマッチングが完了する。アプリ画面には、車の外観やナンバー、クルーパートナーの顔写真などが表示される。

無事に乗車し、目的地に着いたら、お礼の言葉を伝えて下車する。評価は下車してからで構わない。評価画面では、まずクルーパートナーを五段階で評価する。お礼のコメントを入れることも可能だ。その後、謝礼を払おうと思う人は、一万円を上限に、スライド式のボタンで設定する。最終的には乗車一分当たり二〇円のシステム利用料とガソリン代等の実費との合計金額が決済される。

一方、クルーパートナーも、クルーライダーを五段階で評価する。その判断をするにあたっての、システムの設定がポイントだ。それは、クルーパートナーがクルーライダーを評価したあとでないと、クルーライダーから謝礼があったかどうか表示されないことだ。つまり、謝礼の有無は、クルーライダーに対する判定に影響しないようになっている。クルーパートナーが、アプリのマッチングで呼び出されたとき、乗車を受けるかどうかの判断材料として、クルーライダーの目的地、それに五段階評価の点数が表示される。その判断に、謝礼の有無は反映されないようになっているのだ。

アジットはクルーパートナー、クルーライダーとも、登録者数や利用実績を公表していないが、

「順調に増えて来ている」と言う。

前触れなく消され、一カ月後に復活

少しずつ利用者が増えてきた二〇一六（平成二八）年の夏、大問題が起きた。クルーのアプリが、アップルの運営する「アップストア」から何の前触れもなく、削除されたのだ。アンドロイドのスマホでは、そのままダウンロードできた。しかし当時、日本でスマホの半分以上はｉＰｈｏｎｅだった。

とりあえず、日本のアップルストアに出向いてみたが、担当者は「復活できません」と繰り返すだけだった。日本の担当者には、その権限がないのだ。そこでアメリカの本社に、弁護士の意見を添えて、削除の撤回を求める文書を送った。

「アプリの会社として、アプリを提供できなかったら終わりなので、その時は、別の事業を考えなければいけないと思いました」

その一カ月後、何の前触れもなく、ふいにダウンロードできるようになった。

「アップルの本社側とは一切コミュニケーションが取れませんでした。一方的に削除されて、勝手に復活したという感じです」

一時的にせよ、なぜアップルはクルーのアプリを削除したのか。想像されるのは、アップルがクルーについて、法に触れる可能性があると判断したことだ。そして撤回したのは、その疑念が解消されたのだろう。

法に触れるのか、法に触れないのか

ここで、いわゆる〝クルー問題〟について言及しておこう。

国土交通省は二〇〇六（平成一八）年以降、「ＮＰＯ等による福祉有償運送について、好意に対する任意の謝礼にとどまる金銭の授受は有償に含めない」こととして運用してきた。その後、二〇一七（平成二九）年六月に閣議決定された「規制改革実施計画」で、「登録又は許可を要しない自家用自動車による運送について、ガソリン代等の他に一定の金額を収受することが可能な範囲を通達により明確化する」との方針が策定された。

これを踏まえ、二〇一八（平成三〇）三月三〇日付で国土交通省は「道路運送法における許可又は登録を要しない運送の態様について」という通達を出した。この中で「最終的には、それぞれの事例に即して個別に総合的な判断を行うことが必要である」とした上で、「運送行為の実施者の側から対価の支払いを求めた、事前に対価の支払いが合意されていた、などの事実がなく、あくまでも自発的に、謝礼の趣旨で金銭等が支払われた場合は、通常は有償とは観念されず、許可又は登録は不要である」とされた。国土交通省は、わかりやすくガイドラインを出して、「サービスの提供を受けた者からの給付が、『行為に対する任意の謝礼』と認められる場合は許可等を要しません」と表現している。

同年一二月五日には、衆議院の国土交通委員会で、クルーに関する質疑応答が行われた。この中で国土交通省の担当者は、「通達に沿ったサービスであるというふうに認識をいたしております」と述

べて、クルーのサービスは合法的に行われていることを確認した

しかし委員からは、問題点も指摘された。「無所属の会」の委員が、「サービスを利用した方々から、クルーのドライバーから聞いた話ということで、例えば、謝礼が少ないとドライバーからの評価を星一つにする、もう次から私の車とはマッチングされない仕組みになっている、又は、星が低いとキャンセルしようと考える、星一つをつけると運転手と利用者は互いに表示されなくなるとか、そういった具体の話も聞いているわけであります。任意の謝礼を支払わなかった場合、次回以降マッチングが行われず、実質、再びサービスを利用できなくなるという話も今のように聞くわけでありますが、これは謝礼を暗に強要していることにはならないのか、お伺いいたします」と質問した。

これに対して国土交通省の担当者は、「クルーからは、任意の謝礼を支払わなかった場合、システム上、サービスが次回以降使えなくなったり、マッチングされなくなったりすることはないという報告を受けております。また、クルーは、運転者が謝礼の有無、金額により利用者を評価することがないようシステムを改修いたしております」と答弁した。

さらに国土交通省側は、「通達を踏まえまして、クルーに対しましては、謝礼を誘引するような表現の修正でありますとか、運転者が謝礼の有無、金額により利用者を評価することがないよう、また、利用者が謝礼の決定を経由しなくても決済できるようなシステムの修正、また、運転者に対する仲介手数料の還流防止について対応を求め、措置されたことを確認いたしております」と答弁した。

国はクルーについて、誤解を招きかねない表現やシステムは訂正を求めて修正され、現在は問題ないという立場だ。

しかしタクシー業界は、なかなか納得しない。二種免許を持つ運転手とタクシー車両を、多額の投資をして自前で抱えなければならないタクシー会社にとって、運転手も車両も自前で保有する必要のないクルーを容認できないのも、わからないわけではない。

全国ハイヤー・タクシー連合会会長の川鍋一朗は、二〇一九（平成三一）年の年頭所感で次のように述べている。

「最近、東京都内の繁華街を中心に横行しているWEBサイトで運転者と利用者を仲介するマッチングサービス『CREW（クルー）』については、その実態は、互助・共助を仮装した謝礼を得ることを目的とした白タク行為そのものでないかとの声があります。（中略）『CREW』は、表面的には国土交通省の指導に従いシステム変更を行って通達に沿った運営を行っているとしていますが、利用者の声を聞く限り、実態は通達の趣旨を逸脱し、評価が低い利用者はサービス提供を受けにくくなる仕組みが残っている疑いがあります。

『CREW』については、引き続き注視していくとともに、国土交通省には、その実態解明と適切な対応を強く要望して参りたいと考えています」

タクシー業界の売り上げは全盛期の六割程度に落ち、運転手不足は深刻になる一方である。ウーバー流のライドシェアは阻止したが、蟻の一穴でクルー流が広まっては困るという気持ちなのだろう。

運転する側と乗車する側の両方の声

クルーパートナー、クルーライダーの声を聞いてみた。

世田谷区に住む三〇代の男性は、ウェブデザイナーが本業である。一年前からクルーパートナーとして、週に五日程度、一日あたり約六時間、距離にして一〇〇キロ以上走っているという。

「数えてみたら八〇〇回以上マッチングしています。常連さんが多いので、人数で言えば五〇〇～六〇〇人だと思います。いろんなお話を伺えるので、自分の仕事のアイデアに役立ったり、価値観が広がったりするようなところがあります。嫌な思いは、年末に一度だけ、泥酔した方を乗せたときですが、それ以外は特になく、九〇％以上満足しています」

タクシー会社から批判があることについても尋ねてみた。

「儲かっていたら、批判も合っているのかもしれませんが、はっきり言って、儲かりません。タイヤも摩耗しますし、儲けるつもりだと続きません。コミュニケーションが好きだとか、いろんな人と話したいというモチベーションでやっている分にはいいですね」

クルーライダーにも聞いてみた。

渋谷区の二〇代の女性会社員は、二年前から月に二～三回程度、利用しているという。

「やはり男性のクルーパートナーが多いですが、いろいろ聞かれて嫌だということは全然ありません。逆に私の方から、結構しゃべっています。きょうの仕事の話をしたり、なぜパートナーさんになったのかを尋ねたりもします。運転が好きで、新しいものに興味がある方が多いですね」

謝礼についてはどうしているのだろうか。

「自分の中である程度の基準はあります。あとは、気分が良かったり、ボーナスが出たりしたときは、少し多めに出したりしています」

アジットによれば、謝礼の平均額などは公表していない。謝礼の誘因になったり、強要したりしていると受け取られる恐れがあるからだという。

世田谷区の三〇代の女性会社員は、やはり二年前から、月に数回利用している。

「それまで乗ったこともない高級な外国車が来て、車の話で盛り上がったこともありました。みなさん、総じて車が好きで、ひとりでドライブするより、誰かを乗せたほうがいいという方が多いですね」

アジットが依頼しているわけではないのだが、おしぼりやブランケット、ペットボトルの水まで用意してくれているクルーパートナーも多いという。

「充電器まであって、スマホの電源が切れそうなときに、何回か利用させてもらったことがあります。車もすごくきれいだし、まじめな人が多かった。安心できると思った理由です」

クルー利用者の話を聞きながら、思い出したことがあった。バングラデシュで、マイクロクレジットを普及させ、ノーベル平和賞を受賞したムハマド・ユヌスが、来日した時のことである。私が講演を聞いたとき、「社会には信頼のシステムがある」と、彼は強調した。土地などの担保をとっていなくても、貧しくても、借りたお金の返済が滞ることはない。むしろ貧しい人たちのほうが、きちんと返済をする。それは、お互いを信頼するシステムが社会にあるからだ。吉兼が互助の精神を事業の支柱に据えたのも、同じような意味ではないだろうか。

アジットは二〇一八（平成三〇）年九月、総額約一〇億円の資金調達に成功したと発表した。サービス地域は東京以外に、鹿児島県の与論島に広がった。実証実験は、長崎県の五島列島、栃木県の那須塩原市及び那須町で行われ、知床半島のある北海道の斜里町でも予定されている。サービスの利用可能時間は、土地によって異なる。例えば与論島は、朝日を見ながらサーフボードの上に立って、パドルを漕ぐスタンドアップパドルボードというアクティビティが人気なのだが、そのための移動手段が不足しているので、午前五時から八時までの三時間に限って、サービスを提供している。

アジットの考えるＭａａＳ

クルーのように、モビリティ自体がサービス化し、自分でクルマを買わなくても生活ができるようになる。そんなＭａａＳは、必然的に起こり得る変化だと、吉兼は考えている。

では、吉兼は次に何をしようとしているのか。

「例えば、流しのタクシーが捕まらないとき、より速く移動できたりとか、雨の日でも移動しやすかったりとか、マッチングしたとき、それまで五分かかっていたところが三分に短縮されるとか、そういうところに価値があると思っています。

拠点となる空港や駅と、目的地とを結ぶ二次交通で、かなり発展の余地があります。ＭａａＳは二次交通から発展します。そして二次交通のど真ん中に、クルーがいると思っています。

個々のニーズを、マーケットのサイズ別に見ていくと、どういう交通の影響が強いかがわかります。そういうところで、いままでにない交通手段を提供していきたいですね」

クルーを手始めにした、吉兼の次の一手に注目したい。

⑫ 社有車× MaaS & CASE
使っていない社有車を最大限に活用する「モネビズ」

2019年に事業を開始したトヨタとソフトバンクによる合弁会社モネ・テクノロジーズ。ホンダやマツダなどの自動車メーカーも資本参加した同社による注目の取り組みが「モネビズ」だ。この企業向けの新しいカーシェアサービスは、出番が減りつつある社有車を活用したものである。移動時間の改革によって生産性を上げるという狙いもあるモネビズとは、どんなシステムなのだろうか——。

モネ・テクノロジーズを中心としたネットワークの概要

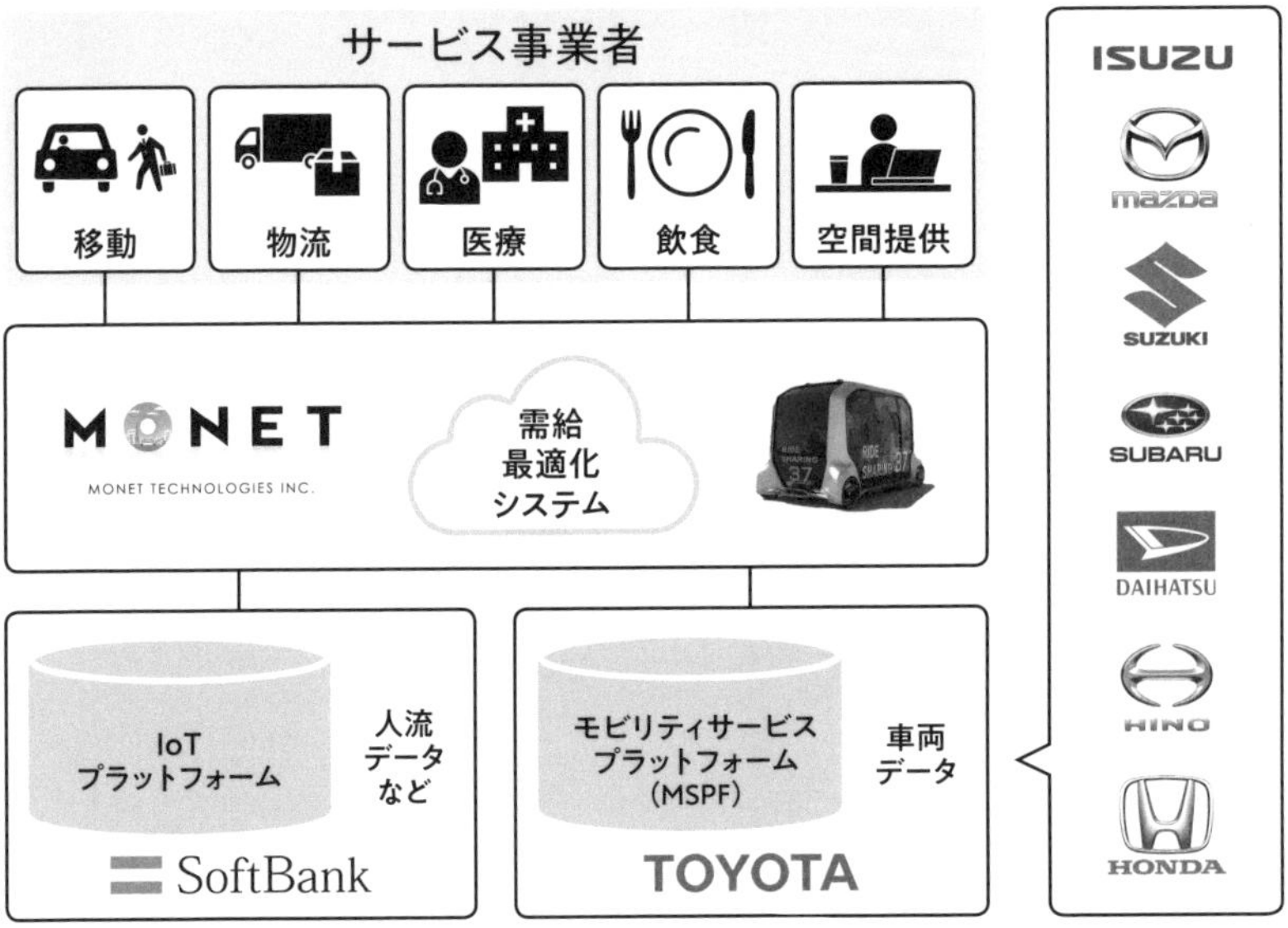

広がるオンデマンド交通

第2章では、路線バスが撤退した地域におけるオンデマンド交通を紹介したが、こうしたオンデマンド型の移動サービスは、ＭａａＳと相性がいい。情報がデジタル化されているため、他の交通機関と連携する仕組みを作りやすいのである。ＭａａＳの最大の課題のひとつが、ラストワンマイルの移動手段だが、オンデマンド交通は、その役割を担い得る存在である。このためＭａａＳの構築を目指す多くの企業が、オンデマンド交通の分野にも参入している。

このうち二〇一九（平成三一）年一月に事業を開始したMONET Technologies（以下、モネ）は、「データ解析サービス」「自動運転を利用したモビリティサービス」と並んで、「オンデマンドモビリティサービス」を三本柱のひとつに据えている。

モネは、ソフトバンクとトヨタが設立し、社員には、両社から約一〇〇人が出向している。いまはいすゞ、ホンダ、マツダ、スバル、スズキ、ダイハツ、それに日野自動車が追加で資本参加して、日産グループを除く「自動車の日本連合」を形成している。ちなみにモネという社名は、「Mobility Network」に由来する。

モネは二〇一九（令和元）年一〇月現在で三六〇以上の自治体とＭａａＳに関して協議している。このうち二五自治体とは協定を結んだり、すでにサービスを開始したりしている。こうした需要はこれからますます増えていくものとみられている。

一方、都市部については、公共交通を補完し、さらにプラスアルファとなるような高付加価値型のサービスを、法人向けに開発中だ。具体的には企業の従業員が、自社の業務で外出するときに使えるオンデマンドシャトルである。それが「ＭＯＮＥＴ Ｂｉｚ」（以下、モネビズ）だ。この節では、企業向けの新しいオンデマンド交通を紹介したい。

出番が減りつつある社有車を活用する「モネビズ」

モネビズが生まれたいきさつについて、モネで事業開発課主任を務める秋田洸平は、「働き方改革が背景にあった」と説明する。

「いろんな企業に、移動に関する課題を伺ってみますと、歩いたり、電車に乗ったりしている時間が、業務時間の無駄になっているというお話をよく聞きます。そこで、移動中の生産性を向上させることで、企業の働き方改革に貢献できるのではないかと考えたのです」

目をつけたのが、各社の保有する社有車だ。最近では、社有車を持たない事業所も増えているが、調べてみると、都心部でも多くの企業が、役員専用車以外に、社有車を依然として保有している。数十台から数百台の単位で所有している会社もある。その社有車が、営業など毎日必ず使う人を除いて、出番が減っている。総務の人に聞くと、「社員に運転させると事故が怖いので、慣れている人以外には、あまり貸し出さないようにしています」というケースもあった。

ちなみに社有車と社用車という言葉がある。社有車とは、自社で所有している車だ。これに対して社用車は、自社所有していなくても、リース契約の車やハイヤーを含め、自社で専用に使うための車のことである。

「基本の着想は、遊んでいる社有車の有効活用です。弊社にも、意外と社有車が余っています」

余っている社有車なら、追加で車両の利用料を支払う必要がない。この社有車のシェアリング、そして利用する人たちも相乗りするというシェアリング、つまりダブルのシェアリングが、モネビズの基本なのだ。

ただし、リース車両は使えないという意味ではなく、どのようなクルマをシェアリングに提供するかは各社の判断である。

事業として「カーシェア」を検討する場合、いわゆる「白タク」にならないかどうかや、違法な「レンタカー業」になることはないかどうかが、問題となる。モネビズの場合のポイントは、利用者が不特定多数ではなく、あくまで会員企業の従業員という限られたメンバーであること。もうひとつは、利用者が運賃を支払うことはないということだ。

「白タク」とは、道路運送法で決められた「自家用自動車の有償運送の禁止」に違反する行為だが、「有償」とは、裁判の判例などによれば「運送の対価として財物を受け、または受ける約束」である。またレンタカーは、車両を貸し出すことで対価を得る。

モネビズは、利用者から運賃を徴収しない。モネビズを運営する側の各社も維持管理費、具体的に言えば、現物としての車両と、モネビズ担当の運転手を雇うための運行委託費、それにモネのシステム利用料などを、それぞれの利用実績に応じて負担することになっている。つまり、支出はするが、財物を受け取らない。だから、モネビズは白タクにも、レンタカーにも該当しない。

ちなみにモネのビジネスモデルは、オンデマンドの配車システムの事業者側に提供することであり、車両の手配には関わらない。また、商用段階になるとモネビズの事業主体は会員として参加する各社ということになる。ただ、いまは実証実験の段階であり、モネがモネビズの運営自体も担当している。

同様の取り組みとしては、二〇一八（平成三〇）年から一年間、東京の大手デベロッパー、森ビルが、アメリカのライドシェア大手、Ｖｉａ（ヴィア）と共同で、自社の社員を対象にした相乗りのオンデマンド型シャトルサービス「ヒルズ・ヴィア」の実証実験を行った。これに対して今回のモネビズがユニークなのは、複数の企業が共同で利用するシェアリングを目指している点だ。シェアリングは、基本的には母数が大きければ大きいほど、利用しやすくなる。企業が自社の利益を追求するのは当然だが、すべてを自社でまかなう必要はない。他社と協力できるところは協力したほうがいい。そのほうが交通渋滞の緩和にもなるし、環境対策にも役に立つ。

ソフトバンク・トヨタ・モネの三社による実証実験の内容

では、二〇一九（令和元）年八月から東京都内で行われている実証実験の概要を見てみよう。

参加企業はソフトバンク、トヨタ、そしてモネの三社であり、専用のアプリをダウンロードした各社の社員が利用できる。

利用可能地域は、ソフトバンクとモネの本社がある汐留《しおどめ》地区、そしてトヨタの東京本社がある水道橋駅周辺地区を中心としながら、その二地区を南北に結ぶ縦長エリアとなる。このエリア内にあるJRや地下鉄の駅、それにランドマークとなるビルなどを乗降地点に設定し、スマホ画面で指定できるようになっている。いまは利用状況を見ながら、一〇〇カ所以上の乗降地点を随時調整している。

運行時間は、土日と休日を除く午前九時から午後六時までだ。

利用者は、スマホのアプリで、乗り降りする場所と、利用する人数、日時を指定して予約する。利用可能な場合はすぐに、「予約確定」がアプリ上で通知される。同じ時間帯で、同じ方向に行きたい人がいる場合はマッチングされ、相乗りとなる場合もある。

車両は、八人から一〇人乗りのミニバンを使っている。車内にはＷｉ－Ｆｉによるインターネット接続サービスや、膝上テーブルが用意され、移動中でも仕事ができる環境を提供する。

ドライバー向けにはタブレットが用意され、予約状況に応じた最適な運行計画が表示される。

また、管理者用のウェブ画面には、利用状況や運行履歴などが表示され、モネビズに参加している各社がそれぞれ負担する経費を計算できるようになっている。

こうした使用条件を前提に、限られた車両台数を有効に利用するため、モネが想定している主なユースケースは、車での移動時間が一〇分から一五分程度の、比較的短距離での利用である。

具体的に例をあげれば、ソフトバンクとモネの本社がある汐留と、東京駅との行き来である。東京駅は周辺に企業も多く、利用頻度の高いスポットだ。

両社の一般の社員は、特別な理由のある場合や、やむを得ない緊急時、公共交通機関のない地域以外で、基本的にタクシーの利用は控えることになっている。社員が多いので、タクシー利用が増えると、全体の交通費が跳ね上がってしまうためだ。タクシーを自由に利用できる会社は、大企業でも多くない。

汐留から新橋までは「ゆりかもめ」があるが、わずか一駅だから使わない。歩いてJR新橋駅まで行って、それから山手線を利用する。このルートの場合、時間は一五分程度かかることになる。これがドアtoドアのモネビズだと、一〇分かからずに到着する。外は暑かったり、寒かったり、雨が降っていたりしても、車内は空調が利いて快適である。重い荷物がある場合でも、持って歩く必要はない。歩きスマホは危険だが、車内ならメールのやり取りやパソコン作業も楽にできる。

モネビズが商用化され、東京駅周辺の企業がモネビズのメンバーとなれば、汐留から東京駅に着いた車の利用率向上が期待される。

モネはすでに地方自治体やNPO団体向けに、オンデマンドの配車システムを多数供給しているが、それをそのまま転用できたのだろうか。秋田は、「地方自治体向けは、厳密に言うと違うシステムです」と言う。

「地方自治体の要求と、都心のビジネスマンの要求は、似て非なるものだということが、結果としてわかってきました。利用者がビジネスマンの場合、どうしても時間優先にしたい。遅延は、基本的に誤差の範囲にしたい。そこが大前提となると、巡回して、人をたくさん乗せたいという地方自治体の要求とは相反します。システムとしても、作りとしても、全く違うものにならざるを得ません。もちろん、モネの用意するプラットフォームは同じなのですが、その上で展開するアプリとなると、仕組みとして別モノになります」

ビジネスマンにとって、待ち合わせ時間の遅刻は厳禁だ。ということで、モネビズのアプリは、基本的に到着時間優先で設定されている。その前提で、相乗りは、到着時間が遅れない範囲内で設定されるようになっている。

移動時間の改革によって生産性を上げる

秋田は、どれだけ生産性のアップにつながるかが、モネビズ普及のカギを握ると考える。

「働き方改革で、『残業を減らしましょう』と言いつつ、仕事量は減りません。様々に業務の効率改善がなされてきましたが、まだ手つかずなのは、移動時間なのです。各社をヒアリングしてみますと、意外と近距離の移動で、一時間とか二時間を使っている人がたくさんいらっしゃいます。そこを、社有車を使って、有効な活動の場にすることができれば、生産性をアップできるはずです」

出先での仕事が終わった後、これまでだったら帰社してまとめる報告書のメモをモネビズの車内で作ったり、新たに決まった今後の予定を決定したり、打ち合わせが必要であれば、会議室を押さえておいたりする作業も、車内のＷｉ－Ｆｉを利用して行える。モネビズの車内でシームレスに仕事を続けることができるのだ。

あるいは、例えば会社で推奨している「ｅラーニング」をスマホでやってみれば、頭の切り替えになっていいかもしれない。自社の新商品案内ビデオを見る時間にしてもいいだろう。

普段は顔を合わせることがない社内外の人たちと、相乗りでモネビズという空間を共有することで、顔見知りになってコミュニケーションが生まれるという効果もあるかもしれない。

こうしたメリットがある一方、歩いての移動だと、企業は交通費を支払わなくていい。これに対してモネビズを使うと維持費が必要となる。企業に理解は得られるだろうか。

「移動で消費される見えないコストをどう考えるか、ということだと思います。歩いて帰ってきて、『暑い。疲れた。三〇分だけ涼もうか』ということもあります。そこも、カウントされていないコストです」

モネビズの使用料が高いと、会社側にとっては使うモチベーションにならない。各社で決められた交通費の枠内に収まるよう適切な料金で提供できるかどうかが、商用化に向けたひとつのポイントだ。

モネビズの活用で、残業時間を削減することができれば、残業代も減ることになる。

「これまで支払っていた残業代の一部を、モネビズの費用の原資に充ててもらうのがいまの狙いです」

中には、「歩いて外出するのが運動になり、気分転換にもなる」という社員もいるかもしれない。

「運動は、定時が終わったあとにして下さい。移動時間を『ぼーっ』と過ごすのではなく、あくまで会社の時間は、仕事のためにフルに活用するという意識が必要です」

確かにその通りだ。とは言いつつも、最近の脳科学では、何も考えていないときに脳が活性化する「デフォルト・モード・ネットワーク」で、創造的なアイデアが浮かびやすいと言われている。あるいは、適度な「ウォーキング」は脳の海馬に良い刺激となり、記憶力が向上するという報告もある。社員にとっては、自分で自分にふさわしいタイムマネジメント術を確立することが、より重要になってくることだろう。

商用化に向けて必要なこと

今後の課題について、秋田に聞いてみた。

八人乗りの社有車がない場合はどうなのか。

「『ミニバンにしてください』ということではないのです。セダンタイプの場合、乗れるのは、ドライバーを除けば三人となる可能性も出てきます。ただ、小さな車より、多少大きな車の方が効率的なケースがあると思います。例えば営業のチームで移動して、車内でミーティングしたい場合などです。実証実験で乗車人数を含めて、どういう車が必要なのか検証しているところです」

参加する企業は、多ければ多いほどいいのだろうか。

「モネが企業間の連携を目指して設立したモネコンソーシアムの皆さんには、できれば入っていただきたいと思っています。移動するときは、徒歩ではなく、まずモネビズを使って移動する。そういう習慣を作るチャレンジをしていきたいですね。ただし、各社の立地条件も関わってくると思います」

ちなみにモネコンソーシアムには、二〇一九（令和元）年一〇月末で四二〇社以上が加入している。

システムについて、今後はどのような改善を進めていくのだろうか。

「到着時間厳守を優先にしていますが、それだけでいいのか。道路状態によっては、車内がガタゴトする場合もあります。こうしたときは、多少ゆっくりでもいいから、大きな道を通って安定的に乗れるほうがいいのか。ドライバーさんに対しては、みなさんプロの方ですから、アプリの指示以外にも、ドライバーの判断を優先させる場合があってもいいかどうか」

実証試験のアプリ画面では、モネビズを使い終えた後、感想を書き込んでもらうようになっている。

「夏の間は、『暑いので、すごく便利だ』という声を、たくさんいただきました。残業の削減に効果があったかどうかは、検証中です」

モネとしては、対象エリアを東京だけでなく大阪や名古屋、福岡などに、順次拡大していく方針だ。

最後に秋田が強調したのは、タクシー業界とは競合しないということだ。

「既存の交通事業者の島を削ることは、まったく考えていません。メインとなるのは、これまで徒歩を中心として移動していた範囲です。急ぎのときは、当然タクシーを使っていただいたほうが便利だと思います」

もう一つの実証実験「オンデマンド通勤シャトル」

秋田は、各社がモネビズに提供する車両について、一定の期間中はモネビズ専用として確保することになるだろうと説明する。

「基本的には、契約期間を設けて、その期間中はモネビズ専用に使われることになるでしょう。出し入れを自由にすると、必要な台数を確保できなくなる可能性があるためです」

モネビズは、通勤には使わない。あくまでデイタイムの移動に限定している。ということは、空いている時間も出てくる。

「早朝や夜間、土日や休日を含めて、あまっている時間を有効活用したいという話は、当然出てくると思います」

将来的にはモネビズの車両も使えそうなプランを、モネは持っている。二〇一九（平成三一）年二月から三月にかけて、モネは三菱地所と共同で、「オンデマンド通勤シャトル」の実証実験を行った。参加したのは、東京の丸の内で、三菱地所が管理するビルで働く人たちだ。

シャトルは二種類用意され、このうち「ビジネスパーソン向け」のシャトルは、吉祥寺や豊洲など指定のエリアと、東京の丸の内を結んだ。

もうひとつは「ワーキングパパ・ママ向け」である。その理由について、モネで企画・渉外部の部長を務める宮岡冴子は、育児環境の改善だと語る。

「待機児童問題で、地元の託児所や保育園に子どもを預けられない家庭が増えています。都心部の企業内託児所にお子さんを預ける方がいらっしゃいますが、満員電車に子どもを乗せるのは大変です。そこでワーキングパパ・ママ向けに、子どもと一緒に通勤する実験をしました」

車内にはチャイルドシートが取りつけられ、絵本なども用意された。

カーシェアは、企業で働く人たちの不便を解消するための手段として、当然のことのように受け入れられる時代になりつつある。

第5章

都市型 MaaS：まったく新しいマーケットの創出

INTRODUCTION

ＭａａＳは、モビリティの世界に、新しい価値の軸を打ち出した。

これまで所有を前提としていたものが、サービスを前提にすることで利用のハードルがぐっと下がり、利用が拡大する。

そのための手法のひとつがＣＡＳＥのＳ（シェアリング）である。モビリティに関連して、駐車場のシェアリングも利用が伸びている。

「サブスクリプション」、すなわち定額制も、ＭａａＳを後押しする。わかりやすく言えば、「〇〇し放題」のサービスだ。一定の料金をあらかじめ支払うことで、それ以上の使用料を気にせず、気軽にどんどんサービスを利用できるようになる。

ＣＡＳＥのＥ（電動化）の普及で便利な「マイクロモビリティ」も、現実のものとなってきた。

物流の世界でも、ＩＴ技術の導入で技術革新が起きている。

近い将来、実現が期待されるのが、「空飛ぶクルマ」だ。

この章では、ＭａａＳの世界で生まれつつある、新しいビジネスを紹介したい。

⑬ 国家戦略× MaaS & CASE

フィンランド発祥！ 日本に進出したMaaSの元祖マースグローバル

世界初の本格的なMaaSアプリは、フィンランドのマースグローバル社による「ウィム」である。MaaSアプリには各種交通事業者の情報案内機能、予約機能、決済機能が必要であるため、これらを統合したプラットフォームの構築も不可欠。そのため、フィンランド政府は各種データと決済の情報をオープンにすることを法律で定めている。日本にも進出したマースグローバルの戦略とは——。

アプリ「Whim」のイメージ画像

引用：https://whimapp.com/

世界初の本格的なMaaSアプリ「ウィム」

MaaSという言葉が、公式の場にはじめて登場したのは二〇一四年五月、フィンランドの首都、ヘルシンキにある「アールト大学」の大学院生ソニア・ヘイッキラが発表した修士論文とされる。アールト大学は、起業家マインドを育成するプログラムで世界的に知られており、ソニアの論文はメディアの注目を集めたのだ。翌二〇一五年五月には、MaaS事業に取り組む民間企業として「MaaS Finland」が設立された。同社は翌二〇一六年、「MaaS Global」(以下、マースグローバル)に社名を改め、同年一〇月に「Whim」(以下、ウィム)のサービスを開始した。このウィムこそ、世界で初めての本格的な「MaaSアプリ」である。

MaaSアプリを提供する際に必要な要素、つまり鉄道やバス、タクシーなど、各種交通事業者の情報案内機能、予約機能、決済機能などを統合した土台のことを、「MaaSプラットフォーム」と呼ぶ。MaaSプラットフォームを構築するためには、交通事業者の様々なデータが必要となるため、フィンランド政府は交通事業者に対し、各種データをオープンにするよう義務づけている。さらに交通事業者のチケットを誰でも販売することができるよう、発券や決済のアプリケーションと連携するためのAPI(アプリケーション・プログラミング・インターフェース)を公開することも法律で決められている。

そうした統合サービスを提供する事業者が、「MaaSオペレーター」である。つまり、マースグローバルは世界初のＭａａＳオペレーターということになる。

ちなみにウィムとは、「気まぐれ」や「思いつき」という意味の英語であり、「思いつくまま、気ままに移動できるようにしたい」という創業の志《こころざし》が込められている。

フィンランドのウィムでできること

ウィムでは、様々な交通機関を利用した移動で、目的地までのルートを検索できるだけでなく、予約や決済まで、アプリ上で完結する。特徴は、複数の交通機関を組み合わせて利用するサービス統合型の「マルチモーダル」、そして、境目のないという意味の「シームレス」、加えて使い放題の「サブスクリプション」だ。その結果、マイカーを利用するがごとくに各種公共交通機関を使いこなして、楽に目的地へ移動することができるようになる。ひと口で言えば、「オールインワン」のアプリなのだ。

使い方は簡単だ。まず、アプリをスマートフォンにダウンロードする。次に、自分のクレジットカード情報を登録する。支払いはキャッシュレスが原則だ。これで準備は完了した。

移動したいときにアプリを立ち上げ、目的地と出発日時を入力する。地図上をタッチして、ピンを指すことでもＯＫだ。あとはアプリが各種交通をマルチに組み合わせて、最適化したルートとサービスを示してくれる。乗車の際には、係員にスマホでＱＲコードの電子チケット画面を見せるだけだ。

利用可能な交通機関は、地下鉄や電車、トラムと呼ばれる路面電車、バス、タクシー、さらに自転車のバイクシェアはもちろん、自動車のカーシェアもある。ルート選択には、「公共交通優先」「早さ優先」に加え、「環境優先」という選択肢も用意されている。

料金体系は、いくつかのプランが用意されている。

こうした交通機関をあまり使わない人や、短期間の滞在者向けには、料金を使った交通機関の分だけ積み上げていく、「ウィムtoゴー」という一時利用タイプもある。それぞれのチケットをばらばらに購入するより、割安で買えるようになっている。

ウィムで特筆すべきなのは、希望者に対してサブスクリプションと呼ばれる定額制、つまり固定料金で「乗り放題」のシステムを採用したことだ。これによって、料金を気にすることなく公共交通機関を利用することができる。

二〇一九年一一月時点のウェブサイトでは、サブスクリプションモデルは三種類用意されている。

一番安い「ウィム・アーバン三〇」は、月額約六〇ユーロ（約七二〇〇円）で、一日当たりで計算すると約二四〇円。市内ゾーンの地下鉄や電車、トラムやバスが使い放題。シェアサイクルは、最初の三〇分まで無料で利用できる。タクシーは五キロまでの距離制限があるが、一回一〇ユーロで利用できる。

一番高い「ウィム・アンリミテッド」は、月額四九九ユーロ（約六万円）で、一日当たり約二〇〇〇円となる。公共交通に加え、五キロまでのタクシー、レンタカー、シェアサイクルが使い放題となる。

ヘルシンキでは、地下鉄やトラム、近郊の電車、バス、市営フェリーは、HSL（ヘルシンキ地域圏交通政策局）が管轄している。民間のタクシーは、利用実績に応じて経費がマースグローバルから支払われる。デジタルで管理しているから、個々の交通機関の利用実績も把握できて、サブスクリプションモデルを構築しやすいのだ。

二〇一八年にマースグローバルが発表したデータによれば、ウィム利用者が公共交通機関を利用する割合が、ウィム導入以前は四八％だったのが、ウィムの利用で七四％に急上昇した。反対に、マイカー利用は以前の四〇％が、二〇％に半減している。ウィム利用者に限っての調査という前提つきだが、マイカーを使わなくても、公共交通機関だけで市内を便利に移動することができるようになった。

国家戦略としてのMaaS

なぜMaaSはフィンランドから始まったのだろうか。

フィンランドの主要企業と言えば、まず思い浮かぶのが移動体通信の「ノキア」である。フィンランドは、国策として通信業界を自由化した。ノキアは、隣国スウェーデンの携帯電話会社「エリクソン」の通信部門も買収し、拡大を続けたが、一九九〇年代の経済危機で大打撃を受け、大胆なリストラを敢行した。

フィンランド政府は、ノキアに代わる新しい産業育成の国家戦略で、国策として交通業界自由化を模索した。その結果として生まれたのが、MaaSの世界だったのだ。

では、フィンランド政府はなぜモビリティに着目したのか。マクロ経済的に見れば、フィンランドには自動車メーカーが存在しない。仮にフィンランドでマイカーが売れなくなっても、国の産業としては困らない。むしろ、外貨の持ち出しが減って、歓迎される側面もある。地域経済的に見れば、ヘルシンキの公共交通は、地下鉄と路面電車、バスやフェリーが単一の組織で管理されている。つまり、定額料金というわかりやすい料金体系を設定しやすいのである。社会問題から見れば、都心部で激化する交通渋滞の対策が急がれていた。社会構造的に見れば、スマートフォンの利便性が高まる中で、元ノキアのＩＴ技術者を大量に動員できたのも大きかった。こうしてＭａａＳは、フィンランドの国策として展開されたのである。

ウィムはヘルシンキ以外でも、イギリスのバーミンガム、ベルギーのアントワープ、オーストリアのウィーンで導入されており、マースプラットフォームの世界で、デファクトスタンダードとしての地位を固めつつある。

日本進出の際に来日したＣＥＯのヒエタネンが語ったこと

マースグローバルＣＥＯ（最高経営責任者）のサンポ・ヒエタネンは、ヘルシンキ工科大学で土木工学を学び、国営フィンランド道路事業会社で交通情報サービスのキャリアを積んだ。その後、ＭａａＳに深く関わり、立ち上げから一貫してマースグローバルの先頭に立っている。別名、「ＭａａＳの父」とも呼ばれる人物だ。

二〇一九（令和元）年八月末、マースグローバルはMaaS Global Japan（以下、マースグローバル・ジャパン）を設立した。日本国内の数カ所で、ウィムを展開すべく検討、準備を進めている。

マースグローバルのサンポ・ヒエタネンCEO

翌九月、そのヒエタネンが来日した。彼の講演会が終わった後、短時間だが話を聞くことができた。北欧の人らしく長身だが、非常に親しみの持てる笑顔の人だ。私が「ジャーナリストです」と挨拶すると、「私の父もジャーナリストです」と柔和な表情になり、「何でも聞いてください」と、わかりやすい英語で話してくれた。

そのとき彼は、次のように語った。

「ＭａａＳは、日本には要らないと言う人がいます」

ヒエタネンは、なぜそんなことを言ったのか。例えばＪＲ東日本の輸送実績を見てみると、二〇一九（平成三一）年三月の調べで毎日一万二〇〇〇本もの列車を運行している。乗客は一七九〇万人にのぼり、一社の輸送としては世界最大の規模となっている。さらに大都市圏を中心に、私鉄や地下鉄網が発達し、バスも走っている。行き当たりばったりに駅に行っても、そんなに待たされることがないのだ。加えて、各種の乗り換え案内アプリも充実している。

しかも、スイカやパスモなどの交通系ＩＣカードは、ほとんどの交通事業者で利用できるため、事前の乗車券購入は必要ない。

定額制については、ＪＲや地下鉄、都営バスなどで使える一日乗車券がある。さらに日本には定期券があり、通学や通勤に格安で利用できる。海外には見られない制度で、これも一種の定額制だ。

交通機関の経営形態が、日本と西欧では違うことを指摘する人もいる。かつてJRは国鉄だったが、西欧ではいまも公営の鉄道が多い。バスは民間も多いが、地下鉄やトラムは公営が大半で、しかもひとつの都市の公共交通は、ひとつの経営組織となっていることが多い。一方、日本は公営の地下鉄を除けば、鉄道はJRを含めて民間企業で、バスも民間が多い。

実は首都圏に住む私も、MaaSアプリの必要性を、いまのところあまり感じていない。普段は行かない目的地に移動するだけなら、インターネットの移動検索でルートや時間を調べ、あとはスイカを使うだけだからだ。満員電車の混雑は困ったものだと思いながらも、移動自体に困難を感じたことはない。ただし、定額制が実現して利用料金を抑えることができるのなら、それはそれでありがたい。

そんな私の思いを知ってか知らずか、ヒエタネンは続けた。

「しかし全く逆なのです。日本には多くの使われていない車があります。同時に、素晴らしい公共交通がたくさんあります。さらに地理的に見ても、ヨーロッパは様々な国が国境を接して交通制度が多様ですが、日本はひとつの島国でまとまっています。東京、そして日本は、市場として大変魅力があるのです」

名刺の裏側に、会社の理念が記されていた。そこには「Freedom of Mobility」、〝移動の自由〟と書かれていた。もし、これが「Liberty of Mobility」だったら、闘って勝ち取った、移動の自由ということになる。だから、例えば、アメリカが独立戦争で勝利した象徴である「自由の女神」は、「The

Statue of Liberty」だ。一方、Freedomとは、人間にとって当然のこととして与えられている〝自由〟を意味する。例えば〝表現の自由〟を英語で言う場合「Freedom of the speech」と言う。ヒエタネンは、「移動の自由こそ、私たちが待ち望んでいるものなのです」と語る。彼にとってMaaSは、表現の自由と同様、あらゆる人が当然のこととして持っている権利であり、本来は当たり前のことなのだ。

ヒエタネンが目指すMaaSは、様々なモビリティが連携しながら、全体としてひとつの大きなシステムを形成する世界だ。ヒエタネンは、MaaSを狭く定義するのではなく、様々なMaaSがあっていいと語っている。

ヒエタネンのこれまでの取り組みを踏まえると、単に便利に移動できるというより、もっと先の世界を見据えているのではないかと感じられた。

マースグローバルを取り巻く環境

マースグローバルと協業したいという日本企業は多い。すでにトヨタファイナンスと、あいおいニッセイ同和損害保険、それにデンソーの三社、加えて三井不動産、三菱商事という、日本を代表する会社が資本提携している。

各社のプレスリリースを見てみると、トヨタファイナンスは、「マルチモーダルビジネスの知見を習得し、収集データの分析に基づきトヨタ顧客へのより良いサービスの提供、カスタマーリテンション（顧客維持）の向上に繋げていく」、あいおいニッセイ同和損害保険は、「実務レベルの人員を派遣し、新モビリティサービスやマルチモーダルビジネスのノウハウを取得する」などと期待している。

三井不動産は、「MG社がグローバルで展開してきたMaaS事業の知見を生かし連携強化を図る」、三菱商事は、「当社の海外ネットワークや様々な産業との接点を活かし、アジアを始めとする各国・地域へMG社事業の横展開を図ります」として、それぞれの立場からマースグローバルとの協力関係を強化したい意向だ。

さらに、資本関係はないが、東京の大手私鉄の小田急電鉄は、マースグローバルと、「データ連携、およびサービスの検討を行うことで合意した」と、二〇一九（令和元）年一〇月に発表した。

小田急は、オープンなデータ基盤として、マース・ジャパンを構築している。小田急はすでに、JR東日本とJR九州、日本航空、Japan Taxi、DeNA、検索エンジンのヴァル研究所、カーシェアのタイムズ24、第2章で紹介したパーソナルモビリティのウィル、それにドコモ・バイクシェアなどと、連携、協力することで合意している。これらの企業は、それぞれの運行状況や検索情報などをマース・ジャパンに提供することになっている。データ基盤であるマース・ジャパンには、多様なデータが収集される。それをもとに、小田急はMaaSアプリ「エモット」をすでにリリースしている。エモットでは、鉄道やバスに加え、タクシーやバイクシェア、カーシェアなど、様々サービスを用いた移動経路が、シームレスに表示される。これら交通機関のサブスクリプションはまだできないが、一部路線の電子チケットやデジタルフリーパスなどを購入できるようになっている。

今後、マース・ジャパンとマースグローバル・ジャパンとの連携がどのように進展するのか、注目される。

日本事業・開発責任者の小畑徳明さん

日本の鉄道会社やＩＴベンチャー企業等を経て、マースグローバル・ジャパンの日本事業・開発責任者に就いた小畑徳明は、日本での今後の事業展開について、「ヨーロッパの事業で培った経験を踏まえながら、なるべく多くのみなさまと協業できることを念頭に、日本型のＭａａＳを作っていきたい」と語る。

最後に、ヒエタネンの日本に対するメッセージを紹介しよう。

「日本の市場と私たちとは、コンセプトが合い、親和性があります。日本は公共交通機関が充実していて、ベストマーケットです」

例えばパソコンのＯＳの世界では、ウィンドウズやマックＯＳの他に、オープンソースのリナックスがある。スマホのＯＳではｉＯＳと、オープンソースのアンドロイドがある。

マースグローバルのウィムは、各社に開かれたオープンソースのイメージだろうか。「スイカで十分」と思っていた私に、どのような世界を提示してくれるのか、楽しみだ。

電動キックボード× MaaS & CASE

⑭ 世界で広がる電動キックボード。日本で導入されると、毎日の生活はどう変わる？

誰でも乗れて、小さなスペースにたくさん置くことができ、一度に大量に運べるというマイクロモビリティがある。世界中でシェアリング化が進む電動キックボードだ。満員電車や満員バス、自動車の交通渋滞の緩和につながるだけでなく、観光地の魅力の向上や災害時の対応にも利用できる。日本では導入が遅れている電動キックボードの可能性を探った――。

電動キックボード「ループ」と岡井大輝社長

マイクロモビリティとして注目を集める電動キックボード

ＭａａＳの世界で、ライドシェアと並んで、日本での導入が遅れている分野が、もうひとつある。それが「電動キックボード」だ。「電動キックスケーター」や「電動スクーター」と呼ばれる場合もある。大きな分類では、自転車や、第2章で紹介したウィルなどと共に、「マイクロモビリティ」、あるいは「パーソナルモビリティ」として括られる。

まず、「キックボード」について説明すると、前後に小さな車輪のついた細長いボードに、T字形のバーハンドルが取りつけられている。乗るときは、片足で地面を蹴って走ることから、その名前がつけられている。ハンドルのないスケートボードに比べて取り扱いが容易なことから、レジャー用や子どもの遊び道具として人気がある。これに小型のモーターとバッテリーを搭載し、電動で走れるようにしたのが、電動キックボードである。最高時速は二〇キロ程度から、四〇キロ近いものまで、メーカーにより様々だ。最高速度を制限することもできる。

乗り方は簡単で、縦長の板の前方に、どちらかの足を乗せて、軸足とする。一般的には、利き足とは反対の足を軸足とする人が多いだろう。次に、最初に走り出すときだけ、軸足とは反対の足で地面をキックする。走り出したら両足を縦長のボードの前後に乗せ、右手側のアクセルレバーを回すと、モーターがスタートして加速する。電動だから、足で地面を蹴り続ける必要がなく、立ったままの姿勢で楽に移動することができる。ブレーキは、メーカーによって異なるが、自転車のようにブレーキレバーを備えているタイプが多い。

乗っていて汗をかくことがないから、ビジネスでスーツを着ていても、服が乱れることはない。自転車のように、車体のフレーム部分をまたいで乗る必要がないから、スカートでも問題ない。

二〇一九（令和元）年一〇月下旬から一一月上旬にかけて開催された東京モーターショーでは、国内三社から四タイプの電動キックボードが出品され、試乗会が開かれた。私も参加してみたが、練習不要で、簡単に乗ることができた。タイプによってサイズやパワーに多少の違いがあり、加速の強さに違いが感じられたが、実用上は各社の製品とも問題なさそうだ。

スピードは、私が普段使いで、自分の自転車に乗るときよりは速いと感じた。高速走行できるロードバイクや電動アシスト自転車に比べれば遅い印象はあるが、時速二〇キロと考えると、マラソンのトップランナーのスピードである。

電動キックボードは、自転車のように力を入れて漕ぐ必要がなく、立っているだけなので楽な分、体感的に一層速く感じることもあると思う。私は以前、四〇〇ＣＣのオートバイに乗っていたことがあり、身体の動きがそのまま走りにつながるオートバイが好きなのだが、それとは違うワクワク感がある。「こんなモビリティを待っていたのだ！」という楽しさがある。何といっても、まわりの景色が走馬灯のように走り去り、頬に風を感じられるのがいい。メーカーの人に聞くと、自転車に乗るより簡単で、自転車に乗れない人でも、少し練習すれば乗れるようになるという。自転車に乗ると疲れるという高齢者も、楽に乗ることができる。

世界中で急速に普及している理由

その電動キックボードが、世界で急速に普及している。最近、欧米へ旅行に出掛けた人が撮った写真を見ると、数年前とは違って、街角のあちこちで電動キックボードが目につく。シェアリングサービスで、利用者は簡単に借りられる。GPS機能が搭載されていて、シェアリングの会社はすべての機体の位置を確認できる。G20各国のうち、電動キックボードが公道を走っていないのは、イギリスと中国、そして日本の三カ国だけになってしまっているのである。

ただし、走行条件は国や地域によって異なっている。フランスでは当初、無条件で利用が許可されていたが、後に車道だけでの利用に改められた。シンガポールでは、車道は時速二〇キロだが、歩道では一〇キロという制限速度が、別々に設けられている。アメリカでは、州によって制限速度が異なっている。

電動キックボードが受け入れられている国では、公道を走る際、自転車と同じような扱いで、運転免許が不要という点が、日本との最大の違いだ。ヘルメット着用や保険加入の義務は、国や地域によって異なっている。

アメリカでは、いずれも二〇一七年に、電動キックボードのシェアリングサービスを開始した「バード」と「ライム」の二社が、急成長を遂げている。特にバードは、アメリカにおいて史上最速の約九カ月でユニコーン、すなわち「評価額一〇億ドル以上の非上場企業」となった記録を持っている。

ライドシェア大手のウーバーも、電動キックボードのシェアリングに参入した。フォードやＢＭＷといった自動車メーカーは、電動キックボードの製造に乗り出している。

日本では、原動機付自転車の扱いで公道を走ることは可能である。その場合、フロントライトやバックライト、方向指示器などを取りつけ、自賠責保険に加入し、軽自動車税を納付して、市町村から交付されるナンバープレートを取りつけなければならない。乗車に際しては、ヘルメットを着用しなければならない。そして原付と同様に、走行は車道に限られ、通行量が多くて危険を感じたとしても歩道を走行することはできない。もちろん、運転免許が必要となる。しかし、そこまでして公道で電動キックボードに乗ろうとする人は、ほとんどいない。

その一方、私有地やレジャー施設などで、すでに多くの電動キックボードが使われている。広大な工場や倉庫、さらにはゴルフ場などで、社員の移動用に使われるケースが多い。自転車よりコンパクトで、しかも楽だからだ。イベント会場のバックヤードで、スタッフ用に利用されることも多い。リゾートでは、利用者に貸し出すパーソナルモビリティとして、高価な電動立ち乗り二輪車「セグウェイ」をやめて、電動キックボードに替えたという施設も多い。なにしろセグウェイは、乗り始めるのにインストラクターによる指導が必要だが、電動キックボードは誰でも乗れるからだ。

とあるベンチャー企業が電動キックボード事業に至るまで

日本でも、電動キックボード導入を実現しようと、いくつかのベンチャー企業が活動を始めている。

このうち、東京のＬｕｕｐ（以下、ループ）は、社長の岡井大輝《おかいだいき》が、業界団体のマイクロモビリティ推進協議会の会長を務めている。その岡井を訪ねてみた。

二〇一八（平成三〇）年七月に起業したばかりのループは、ベンチャー企業も多く入居している東京都渋谷区のビルに本社がある。近くには国連大学や、芸術性の高い作品を中心に上映する映画館などもあり、文化の香り漂う地区である。

応対してくれた岡井は、質問に対する受け答えもはきはきしていて、好青年の鑑といった雰囲気である。取材時の年齢は二六歳で、本書の主な登場人物の中ではもっとも若い。ちなみに、同い年だが、学年ではひとつ上となる同じ高校の先輩が、第4章で紹介したアジット代表の吉兼である。

尊敬する人は、ソフトバンクの孫正義と、テスラのイーロン・マスク。好きな事業は、第2章で紹介したパーソナルモビリティのウィル。マイブームは、社員と銭湯に行くこと。趣味は仕事で、いまのところは仕事一筋のようである。ループは、『週刊東洋経済』（二〇一九年八月二四日号）に掲載された「すごいベンチャー一〇〇」にも選ばれていて、岡井の手腕は早くも高く評価されている。

まずは創業に至る経緯や、思いを聞いてみた。

岡井は大学で、植物系の素材からプラスチックを作る研究に取り組んだ。しかし岡井は、研究者の道には進まなかった。

「当初は、自分は研究者として社会を根底から覆せると思っていました。しかしぼくの性格上、研究者としてよりも起業家、事業化という立場からの方が、より大きく社会を変えることができるのではと、感じるようになったのです。せっかく自分の人生を賭けてやるのなら、日本や世界に必要とされるインフラを作りたいという思いがありました。みんなの生活が向上したと思っていただけるようなプロダクトを、作りたかったのです」

若い世代の起業家たちは、社会貢献をモチーフのひとつに掲げる人が多い。岡井もそのひとりだ。大学を卒業するとコンサルティング会社に入り、大企業の経営戦略に関するアドバイスや、企業買収などの実務を担当した。二年間の経験を踏まえて、岡井はループを起業したのである。

まず岡井が手掛けたのは、介護士や介護士に準じる人のマッチング事業だった。実は、岡井の祖母は認知症を患っている。認知症を発症した当初は、介護保険で認定される介護度の等級が低い。ところが介護度の低い人ほど自由にあちこち動き回り、介護をする人は目が離せなくなる。他の人たちも同じ悩みを抱えているに違いない。そう考えた岡井は、結婚などで介護士を辞めたが、短時間ならアルバイトで介護の仕事ができるという人と、お金を払ってでも介護に来てほしい人たちとをマッチングする仕事を思いついたのだ。

ニーズはきわめて高かったが、サービスを試行してみて、どうしても採算があわないことがわかった。なぜなら、目的地が駅の周辺を外れると、移動に時間がかかり過ぎた。得られる報酬と、移動時間を秤にかけると、東京の交通事情では、事業は成り立たないと判断せざるを得なかったのだ。介護の仕事は早々に見切りをつけた。

あえなく事業は頓挫したが、岡井は転んでもただでは起きない。社会の課題として、都市の鉄道や地下鉄網は確かに発達しているが、電車を降りたあと、最終目的地までのアクセスが不十分である場合が多いことに気がついたのだ。

あらゆる小さなモビリティの中で、電動キックボードに目をつけた理由

それならば、その問題を解決するためのインフラとなる事業に取り組もうと考えた。それが、マイクロモビリティのシェアリングである。自転車や原付、ひとり乗りの電気自動車も含めた、あらゆる小さなモビリティを検討した。しかし、日本の都市は地価が高く、駐車や駐輪の用地確保が難しい。そこで岡井が目をつけたのが、電動キックボードだった。

「一メートル四方くらいの小さなスペースに、キックボードは五台置けるのです。自転車が五台置ける場所なら、キックボードは一〇台置けます。さらにトラックで運ぶ場合、自転車だと一五台しか載らない荷台に、ぼくらのモビリティは五〇台くらい載せることができます。自転車と違って、折り畳むとかなり小さくなるからです。この体積の小ささこそ、弊社が電動キックボードを選んだ理由です」

密閉された機体の中にモーターや充電池が入っているため、戸外に放置しておいても、壊れることはほぼないという。なお、原付としてなら現状でも公道の走行が認められている電動キックボードだが、岡井はその方法での事業開始には慎重な立場をとる。

「一五キロ程度で走行するキックボードが自動車の前を走る場合、自動車に追突されるリスクがあると考えています。二〇キロ未満のモビリティが、車道しか走れないのでは、ユーザーの安全を確保できません。他方で、歩行者の安全にも配慮する必要があるので、両者の安全性の調和をとった法整備が欠かせないでしょう。電動キックボード業界の総意として、安心や安全を確保する体制を構築する

とともに、警察庁、国交省、内閣官房、経産省などとともに導入に向けた法整備の議論をしていきたいと考えています」

電動キックボード×シェアリング

ループでは、電動キックボードをシェアリングの形で提供したいと考えている。どこでも手軽に使えることで、街の新しい基盤になり得るからだ。利用の流れは、次のようになっている。

まず、ループのアプリをスマートフォンにインストールし、アプリを立ち上げる。電動キックボードにはGPSが搭載されており、アプリの地図を使って近くにある電動キックボードを見つける。次に、機体のQRコードを読み込み、ロックを解除する。これで利用できるようになった。使用後の返却は、指定されているスポットの中から、好きな場所を選ぶ。

ループでは一般的な使用として、徒歩一五分から三〇分程度の距離の移動を想定している。

「ロックの解除で一〇〇円。その後は一分あたり一〇円くらいの利用料を、現時点では考えています。例えば、五分乗ると一五〇円です。平均的には一〇分の利用で、二〇〇円を想定しています。電車で一駅移動するくらいの時間と料金で乗っていただきたい」

支払いはアプリ内で完結する。

実用化にあたっては、供用地域での主要駅周辺半径三キロ以内に、五〇〇台の設置を想定している。アメリカやヨーロッパの企業も、ほぼこの水準で設置している。一台あたり、一日三回利用される前提で、一日に一五〇〇人がサービスを利用する計算である。そのエリアだけで、年間約一億四〇〇〇万円の売り上げとなる。アメリカのワシントンでは、一台あたり一〇回乗られているというデータもあり、利用回数が増えれば増えるほど、売り上げは増す計算だ。

GPSも駆使した最新の安全対策

ループは、自社の電動キックボードを社内で設計し、中国の工場で製造している。岡井が中国のメーカー約三〇社を回り、実際に自分の目で見て、確かな製造技術を持つ工場を選んだ。

ベーシックなモデルのサイズは、ボードの長さが一〇六センチ、幅が四三センチ、高さが一一〇センチで、重さが約一二キロ。身長が一二〇センチ以上の人の利用を想定している。アメリカのバード社製は、ベーシックモデルのサイズが長さ一一〇センチ、幅四六センチ、高さ一一九センチだから、ループよりひと回り大きい。外国製はブレーキやベルを電動としているものもある。

「パッと見て、すぐブレーキとわかるよう、ぼくらは手動のブレーキ、電動ベルだと充電が切れるリスクもあるので手動のベルとしています。チューブタイヤのモデルもありますが、ループはタイヤがパンクしないように、固体のタイヤになっていて、釘を踏んでも大丈夫です」

定格出力は約三五〇ワットで、最高速度は時速二〇キロに設定している。ちなみに国内で販売される電動アシスト自転車は、時速二四キロでアシストが解除される規定になっている。

その上でループは、安全重視の対策を様々に構築している。

ひとつは、危険が予想される地域での減速だ。GPSで機体の走行位置を検知し、どこを走っているかを常に記録している。事故発生危険箇所について、最高速度を例えば時速五キロなどに自動的に落とすこともできるようになっている。その上で、スクランブル交差点や商店街など、人通りの多そうな場所に速いスピードで差し掛かると、日本語以外にも英語や中国語で、「危ないので、降りて歩いてください」と、自動的に呼び掛ける機能も検討している。

「自転車事故の多発地点だったら、そこではモーターが働かないような仕組みを作ることも可能です。あらかじめ自治体や警察と協議して、危険な場所を把握しているからです」

将来的にもうひとつの安全対策として検討しているのは、機体に加速度センサーを組み込み、蛇行運転や、急加速、急停車、下り坂でのスピード出し過ぎなど、利用者が行った危険運転をすべて記録することだ。そうした危険行為が一定回数以上繰り返されると、警告のアラートを鳴らしたり、場合によっては一定期間、利用を停止したりすることもできる。

「電動キックボードを利用できたら、街が便利になることは、イメージしやすいと思います。気になるのは、安全面とマナーだけなのです。社会に迷惑を掛けることがないかどうか。(他社と比べて)弊社はその対策が一番優れていると自負しています。安全面に関して、ぼくらが一番高い水準の対策を提供しています」

自治体や業界団体など
さまざまな形の協力体制を築いている

ループでは、静岡県浜松市や奈良市、三重県四日市市、東京都多摩市、埼玉県横瀬町、それに愛知県岡崎市と連携協定を結んで、自治体と協力しながら安全対策の改良を続けている。さらにシェアリングエコノミー協会や、渋谷区観光協会の連携協定に事業者として参画し、様々な場面での電動キックボードの利用について、協力体制を強化している。

ループで特徴的なのは、短期間のうちに、二輪のスタンダードタイプ以外にも、前かごをつけた三輪タイプや、いっそう安定感が増す四輪タイプ、いすを取りつけた高齢者向けタイプなど、あらゆる利用のバリエーションを想定して、様々なモデルを開発していることだ。

特に私が感心したのは、座って走れる低速電動ウィールチェア（仮称）だ。最高時速を六キロに抑えれば、電動車いすと同様、歩行者扱いとなり、法律上も問題なく歩道を走行できる。三輪、ないし四輪で、転倒するリスクもない。すぐにでも公道に出ることができそうだ。第2章で紹介したウィルは、斬新なパーソナルモビリティを開発したが、ループの「座れるモビリティ」もなかなかカッコいい。高齢者向けのシニアカーを使うには抵抗があるという人でも、キックボード風のいすつきモビリティなら、ユニバーサルデザインのイメージで、抵抗感なく乗れそうだ。

「高齢者の方に試乗会で感想を伺うと、『もうちょっと、カッコよくしてほしい』という話をよく聞きます。高齢者は、シニアカーとか電動車いすだと思われると、乗りたくないのです。なぜかというと、いまの高齢者は元気な方が多いのです。将来的には販売も考えていますが、免許を返上した後、年金で暮らす方に、一〇万円台で提供したいですね」

軽量コンパクトだから、マンションの玄関にも置けそうだ。

ループの本社がある渋谷区の区長、長谷部健は、「区内をコミュニティバスの『ハチ公バス』がぐるぐる回っているのですが、『乗り降りするポートに、高齢者向けのビークルを置けないか』という提案をループさんからいただいています。それができれば、お年寄りの移動がとても楽になって、行動範囲も広がります。まだアイデアの段階ですが、そういうことができたらいいなぁと思います」と語る。

高齢者向けの機体は、いまのところ、どの電動キックボードメーカーも手をつけていない。高齢化は、中国やアメリカにも、否応なく押し寄せる。そのとき、ループの知見は必ず役に立つだろう。

二〇一九（令和元）年五月、岡井は、国内で電動キックボードの導入事業などを進めている四社と協力して、「マイクロモビリティ推進協議会」を立ち上げた。協議会では、取り組みのひとつとして、安全性の検証を行い、確認ができた機体に認定シールを発行している。

「業界の総意として、安心や安全を確保するための体制を構築した上で、警察や国交省、内閣官房などに、導入に向けた法整備などを議論していただきたいのです」

同年六月、経済産業省のスタートアップ支援プログラム「J-Startup」に、ループは電動キックボード事業者として、初めて選出された。このプログラムの採択で、ループは、政府から様々な支援を集中的に受けられることになった。

同年七月には三井住友海上と共に、電動キックボードの保険制度を構築した。私有地での電動キックボードによる対人・対物事故等で発生した賠償責任リスク、利用者自身の傷害リスク、機体が破損することへの物損リスクをカバーする。すでに導入済みの企業や、実証実験、試乗会での事故も含め、総合的に補償されることになった。

日本でもっと電動キックボードの可能性を引き出すには？

岡井は、キックボードを中心とした様々な電動マイクロモビリティに、多くの可能性を見ている。満員電車や満員バス、渋滞の発生しやすい道路など、短距離の区間移動に、電動マイクロモビリティを活用すれば、社内の混雑や道路渋滞の緩和につながる。

観光スポットが集中しているエリアに電動マイクロモビリティを配置すれば、回遊性が向上し、移動中も風景を楽しめるため、エリアの魅力向上にもつながる。

駅から離れているエリアに電動マイクロモビリティを配置すれば、地域の価値が向上し、店舗の客数増加や定住率の改善が期待できる。

保管が小さなスペースで済むことや、輸送が容易なため、期間限定で稼働台数を調整することが可能である。例えばオリンピックやワールドカップなどのイベントで突発的に需要が増加した場合、既存の交通機関では対応が難しい場合でも、電動マイクロモビリティなら、臨機応変に対処できる。同様の理由から、災害時の対応も柔軟に行うことができる。

電動マイクロモビリティは、アプリと連携してデータの蓄積が可能である。中長期的に、人びとの移動データを分析することで、市民生活を改善したり、観光事業の賑わいに活用したりすることができる。

外国で電動キックボードが使いやすいのは、自転車用バイクレーンの整備が進んでいるところが多いからだ。これからの都市開発では、自転車と電動キックボード用のレーン整備がポイントのひとつになりそうだ。

金銭面よりも生活に与えるインパクトを重視

岡井は、ＭａａＳの世界観について、面白い見方をする。地球の外から宇宙人が東京を見たとき、どう思うかと問い掛けるのだ。

「ライドシェアの最適マッチングや、公共交通をアプリで統合するだけなら、効率的にはなっていても、人びとの生活の形自体は変わりません。地球の外から宇宙人が東京を見たとき、『東京は変わったね』とは思われないでしょう。そういう意味で、ウーバーやウィムよりも、バードやライムのほうが人びとの生活の変化に寄与したと思っています。ライドシェアのほうが、金銭面でのインパクトは大きいでしょうが、生活にインパクトを与えるという意味では、電動キックボードのほうが大きいと思います」

その上で岡井は、「ぼくらのモビリティがＭａａＳの最後の〝のりしろ〟になりたいし、なるものだと思っています」と自負する。

マイクロモビリティだから、一次交通や二次交通は担えない。しかしＭａａＳの世界を構築する重要なメンバーである。様々な交通機関をつなぐ接着剤という意味では、一番大事な存在かもしれない。

15

シェアサイクル× MaaS & CASE

フランチャイズ戦略で 全国展開を進める「ハローサイクリング」

自転車活用推進法によって追い風が吹くシェアサイクル業界の中で、企業や自治体が自由に参加できるオープンプラットフォーム戦略によって、全国的な普及を目指すシェアサイクル事業がある。ソフトバンクの社内ベンチャーとして生まれたオープンストリートが構築した「ハローサイクリング」だ。そこにあったのは、同社を率いる横井社長の「社会を変えたい」という強い気持ちだった――。

シェアサイクル「HELLO CYCLING」の使い方

アカウント作成

アプリや WEB で会員登録。
IC カードの登録と利用でもっと便利に。

検索・予約

乗りたい場所の近くでステーションを
探してアプリでサクッと予約まで。

貸出し・返却

HELLO の提携ステーションなら
乗る場所も返す場所も自由。

出典：https://www.hellocycling.jp/

自転車活用推進法が追い風になったシェアサイクル業界

二〇一六（平成二八）年一二月、「自転車活用推進法」が成立し、翌年、施行された。この法律は、超党派の国会議員からなる「自転車活用推進議員連盟」が提案したものだ。社会の健康志向を背景にしながら、CO2を出さず環境に優しい、さらに交通渋滞の緩和につながるなど、自転車の良さが改めて見直されている。推進法では、自転車専用道路や通行帯の整備促進などと並んで、シェアサイクル設備の整備促進が重点的に検討され、実施されるべき施策として示された。

推進法に基づいて、二〇一八（平成三〇）年六月に「自転車活用推進計画」が策定された。この中で、具体的な数値目標が設定された。このうちシェアサイクルに関しては、二〇一六（平成二八）年度に全国で八五二カ所だったサイクルポート（自転車置き場）を、二〇二〇（令和二）年度には倍増の一七〇〇カ所にするよう求めている。シェアサイクルに追い風が吹いているのだ。

シェアサイクルは、シェアバイクと呼ばれることもある。この場合のバイクは、自転車という意味だ。一方で、以前からあるスタイルとしては、レンタサイクルがある。その違いは何だろうか。

昔からあるということは、借りたり返したりする際、レンタサイクルではインターネットなどを利用せず、お店の人が対応するということだ。それは必然的に、借りた場所に返すのが原則ということを意味する。一方、デジタル時代のシェアサイクルは、決められたサイクルポートであれば、どこでも返却可能なシステムとなっている。サイクルポートに係員はおらず、利用者は自分で解錠する。

ただし、ポートが満車の場合は返却できないという会社もある。外国のシェアサイクルではドックフリー、つまり前輪をはめこむドックが存在せず、街中のどこに乗り捨てても構わないという会社もある。

セルフサービスのシェアサイクルは、レンタサイクルに比べて一般的に、より短い時間で借りることが可能だ。「ちょい乗り」できる手軽さがポイントである。

世界のシェアサイクルを見てみると、アメリカではウーバーが買収した「ジャンプ」、電動キックボードのライムが運営する「ライムバイク」、シティバンクがスポンサーになっている「シティバイク」、フランスでは「ヴェリブ」、ドイツの「コール・ア・バイク」をはじめ、いまでは数え切れないほどのサービスが存在する。一方で、中国の大手は過当競争の結果、経営難に陥るなど、シェアサイクル事業の運営の難しさが指摘されてもいる。

日本では、NTTドコモ傘下の「ドコモ・バイクシェア」、ソフトバンクとヤフー傘下のZコーポレーションが出資する「OpenStreet」（以下、オープンストリート）がプラットフォームを構築する「HELLO CYCLING」（以下、ハローサイクリング）をはじめ、フリマアプリのサービスを運営しているメルカリが「merchari（メルチャリ）」を手掛けるなど、全国各地でシェアサイクル事業は増えている。

この節では、企業や自治体が自由に参加できる「オープンプラットフォーム戦略」で全国的な普及を目指すオープンストリートを紹介しよう。

ソフトバンクの社内ベンチャーとして生まれたオープンストリート

オープンストリート社長の横井晃《あきら》も、本書に登場する人物の例に洩れず、なかなか興味深い経歴の持ち主である。大学の建築学科を卒業後、デザイン・設計会社を起業し、リノベーションから店舗デザイン、メーカーの行うイベントのデザインまで担当した。

「大学までは、『モノ作り』が最強だという教育を受けてきました。しかし社会に出ると、建物の中で営まれる商いや、事業組み立てのほうが重要だと考えるようになりました。『モノ作り』から、『コト作り』にシフトしていったのです」

オープンストリート 横井晃社長

横井は三〇歳を過ぎたとき、自分のやりたかった「コト作り」に専念する覚悟を決めた。二〇〇七（平成一九）年にアップルから初代iPhoneが発売され、続いてアンドロイド搭載のスマートフォンも登場して、スマホの可能性が確かなものとして感じられるようになった。二〇一一（平成二三）年にソフトバンクに入り、法人向けにスマホのアプリ作りなどを担当した。

「アプリを作るのは、デザイン・設計によく似ています。お客様の課題を抽出して、要件を作り、設計書を作ります。業務用アプリなので、世の中には知られていませんが、通信会社がサポートしている仕事がたくさんあります」

ソフトバンクは二〇一一（平成二三）年から毎年、新規事業のアイデアを募集する「ソフトバンクイノベンチャー」を実施している。いまはエントリーが年三回に増えているが、当時は年に一回だった。その一回の応募で約一〇〇〇件の応募があり、事業の検討に入るのがこのうち数件くらい。会社化されるのは、さらにその一部である。

「『コミュニティサイクリング』という呼び名で、パリやニューヨークに自転車のシェアリング事業が出始めていました。そのスタイルはいずれも、自転車を固定するための大型のドックを設置するものでした。それをインターネットの利用でドックを不要にして、ＩＯＴ端末として安価に構築できれば面白いと考えました」

横井の少年時代は、自転車が身近な移動手段だった。また海外滞在中には、コミュニティサイクルをよく利用した。

「街を自転車で走るのが楽しかったのです。気持ちよかった。体を動かす乗り物はいいなって感じました」

横井が提案した二〇一五（平成二七）年当時、国内では金沢市が観光客向けにＩＣカードを使ったシェアサイクルを始めていたが、スマホアプリを使った先行事業者はなかった。検討の段階では「一回数百円のビジネスで儲かるのか」や「雨が降ったらどうするのか」など、多くの疑問点が出された。

「当時はＭａａＳという言葉もありません。この事業は、アプリを作ればそれでＯＫというものではなく、地域の方たちと連携して、地道にステーションを作らないといけません。それではじめてユーザーに数百円、お支払いいただけるのです」

地味で収益性の低い、社会インフラ事業。それまでソフトバンクが手掛けていなかったジャンルだ。最終的に、社会性の高さがトップに評価され、ゴーサインが出た。

設立準備を経て、二〇一六年（平成二八）一一月に立ち上げたのが、オープンストリートだ。社名のOpen Streetを略すと「ＯＳ」となる。都市のオペレーションシステムを新たに作りたいという思いが込められている。「開かれた街」という名前の通り、オープンストリートの特徴は、オープンプラットフォーム戦略にある。企業や自治体が自由に、オープンストリートのアプリを利用して、シェアサイクル事業に参入できる仕組みにした。一方、オープンストリート自体は、自転車やサイクルポートの保有や管理をせず、あくまで事業者のサポートを、システムやデータで行うのが仕事である。

ハローサイクリングの利用方法

まず、自転車の利用方法を紹介しておこう。

スマホでアプリをダウンロードして、会員登録する。そのあと、クレジットカード決済や携帯キャリア決済などの登録を済ませておく。

自転車を使いたいときは、アプリを立ちあげて、付近のサイクルポートを検索する。使いたいポートで「貸出可能」の表示が出ていれば、「予約する」ボタンを押す。次にポート詳細画面に移ると、自転車の一覧が表示される。使いたいタイプの自転車をチェックし、「自転車を借りる」ボタンを押す。利用規約に同意して「予約する」ボタンを押せば、予約完了だ。アプリ画面には、暗証番号が表示される。ポートまでの地図も表示される。三〇分以内にポートに行き、自転車のサドルの下についている番号で、予約した自転車を確認する。ハンドル中央部にある操作パネルで、暗証番号を入力すると解錠されて、利用開始だ。

予約せずに利用する方法もある。事前にスイカやナナコなどのＩＣカードを登録しておくと、キーとして利用ができる。空いている自転車があれば、その場ですぐに使えるのだ。気をつけないといけないのは、事前に登録していないＩＣカードは利用できないことだ。なぜならＩＣカードは、そのままでは利用者と紐づけされておらず、盗難の恐れがあるためだ。

返却する際は、ハローサイクリングのポートをアプリで検索する。自転車を停めたら、後輪のロックで施錠する。最後に操作パネルで、「返却」ボタンを押すと手続きは完了だ。アプリ画面には、「返却済み」と表示される。

ハローサイクリングには、機械式のドックはない。その代わり、ＧＰＳで仮想のフェンスを作っている。フェンスの中に、ＧＰＳ機能をつけた自転車のスマートロックが入ることで返却処理が行われるのである。

プラットフォーマーとしてのビジネスモデルを構築している

同業他社と比較したオープンストリートの一番の特徴は、自転車を自社で保有せず、プラットフォーマーとしてのビジネスモデルを構築している点だ。

参加している事業者は、全国で六〇社。地域で言えば、関東、関西、四国、北部九州、沖縄の、約二〇〇市区町村で展開されており、登録されている自転車はあわせて約一万台である。

ハローサイクリングという名前は、システムに関するブランド名である。各事業者は「ダイチャリ」や「シェアペダル」、「anabuki（アナブキ）シェアバイク」や「ecobike（エコバイク）」など、それぞれ独自のブランド名を持ち、運営する地域に適した車体を選んでいる。都市圏や観光地、アップダウンの多い土地など、地域の特性によって必要とされる自転車のニーズも異なるためだ。

「どこに、どのような規模のサイクルポートを設置するのが良いのか、各地域のニーズに、私たちだけですべて対応するのは時間もコストもかかります。それより、その地域のことをよく知っている地元の方と組んだほうが、ユーザーにとって利益となります。こうしたアライアンスを組めることも、プラットフォーマーならではのメリットです」

基本的にすべての自転車は電動アシストつきになっている。スマートロックに電力が必要なため、電動アシスト用のバッテリーから電力を供給しているのだ。

自転車の種類が違い、ブランド名が違っていても、ロゴが共通なので、利用者はオープンストリートのシェアサイクルだとわかるようになっている。

運営する事業者は違っても、アプリは共通だ。このため、利用者はひとつのＩＤで、ハローサイクリングに参加している全国すべてのシェアサイクルを利用できる。ただし料金は、運営する事業者によって異なっている。

便利なのは、複数の会社が同じ地域で営業している場合、シェアした会社とは違う会社のサイクルポートに自転車を返却しても構わないことだ。東京では約二〇社が事業を展開している。
「台数で一〇〇台規模だとユーザーがつかないので、ある程度の台数を確保して利便性を担保するところが一丁目一番地なのです。規模が増えると、急カーブで利用者が増えてくるタイミングがあります。インフラができてくると、すごく健全に回るのです」

コンビニのセブンイレブンやローソンは、サイクルポートの場所を提供する立場で参画している。セブンイレブンでシェアした自転車を、ローソンで返しても構わない。
「コンビニにとっては、サイクルポートを提供することで、自分のお店がステーション化して集客になります。シェアサイクルの利用者は、『寄ったついでに、ジュースでも買おうか』という人も出てきます。地域の人にとっては、近くにあるコンビニが利用の拠点となって便利です」

返却方法で変わる使い勝手や運営負担

シェアサイクルで、事業者によって利用者の使い勝手が違ってくるのが、返却の方法である。ドコモ・バイクシェアは返却するサイクルポートに台数制限がなく、好きなとき、好きな場所に返却できる。利用者にとっては、使い勝手がいい。その分、運営会社はトラックで自転車を回収し、再配置する必要がある。この作業量が膨大で、会社側にとっては相当の負担となっている。

一方、オープンストリートは、参加する事業者に自転車の回収を求めず、再配置をしていない。どうしているかというと、サイクルポートで受け入れる台数に上限を設け、それ以上は返却できないようにしている。利用者は、近くのサイクルポートが満車の場合、別のサイクルポートに行って返却しなければならない。

「ユーザーにとって、いつも満車で返せないとか、いつも自転車がなくて乗れないとなると、利用していただけなくなります。そのためには動線を確認して、相互に動くという移動の需要と供給のバランスを均衡させることができるよう、サイクルポートを検討しています」

具体的には、ポートの規模を大きくするなどの微調整をするよう、運営している会社に要請する。

それに加え、ＡＩを使って利用者の行動が変化するよう促す対策も取っている。

「アプリ上で、赤く示しているのが『ギフト』です。このサイクルポートに返却すると、クーポンがもらえる。満車になりそうなポートに停めるのではなく、別のポートに停めてほしいときは、ギフトを提示すると、一定の人数が移動してくれます。それで再配置をします。例えば『五〇メートルくらいの距離なら、割引がつくのであれば、そちらに行こうか』という人が出てきます。どのくらいのギフトで、どの程度の距離を移動してもらえるのか、というデータをＡＩで分析して活用しています」

交通機関をつなぐ接着剤としての役割を目指して

前節では、電動キックボードを紹介した。こうした新しいモビリティに、脅威は感じていないのだろうか。

「他社の分析は、一度もしたことがありません。われわれの自転車ユーザーだけを見ています。自分たちの事業者さんが、地域に根づくためにどういうデータがあったらもっと役に立てるのか、日々検討しています」

ＭａａＳに対する期待についても聞いてみた。

「我々はＭａａＳの中の領域で、短距離の交通インフラを作ります。すごく狭いエリアを、都市のなかにたくさん作っていきます。ソフトバンクが携帯網を作ったように、交通の小さなメッシュ網を各地域に作っていくのが、我々のビジョンなのです。地域になるべく寄り添って、地域の方がその地域の交通をいかに良くしていくかに役立つシステムを提供していきたいのです」

マイクロモビリティである自転車は、各種交通機関をつなぐ接着剤の役割を果たす。オープンストリートではすでに、パーキング事業者と協力して、「パーク＆ライド」の展開を目指している。ホテルや商業施設との提携も進めている。

ホンダと共同で、屋根つき三輪スクーターをシェアする「ハロースクーター」のサービスも、二〇一九（令和元）年九月に開始した。

「早期に大きな利益を上げるような事業モデルを描くのではなく、サービスを作る側として、堅実に積み上げることが重要です」

自転車を通じて社会を変えようという、横井の掲げるビジョンは、明確だ。

16 駐車場×MaaS & CASE
〝なくてはならぬ〟をつくる駐車場予約サービス「アキッパ」

既存の駐車場業者とは一線を画し、未契約の月極駐車場やビルの空きスペース、個人が所有する未使用の土地を利用する駐車場の予約システムがある。「アキッパ」だ。シェアリングエコノミーの駐車場版といえるこのサービスは、ドライバーにとっても、駐車場オーナーにとっても大きなメリットがある。その仕組みと提携先拡大の秘訣とは——。

「アキッパ」の仕組み（イメージ図）

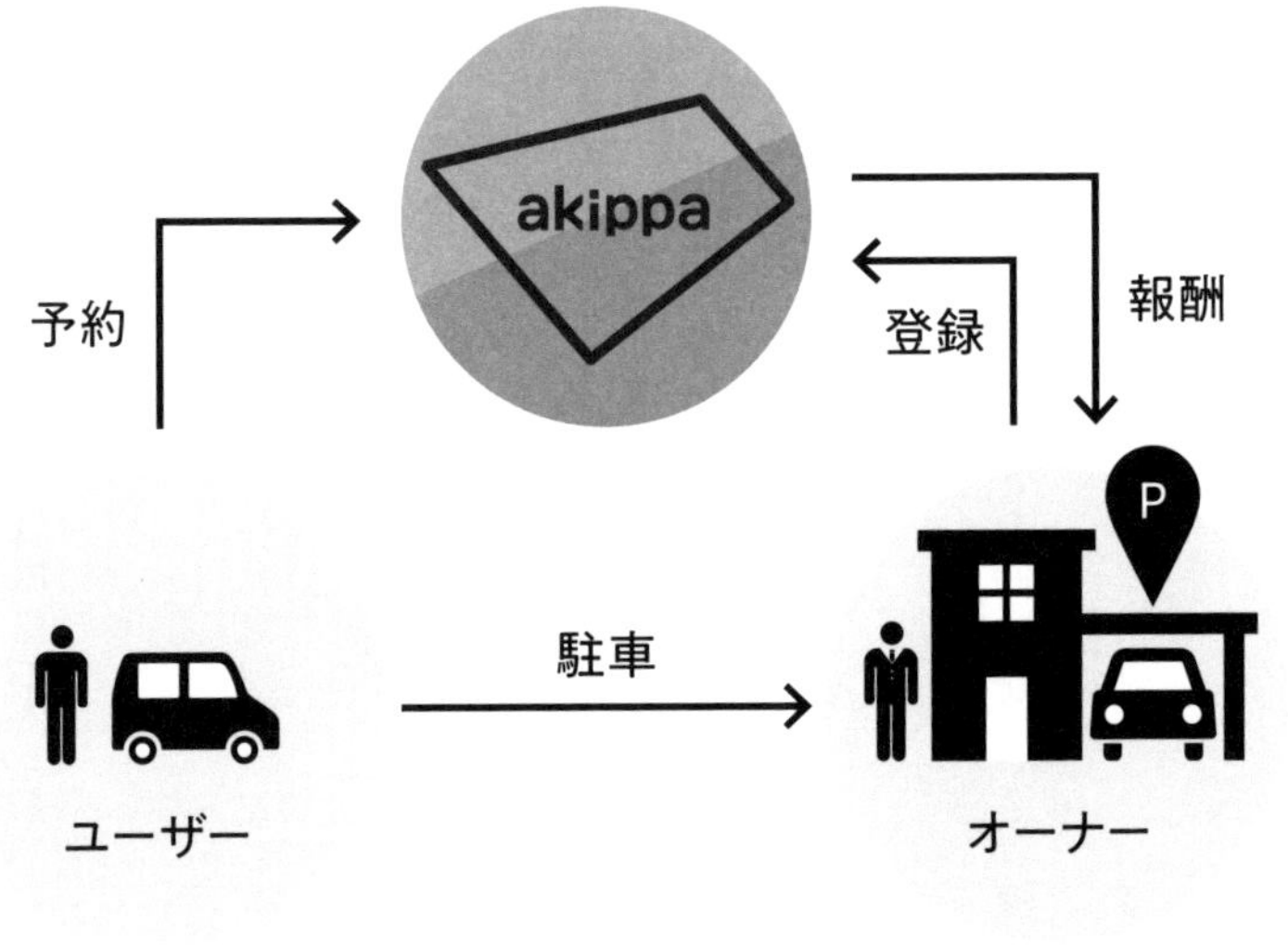

参考：https://www.akippa.com/guide/start

駐車場業界にシェアリングエコノミーを持ち込んだ

〝名は体を表す〟という。金谷元気《かなやげんき》はその名の通り、元気な人である。会ってみると、人柄は明朗快活で、しかも、時代を察する感覚は研ぎ澄まされている。そのうち話に引き込まれて、新しい世界に招き入れられたように感じられ、元気をもらった気分になってくる。

金谷は、駐車場予約サービスの分野を開拓したベンチャー企業「ａｋｉｐｐａ」（以下、アキッパ）の創業社長である。モータリゼーションの発展に伴って拡大を続けてきた駐車場業界は、長い歴史を持つが、二〇一四（平成二六）年にサービスを開始したアキッパは、またたく間に業界トップの座を争うまでに急成長した。

アキッパが先進的なのは、既存の駐車場業者のように駐車場を新たに開発整備して作るのではなく、既存のリソース（資源）、つまり未契約の月極駐車場やビル駐車場の空きスペース、それに個人所有の使っていない駐車場に着目した点である。そのオーナーと契約することで、アキッパの時間貸し駐車場をまたたく間に生み出していったのである。

金谷は自社の目的を、「私たちは、人が人に会うこと、人と体験が会うことを手助けする会社です」と言う。使われていなかったスペースを活用することで、都市部においては路上駐車の削減や交通渋滞の緩和につなげることができる。地方においては、駐車場がないため車での移動に不便を感じていた人に、便宜をはかることができる。経済的な利益はもちろん必要だが、同時に社会貢献をしたいという強い熱意が感じられるのである。

そのシステムを構築できたキーワードがCASEのSであり、経済学的にはシェアリングエコノミーと呼ばれる。モノやサービスを、多くの人たちと共有して使う仕組みで、共有型経済とも呼ばれる。かつて高度経済成長の時代では、マイカーやマイホームなどを所有することに人びとは生き甲斐を感じて働いた。しかしインターネットの進展とともに、アメリカのシリコンバレー発のベンチャー企業が、新たなビジネススタイルを切り拓いていった。そのひとつがシェアリングエコノミーなのである。

アキッパが実現した駐車場の予約サービスは、使っていない駐車場を、使いたい人に使ってもらおうという、シェアリングエコノミーの駐車場版である。

駐車場の予約システム「アキッパ」の仕組みとは？

アキッパの予約システムは、単純明快である。まず、スマートフォンでアキッパのアプリ画面を表示する。使いたい駐車場を見つけたら、日時を指定し、空きがあれば一五分単位で予約できるというものである。駐車料金の支払いは、スマホで事前決済する。ゲート式の場合、現地に行って、専用端末に暗証番号を入力すると、ゲートが開く仕組みを作っている。

ビジネスモデルも同様に、いたってシンプルだ。まず、駐車料金をドライバーがスマホでアキッパに払う。利用が完了すれば、駐車場のオーナーにアキッパが手数料を支払う。残りが、アキッパの儲けである。

ドライバーにとってのメリットは、なんといっても、駐車場が確実に確保されるということだ。ドライバーは目的地付近に着いても、駐車場がどこにあるのかわからなかったり、あっても満車だったりして、空いている駐車場を探し回ることが少なくない。その手間が省けるのはありがたい。料金面でも割安になる場合が多い。特に、駐車場のニーズがあまり高くないところは、駐車料金が相場に比べて三〜四割安く設定されている。キャッシュレスで、いちいち現金で支払う必要がないのも、ドライバーにとっては手軽である。

ドライバー、駐車場のオーナー共に、アキッパの利用にともなう登録料や、月々の手数料などはかからない。つまり、利用がなければ負担はゼロなので、登録だけしておいても損はない。

駐車場のオーナーにとっても、現状では儲けはゼロで、固定資産税ばかりとられる状態なのに、アキッパと契約して利用があれば、利益が発生する。無から有を生むことはあっても、マイナスにはならない。そのまま放っておいたら何も生み出さない場所なわけだから、オーナーも収入を得られて満足する。月極の利用者が現れれば、アキッパの貸出登録を解除すればよいだけなのである。

アキッパの会員は、二〇一九（令和元）年八月に累計で一五〇万人を突破した。二〇一七（平成二九）年末で、五〇万人だったから、この一年半ほどで一気に一〇〇万人も増加した。評判が広まると、ネットワーク効果でさらに広まるのが、ネット社会の特徴だ。駐車場の拠点数は累計で三万カ所。データが累計となっているのは、登録と解除が簡単にできるので、数字が常に変動するためであり、おおよその目安として見ることができる。これに対して最大手コインパーキングが一万九〇〇〇カ所だから、拠点数ですでに日本で最大となった。台数ベースでは最大手のほうが多いが、それに次ぐ規模となっている。

こうしたベンチャー企業の創業者は異色の経歴の人が多いが、金谷もその例に洩れない。若き日の金谷が目指したのは、Jリーガーだった。

Jリーガーを目指した青年が〝ビジネスの面白さ〟に気づくまで

一九八四（昭和五九）年、金谷は大阪府柏原《かしわら》市の会社員の家で、五人兄弟の次男として生まれた。身体を動かすのが好きで、小学生時代からサッカーに熱中した。野球もやってみたが、同じチーム競技でありながら、こちらは肌にあわなかった。

「野球は、監督の指示どおりにプレイしないといけません。サッカーはチームプレイでありながら、同時に自分の判断でプレイができるのです」

サッカーにのめり込んだ金谷は、高校三年生のとき、大阪で国体の選抜候補にも選ばれ、当時はJ2リーグに所属していた佐賀のプロチーム「サガン鳥栖」から練習生として招かれたほどだった。プロのサッカー選手になりたいという思いが募った金谷は大学に進学せず、関西社会人リーグでプレイしながら、プロ入りの機会をうかがった。チームで活躍する金谷だが、プロチームではないから報酬はない。高校のサッカー部でコーチもしていたが、そのアルバイト代は、わずかに年間一二万円にしかならない。

アキッパ金谷元気社長

生活費を稼ぐため、サッカーを続けながらでもできる、あるビジネスを、自らの経験を踏まえて思いついた。金谷、一九歳のときである。

その経験とは、デート帰りの雨の日のことだった。手持ちの現金は、わずかに二〇〇円。帰りの電車賃には足りないし、傘もない。とりあえず一本一〇〇円の傘を買って、歩いて帰ろうとしたとき、傘がなくてどうしようかと思案している人たちの姿が目に止まった。金谷はひらめいた。手にしている傘を、雨宿りしている人に、一本三〇〇円で譲ったのだ。

近年、大都市ではヒートアイランド現象で天候が安定せず、急な雨に見舞われることも多い。そんなとき、傘を持っていない人にとって、一本一〇〇〇円でも買いたいという人はいるだろう。それが三〇〇円で買えるのである。

それから、雨の日を狙って売りに出ると、仕入れた傘は完売した。一日で一万円近い儲けになった。雨の日に儲けた金谷は逆に、晴れた日のビジネスも考えた。花火大会や夏祭りで暑いとき、一本三九円で仕入れたジュースを冷たく冷やし、一本一五〇円で売るのだ。こちらは多いときで、一日に二万～三万円の稼ぎとなった。

「自分から、お客さんに声掛けはしません。それでも売り切れてしまう。つまり、需給のバランスを見て、需要が一気に高まるところを狙うのです」

夏の暑い日に、ジュースと氷を詰めた箱を運ぶのは重労働だろうが、金谷は苦にならなかった。

「全然、大変じゃなかったです。サッカーのトレーニングとしか思っていませんでしたから」

こうして梅雨や夏は、傘とジュースで生活費を賄えるほどになった。しかし、それ以外の季節は厳しい。アルバイトを探そうと、新聞の折り込み求人情報を見ていて、「これなら自分でも作れる」と思いついた。求人情報チラシの制作販売である。

パソコンを使って、一枚のチラシに裏表で七〇枠作った。地元の会社や商店街を回り、一枠一万円で売るのだ。事前に調べた相場は、一枠四万円である。「そのくらいの値段なら」と、次々に注文が入った。作ったデータをフロッピーディスクに保存し、印刷会社に持って行って求人チラシを作る。それを新聞に入れてもらう。手伝ってもらった友人にバイト代を支払っても、毎月数十万円の儲けが出るようになった。

サッカーとビジネスという二足の草鞋を履いた生活を送る金谷に、転機が訪れたのは二二歳のときだった。当時J2リーグに所属していた群馬の「ザスパ草津」に練習生として迎えられた。そこで二カ月間、寮生活を送りながらサッカーに取り組んだ。しかし、チームから正式採用の声はかからず、プロ契約には至らなかった。

「これが無理だったら、サッカーはやめようと思っていました。そのときすでに、ビジネスの面白さを見てしまっていて、関心がサッカーを上回るようになっていたのもありました」

金谷はサッカーの世界からすっぱりと決別し、ビジネスの世界に飛び込む決心をした。

会社員になるも、三カ月で結果を出して一年半で退職した

ビジネスにおける金谷の狙いは、すでに決まっていた。起業である。自分で仕事を作る楽しさを、

知ってしまっていたからである。そのための熱意とセンスはあるつもりだ。しかし、先立つものと経験がない。金谷はとりあえず就職して、営業やマネジメントの経験を積もうと考えた。社内研修がしっかりしていると調べたうえで、金谷が訪問した会社は、ＪＡＳＤＡＱに上場しているＩＴ関連機器販売会社の関西支店だった。しかし、募集は大卒のみである。金谷の学歴は高卒だ。普通なら、「すみません」と帰ってしまうところだが、金谷は違った。Ｊリーガーを目指したという体力と、自分で商売を手掛けたという経験を売り物に、自分という商品を採用担当者に売り込んで、見事に成功してしまうのだ。

配属されたのは、携帯電話を法人に売り込む営業の仕事だった。

「営業した先は、一般社団法人とか、宗教法人とか、他の社員がなんとなく避けていた先を選んで行きました。予想どおり、誰も営業を掛けていなかったので、歓迎されました。大事なのは、契約をとったらそれで終わりではなく、絶対に誰かを紹介してもらうことです」

金谷は配属されてわずか三カ月後に、全国トップの売り上げを達成してしまう。実力主義の会社だったので、一年後には、配属された部署の上司が全員、部下になっていた。しかし、金谷の目標は出世ではない。ビジネスマンとしての経験を積ませてくれた会社に感謝しつつ、入社一年半で退社した。

会社を設立するも悪循環に陥った

その一カ月後の二〇〇九（平成二一）年二月。金谷は、法務局を訪れた。もちろん、会社設立のためである。その頃は、一〇〇〇万円という最低資本金の制度が廃止され、「一円起業」という言葉が流行っていた。

金谷もそのつもりで、一円で会社が設立できると思っていたら、諸費用を含めて最低でも約二〇万円かかるという。辞めた会社で出世は早かったが、給料は安く、貯金も微々たるものだ。思案顔の金谷に、法務局の人がアドバイスしてくれた。「合同会社なら、六万円ほどで設立できます」と言うのだ。株式の発行による資金調達ができず、上場できないなどのデメリットはあるものの、株式会社では毎年発生する官報掲載費などが不要であり、節税メリットも株式会社と同様に受けられる。株主がいない分、経営の自由度は高いともいえる。実は、アップルやアマゾン、グーグルの日本法人などの有名企業も、合同会社なのだ。

「新しい形態なので面白そう」と思って設立したのが合同会社ギャラクシーエージェンシーだ。最初の本社は、大阪市内にある自宅のワンルームマンションである。ニトリで買った机といす、大阪の日本橋で買い入れたパソコンで、会社の準備は整った。

始めた事業は、法人向けに携帯電話を販売する三次代理店だ。前職の経験が活きるうえ、元手無しで始められるからだ。売り上げは順調に伸びて、オフィスも大阪市内中心部に構えた。二〇一〇（平成二二）年一〇月には、新卒採用することを決めた。リーマンショック直後の就職氷河期ということもあって、二〇〇人の応募があり、六人を採用した。二〇一一（平成二三）年四月には、中途採用も加わって、約二〇人の体制ができた。一層の会社拡大を図るため、それまでの合同会社から、株式会社に組織変更した。新規事業として、求人チラシを作った経験を活かしてインターネットの求人情報サイト「アグレワーク」の展開も始めた。東京進出も決め、同年九月には東京オフィスも構えた。金谷の一気呵成な行動力には、目を見張るものがある。

「人を増やした分だけ、売り上げは伸びました。しかし裏を返せば、人を増やさないと売り上げが伸びない状況です。このことに私はとても危機感を抱いていました」

アグレワークの売り上げは順調だったが、それに伴ってクレームも増えてきた。「求人をしても求職者が来ない」と言われるのだ。

現状は、売り上げを人手に頼る〝労働集約型〟だ。これに対して、初期投資は必要だが、事業がうまく展開すれば飛躍的に成長できるビジネスモデルを〝収穫逓増型〟という。

金谷は収穫逓増型の新規ビジネスとして、成果報酬型の求人広告に挑戦した。掲載店舗でアルバイト採用が決まって、そこで初めて売り上げが発生するシステムだ。掲載してもらう側は、掲載するだけならタダなので、「求人をしても求職者が来ない」というクレームはなくなる。いったん広告が掲載されたら、あとは金谷たちが何もしなくても、アルバイトの採用があるたびに売り上げが発生する。金谷はこの頃から自社を、「営業会社」ではなく、「インターネット会社」と名乗るようになった。

そう思って始めた新規事業だが、事はそう、うまくは運ばない。掲載費用を求めていないので、「求職者が来ない」というクレームはなかったが、大きな売り上げが出るまで、少し時間がかかった。資金に余裕のない中で開始し、短期的な売り上げが立たなかったため、サービス開始の半年後には資金繰りに困り、再び労働集約型に重心が戻っていった。するとクレームが増えるという悪循環である。

同僚たちと巡った東北で思い至った方向転換

二〇一三（平成二五）年、金谷は二年前の東日本大震災で被災した東北地方を、同僚と巡ってみた。

「東北の方々と話をしていると、『いま自分たちがやっていることは、世の中のためになっていない』ということを痛感しました」

立ち上げた会社を大きくし、社員に給料を支払うため、売り上げ至上主義を突っ走ってきた。

「でも、ビジョンはなかった」

金谷は、信頼する部下のアドバイスを受けて、組織を支える理念や信条が必要だと思い至った。そして考えついたのが、「〝なくてはならぬ〟をつくる」だった。

「ぼくは思いついた瞬間、電気が走りましたね。〝あったらいいな〟ではなく、〝なくてはならぬ〟。東北で困っている人たちを見て来ていたので、困りごとを解決することが、〝なくてはならぬ〟になると考えました」

金谷は組織の運営も変えた。それまでは金谷のトップダウンで、金谷が絶対だった。それを、現場の意見を反映させるボトムアップにしたのである。金谷は次なる新規事業を検討するにあたり、全社員で、〝困りごと〟を考えることにした。大阪では模造紙を壁に貼って自由に書き込んでもらい、東京からはチャットで送ってもらう。事業のアイデアではなく、不便なこと、困っていることだけについて書いてもらった。二〇一三年秋のことだった。「彼氏ができない」というものまで含め、約二〇〇件が集まった。金谷とマネージャークラスの社員が検討した結果、六件の困りごとに絞り込んだ。

（1）学生時代に部活の部費が高かった。
（2）洗濯する時間がない。
（3）お弁当のレパートリーが少ない。
（4）出会いがない。
（5）飲食店の余り物がもったいない。
（6）駐車場は現地に行ってはじめて満車だとわかる。

それぞれ、ビジネス化を検討した。（1）は、学生のトレーニングウェアに広告を掲載し、広告費で部費を賄う。ニッチなサービスで「アドニッチ」と命名。（2）と（3）は、洗濯やお弁当のシェアサービス。（4）は、男性がゴルフ代を負担し、女性は無料で参加できるゴルフの合コンで「ゴルコン」。（5）は、飲食店で余る料理を個人の配送でデリバリーして安く提供するサービスで、「宅食べ」。（6）は、一時的に車を停めたい人と、空いているスペースをマッチングするサービス。あきっぱなしのパーキングで「あきっぱ！」。

なかでも、短期間で収益化が見込まれた「宅食べ」は商標登録もし、準備が先行した。登録してある飲食店側は、そのとき余っている食材でメニューを表示する。無料登録した会員は、スマートフォンのアプリで注文すると、それを地域の人たちが取りに行って配達する。

これは、二〇一四年にアメリカで始まり、いま東京でも流行っている「ウーバーイーツ」の仕組みとほぼ同様である。

ちょうどその頃、技術革新の担い手を集めて大阪で開かれた「大阪イノベーションハブ」で、金谷は自社の新規事業を発表することにしていた。

「『宅食べ』を話すつもりでいたのですが、当日に『あきっぱ！』に変更したのです。なんで当日になって変えたのか覚えていないのですが……。直感だと思います」

そのとき、もし「宅食べ」を発表していれば、金谷はウーバーイーツの先行者となっていたかもしれない。どちらがいいか、悪いかではなく、そのインスピレーションこそ、ＡＩがいくら進化しても、まねのできない人間のすばらしさだろう。

発案からわずか半年で「あきっぱ！」を立ち上げた

全日本駐車協会のデータによれば、東京都内での四輪車の違法路上駐車は、二〇一五（平成二七）年当時で約六万三〇〇〇台、大阪府内では約二万四〇〇〇台だった。これは平日昼間の一定時間という条件で調べたものである。その一方、アキッパが自社で駐車場の実態調査を行った結果によれば、月極駐車場やマンション、個人宅の駐車場は、全国で三〇〇〇万台分以上も空いていると推定された。

「ミスマッチが起きているだけだと思ったのです」

金谷は自らプロデューサーとなって、「あきっぱ！」のプロジェクトチームを立ち上げた。営業は金谷と、入社二年目の若手社員のふたりである。本社のある大阪、それに首都圏では、人口比で月極駐車場の多い東京都町田市を開拓拠点に選び、自転車で回っては契約駐車場を獲得していった。

「駐車場はニーズが細かいので、地域でひとつの都市に集中して、駐車場を集めていきました。ガッと同じ場所にないと認知されないし、使われないので、このエリアでは使えるという場所を、まず作りました。まずは大阪で勝ちパターンを作って、それを他の都市に展開していこうと考えたのです」

二〇一四（平成二六）年四月、「あきっぱ！」がリリースされた。発案から、わずか半年でのサービス開始である。その二カ月前から事前登録を受けつけ、すでに三〇〇〇人が会員となっていた。契約先の駐車場は、大阪市内と、町田市内を中心に約七〇〇カ所を掲載することができた。

「一五〇〇件くらい回って、半分からOKをもらいました。そもそもオーナーさんは一円もかからず、損することがありませんから。OKをもらえなかったところは、会社だったら決裁する人がいなかったり、個人のオーナーさんの場合は、任せている息子さんがいなかったりしたところが多かったですね」

注目され始めると、ゲーム事業やプロ野球で知られるDeNAや、海外商品の通販サイトを運営する「エニグモ」の須田将啓社長から出資を受けることができた。ブランドイメージを向上させるため、ロゴやカラーを変更し、サービス名も「akippa」に変更した。翌二〇一五（平成二七）年二月には、駐車場予約サービス事業を主力事業とする意志表明として、社名もakippa（以下、アキッパ）に変更した。

人材不足を解消するために

悩ましいのは、エンジニアをはじめとした人材不足である。そんなある日、グーグルの社員を名乗る人物から、突然、「働きたい」という連絡がきた。いくらなんでも有名企業のグーグルから、できたばかりのアキッパに来るはずはないと受け流していたが、先方は熱心だ。会って話を聞くと、彼は東京の本社で広告営業を担当していたが、ふたり目の子どもが生まれたタイミングで、地元の関西にUターンを考えているという。アキッパにはマーケティングを知る人材がいなかったので、入社してもらうことになった。大阪には、東京本社の大阪支社は多くあるが、大阪本社のIT系の会社はまだ少なかったのだ。このあとも続々と、大手IT企業などから、スペシャリストやリーダーシップを持った人材が入社するようになった。

「中途採用に関するノウハウはなかったので、株主のDeNAさんから色々と教えていただき、『自分たちより優秀だと感じる人』を採用するようにしました。最初のころは、最終面接にDeNAの方に同席してもらっていましたね」

二〇一六（平成二八）年一二月のことだった。フェイスブックでまったく面識のなかったトヨタの役員から、いきなり「組もうよ」とメッセージが届いた。日本一の大企業から、突然の申し出である。

「思わず、困惑しました」

先方が本気だとわかると、話は早い。同月、トヨタの提供するナビゲーションサービス「TCスマホナビ」と連携することが決まった。トヨタ車のナビ画面に、アキッパの駐車場が表示されるようになったのだ。この他、カーナビ大手、デンソーテンの車載ナビでもアキッパの駐車場を検索できるようになっている。

次々と新たなサービスを導入し、提携先を拡大していった

アキッパは一五分単位で予約が可能だが、実際には三時間程度以上予約すると、一日分で予約した方が料金は得になる計算になっている。予約は一カ月前から可能だ。このため、スポーツの試合観戦やコンサート、帰省、学校行事、通勤・通学、工事など、比較的長時間にわたって駐車したい場合に利用したいという人が増えてきた。

当初、アキッパは無人ゲート式の駐車場に対応できなかった。というのは、ゲート式の場合、入庫するときチケットを取らないといけない。チケットを取ってしまうと、その精算が必要になってくる。アキッパは事前決済なので、料金の二重払いになってしまうのだ。法人のビルも、バーやチェーンで無人管理されている駐車場がほとんどだ。それを開けるにはリモコンが必要だが、アキッパの利用者に、いちいち手渡すこともできない。どうしようかと思案しているとき、東京のセキュリティ会社「アート社」が解決策を示してくれた。そのアート社と協力し、二〇一八（平成三〇）年に、駐車場出入り口のゲート機器に取りつける端末「シェアゲート」を開発した。取りつけられたテンキー装置で五桁の暗証番号を押すと、ゲートが開くようになっている。出庫するときも同様である。無線のブ

ルートゥースでつなげて、スマホ画面をタップすると、ゲートが開く仕組みも開発中だ。シェアゲートの装置取りつけにあたっては原則、駐車場側の費用負担はない。

需給に応じて価格を変動させる「ダイナミックプライシング」も導入した。アメリカのシェアリングサービスで、すでに導入されているシステムだ。駐車場周辺のイベント情報はもちろん、イベント会場への距離や駐車場の相場価格などの要素をもとに、三五〇以上もの料金パターンで、適切な価格を設定する。もちろん、閑散期には価格が下がる。AIを活用したダイナミックプライシング自動化の実証実験もすでに実施し、今後は本格導入を視野に入れている。駐車場オーナーにとっては、価格設定がきめこまかく見直されることで、駐車場の収益最大化につながっている。

不正駐車の対策も進めている。というのは、一般の月極駐車場の場合、管理人がいるわけでもないので、アキッパのアプリで空車を知った人が不正に駐車する恐れがあるからだ。そこで、データ通信会社の「ソラコム」と協力し、駐車場に無線標識（ビーコン）を置いて、車が駐車された情報が送られるシステムを開発し、実証実験を重ねている。予約情報と照合して、予約されていないのに車が停まっていると、不正駐車としてアラートが鳴る。オーナーにも連絡がゆき、現地確認してもらうのだ。

こうした工夫の結果、アキッパの提携先は、駐車場事業会社や不動産管理会社、鉄道会社をはじめ、一般企業や行政にまで広がった。例えば、高架下の未契約の月極駐車場や、入居者の高齢化に伴って空いたままだった団地の駐車場など、大規模な遊休スペースの活用が可能となった。さらには、インバウンドの客が増えて空きができたホテルの駐車場、レンタカー会社やタクシー会社で、車が出庫している間の駐車場をアキッパで貸し出すなど、様々な形で駐車場の有効活用も行われている。現在では、アキッパに登録されている駐車場の約八〇％が、法人貸し出しの駐車場となっている。

セレッソ大阪のために数百台の駐車場を確保

もともとはＪリーガーを目指していた金谷だが、アキッパで思わぬつながりが生まれた。ＪリーグのチームＭは全国に散らばっていて、人気が高まるのは良いのだが、それと比例するように、試合がある日の駐車場不足や交通渋滞が、各地で問題となっている。

金谷は地元チームのセレッソ大阪を訪れた際、駐車場不足の対策を相談された。これはサッカーファンの金谷自身が困っていたことでもあった。そこで二〇一六（平成二八）年から、セレッソとの提携が始まった。積極的にサッカースタジアム周辺の駐車場を「オフィシャル駐車場」として開拓していったのだ。住民も「セレッソのためなら」と契約してくれる人が多かった。土日は会社が休日となる企業にも協力を求めた。その結果、数百台分の駐車場を確保できるようになった。アキッパ利用者にチケットの割引クーポンがプレゼントされることもあるなど、セレッソとの協力関係が続いている。

セレッソの成功を聞いて、Ｖ・ファーレン長崎からオファーが来た。運営会社は一四〇〇台分の駐車場を用意しているのだが、試合のある日は入れない車が列をなして、ひどいときには駐車場に入るまでに三時間半もかかるほどの渋滞が起きていた。これでは、ようやく駐車できたときには、試合は終わっている。地域住民にも迷惑がかかり、大きな問題となっていた。そこでＶ・ファーレン長崎は、アキッパの予約制度を導入したのである。試合のある日はスタジアムの駐車場について、完全予約制にするというシステムだ。駐車場が確保できなかった人は、公共交通機関で来てもらうことになる。その結果、ぴたっと交通渋滞がなくなったのだ。それだけではない。障害者専用スペースの予約も可能となり、「車いすの少年が、人生で初めて試合を観戦できた」という喜びの声まで届いている。

名古屋グランパスでは、試合開催日に限って、市役所や小学校、病院や周辺の店舗の駐車場についても予約を可能にすることで、渋滞の緩和につなげている。

渋滞解消のために、これまでは大きな道路を作ったり、駐車場を造成したりしてきた。しかしアキッパは予約システムひとつで交通状況をコントロールし、問題が解決できることを示したのである。プロのスポーツクラブでは、バスケットボールチームの運営会社も含め一一クラブと契約を結んでいる。アキッパには各地のクラブから問い合わせが来ており、システムの採用はさらに増える見込みだ。

会員目標は一〇〇〇万人

二〇一四（平成二六）年四月にサービスを開始したアキッパは、二〇一八（平成三〇）年一一月に会員数一〇〇万人を突破した。その後も増え続け、いまでは一五〇万人にまで拡大している。

アキッパの成功を見て、既存の大手コインパーキング運営会社を含め、この業界に参入する業者も増えている。現在、駐車場予約サービスを展開しているのは、最古参の「軒先《のきさき》パーキング」、タイムズ２４の「Ｂ」、三井のリパークの「ｔｏｐｐｉ！」、ソフトバンクの「BLUU Smart Parking」、ＮＴＴドコモは「ピージー」と「トメレタ」。この他にも「ＥＰＡＲＫ駐車場」「特Ｐ」「フリパ」「スマートパーキング」などがある。楽天、リクルートは、すでに撤退した。

これだけ多くのサービスがある中でも、アキッパの優位は動きそうにない。

「支払われた駐車料金からオーナーが受け取る料率は、他社のほうが高いです。それでも多くオーナーがアキッパを選びます。なぜかというと、ユーザーは、駐車場が多いところを選びます。自然とアキッパを選ぶ。するとオーナーはアキッパを選ぶのです。その方が、結果的に収益も上がる。それに加え、シェアゲートなどのクオリティで選ばれていると考えています」

今後の目標を聞いてみた。

「会員数は、二〇二二年までに一〇〇〇万人にはもっていきたい。全ドライバーの八分の一なので、あまり大きな数ではないですよ」

アキッパは、二〇一九（令和元）年一〇月までに累計三五億円の資金調達を実現した。それほど注目を集めている。同社社外取締役を務めるＤｅＮＡ常務の中島宏は、金谷の取り組みを高く評価する。

「フィジカル（物理的）なものを、バーチャル（仮想的）にしている人たちって、面白い。アキッパも、フィジカルな駐車場を、アキッパというサイトを通じてバーチャルにしている。それってすごく大きなトレンドだと思います」

フィジカルでニッチな世界を、バーチャルに再構成することによって、マスな世界に作り替える。同時に、これまで解決不可能だった問題を、魔法のごとく解決してしまう。しかも、参加するプレーヤーはみな、ハッピーになれる。〝困りごと解決企業〟としてのアキッパは、〝なくてはならぬ〟存在になりつつある。

物流× MaaS & CASE

⑰ 〝クライシス〟とも言われる物流業界の革命に取り組むハコブ

物流改革に取り組んでいるベンチャー企業がある。大手コンサルティング会社やベンチャー企業で経験を積んだ佐々木社長が、たったひとりで立ち上げたハコブだ。同社が提供する「ムーボ」は、アナログ一辺倒だった物流業界に一石を投じるデジタル物流情報プラットフォームである。配送コストを引き下げ、同時にトラック運転手の負担を軽減するその仕組みとは——。

ハコブが提供する物流プラットフォームのイメージ図

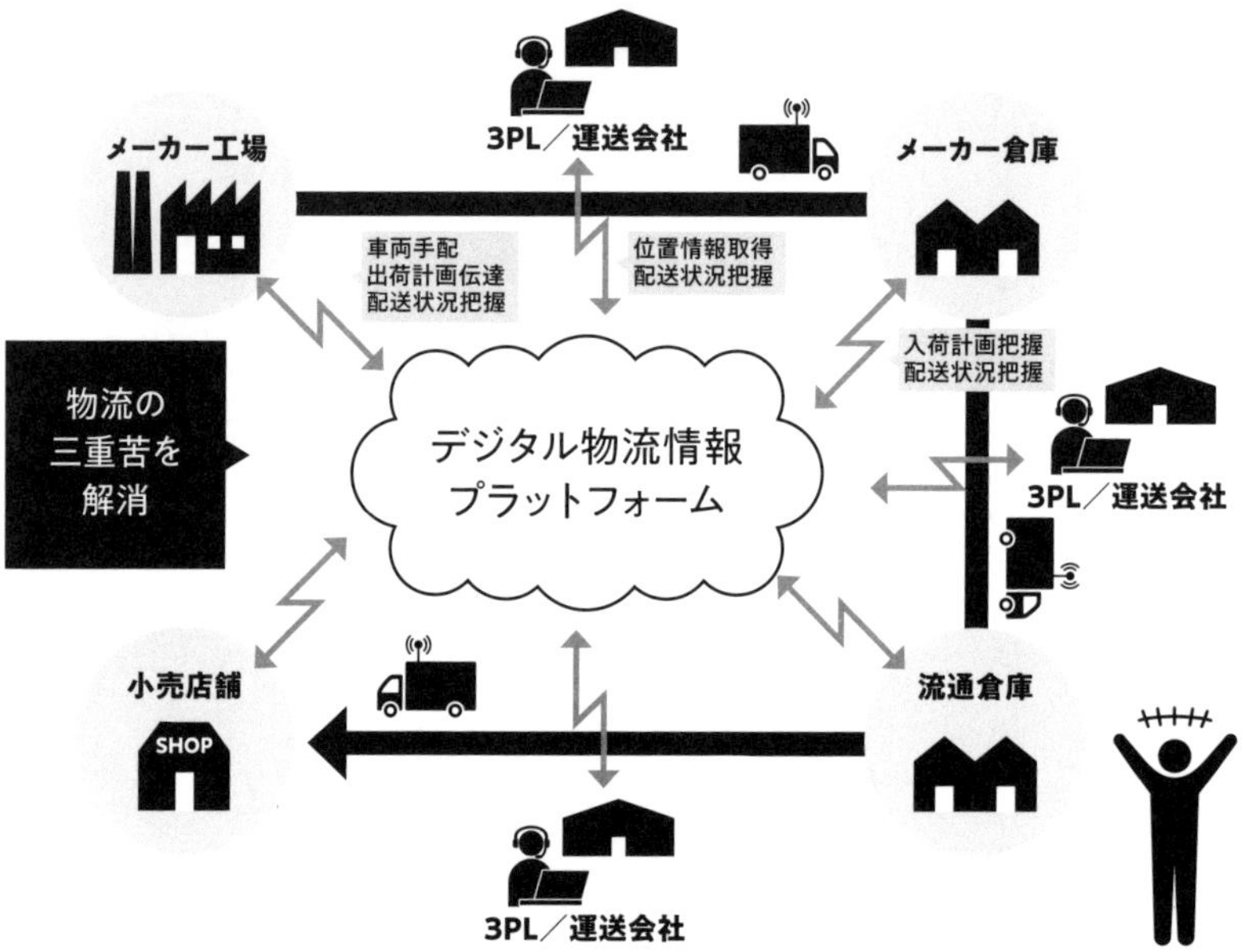

参考：https://movo.co.jp/

〝クライシス〟とさえ呼ばれる物流業界が抱える問題

国土交通省の調べによれば、運輸業界は、二〇一五（平成二七）年度で「物流業界」と「旅客業界」をあわせた営業収入が約三九兆円に達する。このうち物流は二五兆円を占める一大産業である。

物流事業者の内訳を見てみると、「トラック運送業」が約六万二〇〇〇社で、「倉庫業」の約六〇〇〇社や、「海運業」の約四〇〇〇社などと比べて、圧倒的に多い。会社の規模で見てみると、トラック運送業は、中小企業が全体の九九・九％を占めているのが特徴だ。全体の五二・六％が一〇台以下しか保有しておらず、三〇台以下が八五・七％を占めている。従業員数では、物流業界の全従業員二一六万人のうち、トラック運送業が一八八万人で、八七％を占めている。

その物流業界がいま、多くの課題に直面している。国土交通省が二〇一八（平成三〇）年一〇月に発表した「物流を取り巻く現状について」によれば、トラックの運転手が「不足している」、または「やや不足している」と回答した企業は、二〇一一（平成二三）年は一八％だったのが徐々に増え、二〇一七（平成二九）年では六年前の三・五倍にあたる六三％にまで上っている。

その背景には、トラック運転手の置かれている厳しい労働条件がある。トラック運転手の年間所得は二〇一六（平成二八）年で、全産業平均が四九〇万円なのに対して、大型トラック運転手は四四七万円で全産業平均に比べて九％低く、中小型トラック運転手は三九九万円で一九％も低い。一方、年間労働時間は、全産業平均が約二一二四時間なのに対し、大型トラック運転手は二六〇四時間、中小型トラック運転手が約二四八四時間で、はるかに多くなっている。

国土交通省は、「全産業と比較して低賃金、長時間労働であり、人手解消に向けては、労働条件の改善が不可欠」と分析している。

その一方で、営業用トラックの積載率は半分以下にまで低下している。運送効率が悪いのだ。加えてトラック輸送は多くのCO2を排出する。国土交通省のまとめによれば、運輸部門のCO2排出量は、日本全体の排出量の一七・四％で、その内訳をみると、自家用乗用車が四六・九％で最も多いが、次いでトラック輸送によるものが三五・八％で続いている。

さらには騒音や振動問題など、多くの課題が山積し、メディアでは「物流クライシス」とまで呼ばれる状態に陥っている。

こうした状況を打開しようと、二〇一五年に創業したベンチャー企業が「Ｈａｃｏｂｕ」（以下、ハコブ）である。「〝運ぶ〟を最適化する」をミッションに掲げ、会社や業種の枠を超えた、オープンな情報プラットフォームで、物流業界の抱える課題を解決しようとしている。

複数の大手企業やベンチャーで様々な経験を積んだ

ハコブを創業した社長の佐々木太郎は、東京の大学を卒業後、大手コンサルティング会社のアクセンチュアに入った。その後、博報堂コンサルティングを経て、アメリカＵＣＬＡの大学院であるアンダーソン・スクール・オブ・マネジメントに留学し、ＭＢＡ（経営学修士号）を取得した。世界的に有名な経営戦略コンサルティング会社の東京オフィスで勤務した後、ルイヴィトン・ジャパンの事業開発責任者を務めた。

その後は、ベンチャーの道に入る。アメリカ時代の友人の紹介で、ドイツ発祥ベンチャー企業の日本での立ち上げを任された。様々な化粧品メーカーのサンプルを毎月四～五品、一五〇〇円で自宅に届けるという定期購入型のサービスである。商品の中身は、到着するまでわからない仕組みだ。

ハコブ佐々木太郎社長

「メーカーは百貨店のブースでサンプルを配っていますが、消費者はそれをもらうと、買わされてしまいそうで、もらいにくい。一方で消費者は、サンプルを使ってから化粧品を買うという購買行動があります。このため化粧品会社にとっては、いかにうまくサンプルを配布するかがマーケティング上の課題です。そうであれば、我々のほうにそれを提供いただいて、消費者に配れば、実際の購買につなげることができます。消費者と化粧品メーカーの双方にとってウィンウィンで、短期間で黒字化しました」

しかし株主であるドイツの投資家が、さらなる成長を求めてきたため、経営方針の違いが表面化して、佐々木は会社を去った。

「単に会社を経営するだけでなく、一歩踏み込んでチャレンジしたいと思いました。原点は留学のとき、アメリカで過ごした三年間です。リスクを恐れずに起業し、やりたいことをやる人たちの姿に感化されました」

佐々木は、高級品志向のショッピングモールを立ち上げた。

「ハイエンド向けの食料品屋さんとか、飲食店のブランド価値を落とさずに、オンラインのデパ地下みたいなものをやろうと思ったのです」

前の仕事で、オンラインショッピングに自信を持っていた。ウェブサイトも高級感を醸し出した。しかし、単価が高いと、なかなか購買に結びつかない。

「コストがかかるばかりで、結局ペイしませんでした。会社のお金も尽きてきたので、コンサルティングの出稼ぎをして、損失の穴埋めをしようと思ったのです」

そのとき依頼を受けた内容が、佐々木をいまの仕事に導くことになる。まさに人生万事、塞翁が馬である。

ファックスが主役という
アナログな物流業界との出会い

佐々木のクライアントは、乳製品の卸売会社だった。親会社の大手乳業メーカーから仕入れた乳製品を、全国に一〇社ある物流子会社の大型トラックで、メーカーの倉庫からスーパーなど小売店の倉庫に搬送して販売し、その売買差益で儲けている。佐々木は、その卸売会社から、経営改革プロジェクトを任されたのだ。

「そこではじめて、宅配便ではない物流の世界を知りました」

佐々木に課せられたテーマは、最終的な利益を引き上げることだ。会社側が目をつけていたのが、配送コストだった。

「卸売会社の経営陣は、『配送を最適化すれば、コスト削減ができるはずだ』と言っていました。しかし現場に行って調べてみると、担当者は『これ以上、コストは下げられません』と言います」

製品の鮮度を保つ必要もあり、配送作業自体の効率化は難しそうだった。絶対値としてのコストは下げられないとすると、できることは、配送コストの、売り上げに対する比率を下げることだ。そのためには、売り上げを伸ばす必要がある。

佐々木はさらに、配送の実態を詳しく調べてみた。大型トラックで運んでいるが、実際の積み荷は、積載可能な量の半分くらいしかなく、残りは空いていた。それが積載率である。ちなみに国土交通省の調べでは、一九九三（平成五）年度には物流業界全体の平均で五五％近くあった積載率が、二〇一六（平成二八）年度には約四〇％にまで減少している。

トラックが稼働していない時間帯もある。佐々木は、空いている積み荷スペースや時間をもっと有効に使えないかと考えた。

物流子会社も、乳業メーカーの子会社だが、使っているトラックは緑ナンバーで、運送業の許可を取得していた。つまり、親会社の製品だけでなく、他社の製品を運ぶことも許されていたのだ。

佐々木が驚いたのは、運送業界で普通に行われている情報交換の方法だった。

「ファックスの束を、物流子会社の方が持ってきました。『〇〇から△△への荷物を、誰か運んでくれませんか』という内容です。輸送を請け負った運送会社の人が、自社では運びきれないものだから、ファックスで知り合いの会社の人たちに一斉に送って、荷物を運べる会社を探していたのです。そんな物流業界の現状を、そこではじめて目にしました。衝撃的でした。インターネットの時代に、なんというアナログなことをやっているのだろうかと」

様々な情報が、ファックスや電話というアナログ媒体でやりとりされている。ここをデジタル化していかないと、ゆくゆくは立ち行かなくなってしまう。経済の基幹である物流が滞ると、日本の経済も滞ってしまう。しかし逆に、デジタル化できれば、物流業界の仕事や働き方は大きく変わるはずだ。佐々木の目には、誰もまだ手をつけていない〝ブルーオーシャン〟が見えた。二〇一五（平成二七）年六月、佐々木はハコブを、たったひとりで起業した。

ここで一点、確認しておくべきポイントがある。物流の危機とか、トラック運転手の人手不足と聞くと、ヤマト運輸や佐川急便に代表される宅配便の課題をイメージされる方が多いのではないだろうか。もちろんそれは、大きな課題ではあるのだが、ハコブが扱うのは、そうした小口配送の個人向け物流ではなく、企業間の物流である。金額的にも、工場から倉庫、倉庫から工場、あるいは倉庫から倉庫という企業間物流は、個人向け物流よりはるかに大きく、数倍の規模となっている。

企業間物流の仕組みを説明するため、メーカーのA社と、大手スーパーのB社との取引を考えてみる。発荷主のA社、着荷主のB社とも、それぞれ物流センターを持っている。佐々木がコンサルティングを請け負った乳業メーカーのように物流子会社を持っている場合もあるが、多くの場合、3PL（サードパーティロジスティクス）と呼ばれる物流業者が、その管理と運営を受託している。さらに3PLからの依頼を受けて、実際の運送業務を請け負う、「実運送」と呼ばれる下請けの中小運送会社がある。このように発荷主、着荷主、双方の3PL、そして実運送というステークホルダーが、企業間物流に存在する。この五者が注文したり、運搬を依頼したりする際、ファックスと電話、それに紙の帳簿でやり取りをしている。アナログ媒体でやり取りをしているので、デジタルデータが存在しない。デジタルデータがないということは、最新のテクノロジーが使えないということだ。

確かにＥＤＩ（Electronic Data Interchange）、日本語に訳すと「電子情報交換」というシステムを擁する企業は増えている。「物流」に対して「商流」という言葉がある。受注や発注、在庫管理、出荷、請求、支払いなど取引関係の流れを言う。この商流についてはＥＤＩで電子データ化され、パソコン上で管理されている。例えば、着荷主からの発注を受けた発荷主側の納期の回答はＥＤＩで行われる。

「ところが、モノを動かす物流になったとたんに、紙と電話とファックスなのです。会社の中で主流は商流です。傍流の物流は、単にモノを運ぶだけの存在として扱われ、情報システムに対する投資がなされてこなかったのです」

信じがたい話だが、日本を代表する大企業でもそうなのだという。企業間物流の世界は、一般の人の目に触れる機会がないため、ＩＴベンチャーの人たちも、その実態に気がつかなかった。「最後の暗黒大陸」とも呼ばれ、佐々木の先を行くプラットフォーマーは、誰もいなかったのである。

企業物流のデジタル化に向けた物流プラットフォーム「ムーボ」

佐々木がハコブで提供を始めたのが、企業物流のデジタル化に向けたクラウドベースの物流情報プラットフォーム「ＭＯＶＯ」（以下、ムーボ）である。ムーボは、統合的な物流管理ソリューションとして、トラックが手配しにくい問題（配送マッチング）、トラックの位置情報を把握できない問題（運行・動態管理）、そして長い待機時間でトラックを効率的に稼働させられない問題（バース管理）を解決するための機能を提供している。

ちなみにムーボという名前の由来は、move（移動する）とoptimization（最適化）を掛け合わせた造語であり、ハコブのミッションである「〝運ぶ〟を最適化する」という思いが込められている。

具体的なやりとりの方法を紹介しよう。まず、物流に関係する発荷主、着荷主、3PL、そして実運送がそれぞれ、ムーボのIDを取得した上で、ムーボのアプリにログインする。物流の取引が発生すると、発荷主側と着荷主側が情報を交換する。

「真ん中にデジタルプラットフォームを置き、ここで情報のやり取りをします。その結果、紙の納品書を書いて渡したり、物流センターの担当者から確認のハンコを書類に押してもらったりという、紙のやり取りが必要なくなります」

最大のメリットは、着荷主側の交通整理が容易になることである。以前は着荷主側が、荷物の到着日や時間を指定してファックスで情報を流すと、発荷主側は指定された時間に遅れないよう発送作業を開始する。運送会社のトラックも時間に遅れないよう、着荷主側の物流センターに到着する。それが一社だけなら良いのだが、大規模なスーパーの物流センターともなると、たくさんのトラックが詰め掛ける。ファックスでの情報交換では、到着時間について細かな打ち合わせはできない。このため多数のトラックが、物流センターの前に列を作って並ぶことになる。

「到着時間について、ファックスでそのやりとりをしていない小売業者も多く、運送会社は朝イチでモノを運びます。そうすると、荷物を受け入れる窓口が詰まってしまって、倉庫地帯ではトラックが列を作るのが常態となっていました」

国土交通省は、トラック運転手の長時間労働の要因のひとつは、長時間の荷待ち時間にあると分析している。二〇一五（平成二七）年の調べで「荷待ち時間のある運行」は全体の四六％を占めているが、その際の荷待ち時間は一運行あたりの平均で一時間四五分となっている。二時間以上の待ち時間がある場合は二八・七％、三時間以上を見てみると一五・一％もある。

そこでムーボのアプリを使って、発荷主側と着荷主側がトラックの到着時間を細かく打ち合わせる。ファックスでは煩雑な作業になるが、デジタル化で作業は汎用化されており、簡単に情報交換ができるようになっている。

発荷主側や運送会社には、アプリを無料で使ってもらっている

ハコブは、「アスクル」や「ダイワハウス」などから、あわせて約一六億円の資金調達に成功している。

このうちダイワハウスも物流センターを多く持ち、様々なメーカーから材料や部品を仕入れている。「ダイワハウスが、自分たちのテナント企業を集めてセミナーを開いたとき、我々がコンセプトを話す機会をいただきました。そこで大手のメーカーやスーパーの方が、我々と接点を持ってくださいました」

ムーボの効果が業界に知れ渡った事例が、事務用品などの通信販売大手、アスクルの物流センターである。大阪府吹田市にあるセンターは、以前は入荷の時間指定がなかった。このため二〜三時間待ちが常態化していた。そこでアスクルは、ムーボのバース管理ソリューションを採用し、取引先のメーカーすべてにムーボのＩＤを取得してもらった。その上で、荷物の到着時間について、予約受け付けを開始した。その結果、平均待機時間は約五〇％減り、一時間以上の待機率は六〇％以上減少した。また、センター構内の呼び出し待ち車両が、パソコンやタブレットで確認できるようになったことで、センター内の作業効率も向上したのだ。

ハコブのビジネスモデルがうまいのは、発荷主側や運送会社には、アプリを無料で使ってもらっていることである。

「プラットフォームの広まりを考えたときの戦略です」

デジタル投資に消極的な経営者に、まずその利便性を知ってもらうのが先決だからだ。

使用料をとるのは着荷主側からだけである。課題であった物流センターの混雑が解消するという、着荷主側にとって目に見える改善効果があるからだ。

アプリの使用料は、一拠点につき、受け付けのシステムだけなら三万円、予約時間の調整作業も含めると八万円、その他のオプションも含めると一〇万円である。大手であっても、搬入台数がそれほど多くない場合、受け付けの仕組みだけで十分という会社もある。

取引実績は、課金している会社で約三六〇社、ＩＤを取得して無料でアプリを使っている実運送は三〇〇社、全体では約二五〇〇事業所がムーボを利用している。

運送会社のトラックには、オプションでムーボのGPS端末を取りつけることができる。「トラックがまだ到着しない」という場合、それまでは着荷主が発荷主に電話して問い合わせ、問い合わせを受けた発荷主は実運送に電話し、実運送はトラック運転手に電話して、現在地を確認していた。報告は、その逆のルートである。しかしムーボの端末があれば、トラックがいまどこにいるか、簡単に確認することができる。このムーボ端末の使用料は、発荷主が負担することが多い。

「みんなが、うちのIDを持つようになりました。それがMaaSの上で、すごく大事なことなのです。発荷主がいつも頼んでいる運送会社だけではトラックの台数が足りない場合、追加のトラックを依頼する配送マッチングも簡単にできます。さらにプラットフォーム上で、いつ、だれが、どこからどこまで、どんなものを運んでいるかという情報がわかります。それを使うと、例えば、A地点からB地点まで別々のトラックが運ぶことになっているが、一台のトラックで行けるという提案もできるようになります」

佐々木は、物流業界に求められているのは、「競争」すべき領域と「協調」すべき領域を分けて考えることだと言う。倉庫内での作業軽減に役立つロボット導入は競争領域だが、ドライバー不足に代表される課題は、業界が協調して対処すべきだと考える。そのためにムーボが役に立つ。

ハコブは、アスクルやダイワハウスの他にも、日本郵政や日野自動車、三井不動産など、日本を代表する企業と業務提携し、物流プラットフォームの構築を加速させている。英語版とタイ語版のアプリを開発して、すでにタイで実証実験を開始しており、アジア各国での展開を視野に入れている。

物流の世界でも、MaaSは着実に進化している。

⑱ 飛行× MaaS & CASE
日本発の空飛ぶクルマは実用化と量産化に到達できるのか

かつてはSFの世界だった「空飛ぶクルマ」が現実のものになろうとしている。日本では、有志団体カーティベーターとそこから派生した株式会社スカイドライブが、先頭を走っている。彼らが開発する空飛ぶクルマの特徴は、サイズがコンパクトで扱いやすいことに加え、自走できることだ。「空飛ぶクルマ」がもたらす未来社会の姿とは――。

カーティベーターとスカイドライブが開発する「空飛ぶクルマ」の予想図

提供：カーティベーター

〝空飛ぶクルマ〟は現実的でない？

国連は現在、ＳＤＧｓ（Sustainable Development Goals、エスディージーズ）と呼ばれる持続可能な開発目標を掲げ、貧困や不平等の解消、ジェンダーの平等や教育対策、さらには働きがいやクリーンエネルギー対策など、二〇三〇年までに達成すべき一七のゴールと一六九のターゲットを提示している。国連広報センターは、このＳＤＧｓを子どもたちに楽しみながら理解してもらおうと、クイズに答えてコマを進める世界共通のすごろくを作り、ウェブサイトで公開している。その問題のひとつが、興味深い。

Ｑ：エネルギーの節約や地球の保護のための方法として現実的でないものは次のうちのどれですか？
（ａ）自転車
（ｂ）電気バス
（ｃ）空飛ぶ自動車

ゲームの遊び方を見ると、クイズの正解者はもう一度、サイコロを振ることができると書いてある。しかしウェブサイトに、正解は用意されていない。いずれも簡単な質問だからということだろう。消去法で考えれば、「空飛ぶ自動車」がエネルギーの節約や地球の保護にふさわしくないということになる。国連は、空飛ぶクルマはエネルギーを浪費する贅沢品と考えているのだろうか。私は必ずしも、そうは思わない。有線電話の整備が遅れた地域でスマートフォンが導入されて便利になったように、道路整備の遅れている地域では、空飛ぶクルマが、道路建設による環境破壊を防ぐ切り札になるかもしれない。

この話題は、二〇一九（令和元）年一〇月に開かれた東京モーターショーのシンポジウム「空飛ぶクルマは実現するか」に登壇した大阪府商工労働部産業化戦略センター長の中原淳太に教えられたものだ。というわけで、この節では空飛ぶクルマを取り上げる。

世界で進む空飛ぶクルマ事業

空飛ぶクルマ、英語で「Flying Car」は、各国で開発が進んでいて、すでに実用化が間近いプロジェクトも多い。「クルマ」という呼び名がついているが、基本的には小型の航空機であり、地上も走行できるタイプは少ない。

先頭を走っているのは、ドイツのベンチャー、「ボロコプター」だ。形はヘリコプターのように見えるが、回転する大型のブレードは備えておらず、円形に一八個の小さなプロペラを配置した「マルチコプター」と呼ばれるタイプだ。マルチコプターは、それぞれのプロペラの回転数を変えることで制御を可能にしており、ヘリコプターに比べて製造や操縦が容易である。騒音はヘリコプターの七分の一。ボロコプターは二〇一六年に有人飛行に成功し、二〇二〇年代前半の実用化を目指している。

中国ではイーハンが有人飛行に成功している。大手航空メーカーではアメリカのボーイングやベル、ヨーロッパではエアバスが、空飛ぶクルマを開発している。ライドシェアのウーバーは、空飛ぶクルマを使ったエアタクシーの実用化を目指している。

日本でも進む様々な空飛ぶクルマ事業

日本も負けじと、二〇一八（平成三〇）年六月に閣議決定された「未来投資戦略二〇一八」で、「世界に先駆けた〝空飛ぶクルマ〟の実現のため、年内を目途に、電動化や自動化などの技術開発、実証を通じた運航管理や耐空証明などのインフラ・制度整備や、〝空飛ぶクルマ〟に対する社会受容性の向上等の課題について官民で議論する協議会を立ち上げ、ロードマップを策定する」と定められた。これに従って設けられた官民協議会には、官からは通産省と国土交通省、民からは機体メーカーをはじめ、サービス展開を目指す事業者まで幅広く参加している。

協議会では、空飛ぶクルマを次の三点で定義している。第一に電動化。従来のエンジンに比べて部品点数が少なくなり、製造コストが下がる上、メンテナンスも容易になる。CO2の排出や騒音など、環境に与える負荷も少ない。第二に自動操縦。人為ミスがなくなって安全性が向上すると同時に、パイロットの人件費が不要となる。空では、人が急に飛び出すことがなく、自動車の自動運転より取り組みやすいという専門家が多い。第三に垂直離着陸。滑走路のような大型のインフラ整備が不要となる。一から三の条件は、いずれも運行コストの大幅な引き下げに役に立つ。航空業界ではこうした機体をｅＶＴＯＬ（electric Vertical Take-Off and Landing Aircraft、イーブイトール）、電動垂直離着陸機と呼んでいる。

二〇一八年一二月に協議会が取りまとめたロードマップでは、二〇二三（令和五）年の事業開始が謳われている。空飛ぶクルマは空想の世界ではなく、現実のものになろうとしている。

日本でもいくつかのグループや会社が、空飛ぶクルマの実用化を目指している。

取り組み方が興味深いのは、有志団体として発足した「ＣＡＲＴＩＶＡＴＯＲ」（以下、カーティベーター）だ。高度な知識が必要とされる分野で、ボランティアというスタイルが面白い。二〇一八年にはメンバーの一部が会社組織の「ＳｋｙＤｒｉｖｅ」（以下、スカイドライブ）を設立し、実用化を目指している。次項で詳しく紹介したい。

東大発のスタートアップ、「テトラ・アビエーション」は、ひとり乗りの空飛ぶクルマを開発している。

産業用ドローンメーカーの「プロドローン」は、ふたり乗りの「ＡＥＲＯＣＡ（エアロカ）」と、ひとり乗りの「ＳＵＫＵＵ（スクウ）」を準備している。

さらにトヨタは二〇二〇（令和二）年一月、空飛ぶクルマの開発を進めるアメリカのベンチャー、「ジョビー・アビエーション」と協業すると発表した。トヨタは、「電動化、新素材、コネクティッドなどの分野において次世代環境車の技術との共通点も多く、ｅＶＴＯＬは自動車事業との相乗効果を活かした新たなモビリティ事業に発展する可能性がある」とコメントしている。

一方、ＮＥＣは、空飛ぶクルマが実用化される時代に向けて、管制システムの開発を進めている。

ヘリコプターによるオンデマンドサービスを提供する「ＡｉｒＸ」は、空飛ぶクルマの実用化を見すえて、空飛ぶタクシー事業を構想している。

有志による開発を試みる集団

カーティベーターは、中村翼が代表を務め、その後、福澤知浩が二〇一八（平成三〇）年、共同代表に就任した。

まず中村に、まるで空飛ぶクルマを開発するためのペンネームのような「翼」という名前について聞いてみた。

カーティベーター中村翼代表

「人気マンガ『キャプテン翼』の主人公ように、明るく元気に育ってほしいという思いを込めてつけた名前だと聞きました」

一九八三（昭和五八）年に「キャプテン翼」がテレビアニメ化されて、日本中にサッカーブームが巻き起こった。中村が生まれたのは、その翌年である。その名前が、いまの仕事に影響を与えたのだろうか。

「大学では流体力学を研究しました。そういう分野では必ず、飛行機の翼が出てきます。名前が興味を持たせたのか、無意識に引き寄せられたのかもしれませんね」

小学生のころから自動車のエンジニアになることを目指し、願いがかなってトヨタに入社した。「実際にエンジニアになると、ただクルマを作るだけではなく、次の世代に夢を伝えられるような、『ぶっ飛んだことをしたい』という思いが強くなっていきました」

そんなころ、会社の懇親会で出会ったのが、三歳年下の福澤だった。

福澤は幼いころ、身の回りの電気機器やおもちゃがなぜ動くのか不思議に思い、『これはきっと魔法だ』と思っていた。やがて小学校の理科の実験で、モーターには動く原理があること、それは多くの人の知恵と思いで生まれたことを知って感動し、それ以降、モノ作りに夢中になった。大学ではロボットを研究し、トヨタに入った。

「身の回りのあらゆるモノを見るたびに、誰のどんな知恵や思いが入っているのだろうかと思いを巡らせます。世界中の人たちがつながっている気がして、じんわりと幸せな気持ちになります」

福澤は中村と話すと、たちまち意気投合した。

「最初は、『面白いモビリティを作りたい』という話でした。ぼくも同じ気持ちを持っていたので、『作ろう、作ろう』と盛り上がったのです」

業務の時間外に仲間を集め、「何か面白いことをやろう」と二〇一二（平成二四）年九月、有志団体「カーティベーター」を結成して議論を始めた。名前は、car（自動車）と、cultivator（開拓者）を掛け合わせて作った造語である。休日にみんなで合宿をして、「人はなぜ、移動するのか」という根源的な問い掛けから考えてみたりもした。やがて「海を潜るクルマ」とか、「部屋ごと移動できるクルマ」とか、一〇〇以上のアイデアが集まった。グループ結成から半年を掛けて議論し、翌二〇一三

（平成二五）年に選んだテーマが、「空飛ぶクルマ」だった。

中村は、空飛ぶクルマを選んだ理由について、「ワクワクする〝夢〟だから」と言う。「いまはできないことを、できるようにしようというところが、夢だと思っています」と語る。

福澤も、「一番、楽しそうだったからです。まだ見ぬ景色を見たり、地上では行きにくいところに行ったり、飛んでいる過程を楽しんだりしたい」と話す。

映画では、『バック・トゥー・ザ・フューチャー』をはじめ『アイ、ロボット』や『マイノリティ・リポート』『フィフス・エレメント』『ナイトライダー』など、数々の人気SF映画に登場する「空飛ぶクルマ」は、子どもたちだけでなく大人が見てもカッコいい。空を飛ぶことを歌ったヒット曲で言えば、赤い鳥の「翼をください」、荒井由実の「ひこうき雲」、中島みゆきの「この空を飛べたら」など、数え上げればきりがないほどである。空を飛ぶのは、人類の普遍的な夢であり、憧れなのだ。中村と福澤たちは、その夢の実現に向かって歩き出した。

実用化に向けて動き出すため「スカイドライブ」を設立

その頃、海外ではドローンが様々な用途で使われ始めていた。ドローンは無人航空機の総称だが、一般的には四個から八個程度のプロペラを備えたマルチコプターを指すことが多い。最新のドローンにはGPSや電子コンパス、加速度センサーが搭載され、自律的に飛行することができる。プロペラが複数あるため、もしひとつが動かなくなっても、ほかのプロペラでカバーするなど、安全対策を強化することも可能だ。カーティベーターでは、ドローンの大型化をはかる方向で、検討を進めていった。

二〇一四(平成二六)年にはクラウドファンディングで資金を募ると、メディアにも取り上げられ、知名度が上がってきた。その結果、一緒にやりたいという人たちも増えてきた。この年には、五分の一スケールの試作機を開発した。二〇一八(平成三〇)年には一分の一という実物大の実験機も製作した。

カーティベーターは活動拠点を、愛知県豊田市と東京都の二カ所に置いた。メンバーは約一〇〇人。このうち、六割を占める技術領域担当メンバーは自動車や航空業界のエンジニアやデザイナー、四割の事業領域担当メンバーは投資会社やコンサルタント会社、広告会社や商社などに勤めていて、様々なスキルを持っている。中には自家用のヘリコプターを所有しているメンバーもいる。あくまでボランティアとしての参加であり、本来業務の終わった平日の夜や週末を利用して、活動を続けている。

会社員として、知的財産の守秘義務や兼業の禁止規定に触れる恐れはないのだろうか。福澤に聞いてみた。

「『所属している会社に関係する技術は使わない』『中で使った技術は外に持ち出さない』という二点について、全員と契約書を交わしています。兼業禁止について、会社によってスタンスの違いはありますが、一般的に兼業は対価を得ることが目的ですから、ボランティアのカーティベーターは兼業には該当しません」

事業の熟度が増してくると、ボランティアだけの体制ではそれ以上の進展が難しくなった。そこで二〇一八（平成三〇）年七月、カーティベーターの中から約三〇人が参加し、株式会社として「スカイドライブ」を立ち上げた。二〇一七（平成二九）年にトヨタを離れて独立していた福澤は、カーティベーターの共同代表を兼務しながら、スカイドライブの社長を務めることになった。

中村も二〇一八（平成三〇）年四月にトヨタを離れ、母校の研究員の傍ら、カーティベーターの代表を務めている。

スカイドライブ福澤知浩社長

こうして現在は、カーティベーターとスカイドライブが併存し、協力しながら空飛ぶクルマの実現を目指している。

飛ぶだけでなく、走行にもこだわっている訳

カーティベーター・スカイドライブモデルの、他社と比べたユニークな点は、ふたつある。

ひとつは、サイズがコンパクトということだ。全長と全幅がいずれも三・六メートル、高さが一・一メートルで、世界最小サイズを目指している。コックピットの長さだけみれば、先行するボロコプターとそう変わらないが、ローター部分で測ると九メートル以上あるボロコプターの半分以下に収まる。ということは、駐車場二台分程度のスペースがあれば離着陸できるようになる。

もうひとつは、他社の多くが飛行専用機を開発しているのに対し、「クルマ」の部分にもこだわっ

ていることだ。四モーターのマルチコプターに、三輪自動車を組み合わせる計画だ。空を飛ぶときのスピードは時速一〇〇キロ、クルマとしての走行速度は時速六〇キロが目標である。

「走行して飛びます。そうすると、ドアtoドアで移動できるのです」

確かに、走れたほうが「空飛ぶクルマ」の名にふさわしい。

日本で先行するカーティベーター・スカイドライブには、NECやパナソニック、大日本印刷、トヨタをはじめ、約一〇〇社から、資本提携だけでなく、各種技術や活動場所の提供など、様々な支援が寄せられている。それだけ期待が大きいということだ。

二〇一九（令和元）年一二月には、日本初となる空飛ぶクルマの有人飛行試験を、豊田市の屋内飛行試験場で開始した。伝動装置の制御がうまく機能しない場合や緊急着陸など、様々なケースを想定して、安全性の検証や操作性の確認を進めている。現在は屋内での飛行試験だが、今後は屋外での飛行試験許可を取得する計画だ。

二〇二六年に量産販売開始を目指して

日本で航空機を製造している大手メーカーの技術担当者に、カーティベーター・スカイドライブ製の空飛ぶクルマについて、どう評価するか聞いてみた。

「ベンチャーには勢いがあり、空飛ぶクルマの機運を盛り上げるにはいいと思います。しかし、現実的には飛行の安全性を担保しなければなりません。航空機製造の国際認証を取得し、型式証明が発行されるには、ベンチャー企業だけでは難しいだろうと、我々は思っています」

なかなか厳しい言葉だが、それは中村も承知の上である。

「その通りだとは思っています。まずは情報をオープンにして、社会実装するところまでは共に歩む姿勢が重要ではないかと思います」

空飛ぶクルマ開発の事業主体となるスカイドライブでは、二〇二三（令和五）年の販売開始、二〇二六（令和八）年の量産販売開始を目指している。

空飛ぶクルマが実現したとして、利用のイメージについて、福澤に聞いてみた。

「所有するというよりは、ＭａａＳのイメージで、空飛ぶタクシーとしての利用が最初ではないでしょうか。例えば川や海があるため、道路が直線で結ばれていない二点間で、地上交通なら一時間から二時間かかるところが、空飛ぶクルマなら十数分で行ける場合、需要はあると思います。その場合の料金も、タクシー料金よりは多少高い程度に収まると思います。あるいは観光でも、ロープウェーに乗るような手軽さで楽しめるのではないでしょうか」

都会だけでなく、交通が不便な山間地などでも需要はありそうだ。日本は島国だから、離島と本土とを結ぶ移動でも活躍しそうだ。より手軽なドクターヘリとして、あるいは地上の交通が寸断された災害復旧時の対策にも役立つだろう。

利便性と経済性を兼ね備えたエアモビリティが、ＭａａＳの新たな選択肢としてスマートフォンのアプリ画面に登場する日も、そう遠くはないと思えてきた。

第6章

CASEのカギを握る「自動運転」への挑戦者たち

INTRODUCTION

船舶の世界では二〇世紀中頃からオートパイロット（自動操縦装置）が導入され、船員が操舵しなくても、設定された進路に航行することが可能となった。航空機の世界でも旅客機を中心に、離陸のときを除き、ほとんどの場面でオートパイロットを利用できるようになっている。もちろん船員やパイロットによる安全確認は必要である。

自動車の世界でも、自動運転の研究は一九五〇年頃から続けられていた。一九七九（昭和五四）年には通産省工業技術院の津川定之らがテレビカメラで道路を検出する世界初の運転システム、「知能自動車」を人工知能国際会議で発表したこともあった。

一九九〇年代にいったん研究は下火になったものの、その後のインターネット技術の飛躍的な発展、ＧＰＳの精度向上とスマートフォンの登場などにより、再び自動車の自動運転が注目されることになった。二〇〇四年にアメリカで始まった「ＤＡＲＰＡグランドチャレンジ」は、アメリカ国防総省の高等研究計画局が軍用車両の無人化研究のため実施している長距離レースで、広大な模擬市街地を交通法規に従って無人車が走行する。グーグルは、大会で優勝したカーネギーメロン大のチームからクリス・アームソンを引き抜いて、二〇〇九年に自動運転車を試作し、二〇一〇年から公道で自動運転の走行実験を始めた。二〇一六年には、グーグルの自動運転車開発部門を分社化し、「ウェイモ」として実験を続けている。一方、アームソンは、グーグル自動運転車開発部門の最高技術責任者を辞めて、二〇一六年に自動運転のベンチャー企業「オーロライノベーション」を立ち上げている。対してアップルも独自に、自動運転

究極の自動運転社会実現へのシナリオ

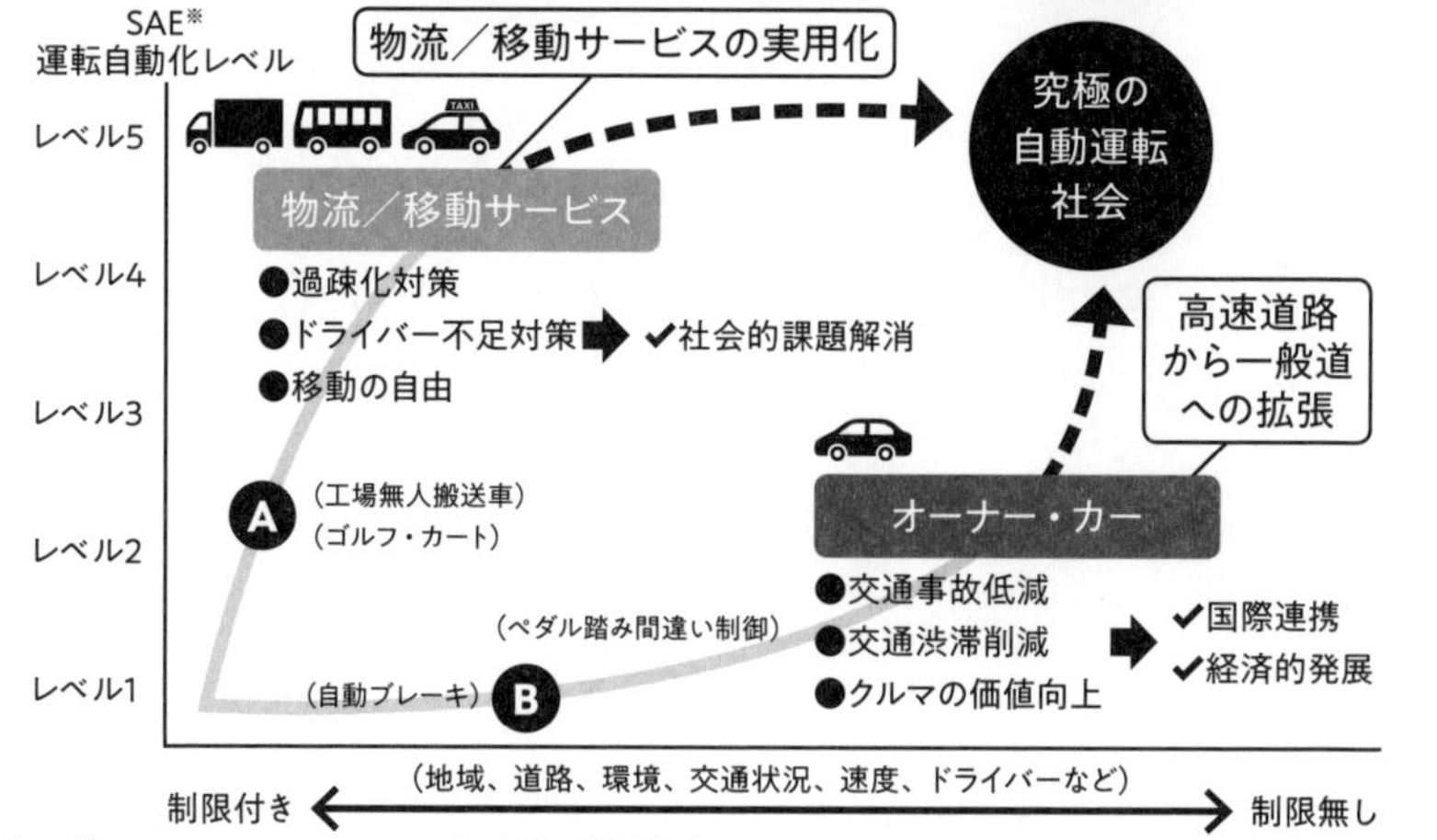

※SAE（Society of Automotive Engineers）：米国の標準化団体

参考：「官民 ITS 構想・ロードマップ 2019」

技術の開発を進めている。なおグーグル、アップル共に、自動運転の実験車両にＣＡＳＥのＥ（電気自動車）を活用している。エンジン車に比べて電気自動車の方が、構造がシンプルな分、操作に対する反応が早く、より自動運転に適しているからである。

ＩＴ大手に自動運転車の頭脳部分を握られると、自動運転車製造の下請けに転落しかねないと危機感を強めた自動車メーカー各社も、自動運転技術の開発に取り組んでいる。これまで自動車メーカーに部品を供給する立場だったサプライヤーも、主導権を握るチャンスとばかりに、自動運転の開発競争に参入して来ている。

さらにベンチャー企業にとっても、自動車業界に参入するチャンスだ。自動車本体の製造は手に余っても、ＩＴ技術に特化した分野なら、成功する余地が十分あるからだ。そこで本章では、日本でＣＡＳＥのＡ（自動運転）に挑戦する三つのベンチャーを紹介したい。ロボットの分野から参入する「ＺＭＰ」、自動運転ソフトウェアのオープンソース化戦略で「自動運転の民主化」ビジョンを提唱する大学発ベンチャーの「ＴｉｅｒⅣ（ティアフォー）」、自動運転バスの運行管理に特化したサービスのプラットフォーマーを目指す「ＳＢドライブ」である。

⑲ 自動運転× MaaS & CASE
自動運転の先端を走ってきたZMPは いかにMaaSの隙間を埋めるのか

CASEの中のA、すなわち自動運転にロボットの分野からアプローチする企業がZMPである。同社の谷口社長が〝MaaSの隙間を埋めることができる〟と話す「ロボカーウォーク」をはじめ「オートタクシー」や物流支援ロボットの「キャリロ」、宅配ロボットの「キャリロデリ」など、自動運転技術を駆使したさまざまなサービスを展開する。そこに込められた思いとは——。

ZMPが開発した「ロボカーウォーク」

日本の自動運転ブームを作ったZMPの創業者・谷口の人生観

次節で紹介するティアフォー創業者で東京大学准教授の加藤真平は、「日本の自動運転ブームは、名古屋大学とZMPが作ってきた」と、ZMPの先進的な取り組みを評価する。

「ZMPの谷口さんたちも、私たちと同じような思いでやっていました。そういう人たちが集まるようになって、少しずつ勢いが出てきました。そこに安倍首相が成長戦略第二段のスピーチで『アメリカでできて、日本にできないことはないはずです。日本においても、公道における自動走行の実証実験を進めていきます』(二〇一三(平成二五)年五月一七日)と言った。その瞬間にみんなが、『自動運転は必要だ』となった。そこからなのです。日本で自動運転をやろうとなったのは」

ロボットベンチャーとしてスタートしたZMPは、東京都文京区の小石川植物園からすぐという、自然環境に恵まれた場所に本社を構えている。

ZMPを創業した谷口恒《ひさし》は一九六四(昭和三九)年、兵庫県姫路市郊外にある天台宗の寺に生まれた。次男だったが、長男は幼くして亡くなったため、後継ぎとして期待されていた。大学は工学部に進んだ谷口だったが、学生時代には比叡山の修行道場で、四度加行《しどけぎょう》を受けた。午前二時に起床して冷水を浴び、身を清め、一日三座の密教作法を六〇日間行うという、厳しい修行である。さらに谷口は、社会人になってからも修行を積み、「悟り」の位に進んだ僧を意味する「阿闍梨《あじゃり》」の資格を得た。寺の住職を継ぐにふさわしい職位だが、結局谷口は、父親の跡を継がなかった。

「企業家として、天台宗の教えである『一隅を照らす、此れ即ち国宝なり』をやっていこうと決めたのです」

天台宗の開祖、最澄の言葉であり、「社会の片隅だと思われようとも、自分のいる場所で、精一杯努力する人こそ、国の宝だ」という意味である。

こう書くと、聖人君子のような人に思われるかもしれないが、山あり谷ありの人生をおもしろく語ってくれるサービス精神と、人間味にあふれた人である。同時に、努力を怠らない人でもある。自ら手がけるロボットのデザインを深めるため、芸大の大学院で学び、二〇一九（平成三一）年には美術博士号を取得している。

ZMP 谷口恒社長

その谷口の、これまでの歩みを紹介しよう。大学時代は、創作ダンス部に所属した。

「自分の身体で表現することに興味がありました。それは、いまのロボット作りにつながっていると思います。新しいものを作るのが好きでした」

大学卒業後、神戸の制御機器メーカーで自動車向けアンチロックブレーキの開発エンジニアを三年間務めた。研修も充実していて、とても良い職場だったのだが、「ひとつの技術に集中するよりも、様々な技術をハンドリングして、ビジネスをしたい」と思うようになり、先端技術の材料を国内の研究所に販売する東京の専門商社に転職した。

やがて、インターネットが登場した。谷口は、これからはネットの時代だと考えて独立し、ウェブサイト上でコンテンツを販売する会社を設立した。

「とにかくコンテンツを作ろうと思いました。最初は絵に目をつけました。権利関係の複雑な絵は面倒なので、街頭でおもしろそうな絵を描いている若者を見つけ、『うちのアーティストになりませんか』と声を掛けました」

絵をポスターにしたり、Tシャツにしたりしたが、思惑通りには売れなかった。

「出版社に出掛けて行って、グラビア雑誌の編集長に『一緒にやりませんか』ともち掛けたら意気投合して、出版社のウェブサービスを始めました」

アイドルの写真や楽曲をコンテンツとしてネットで販売した。うまく行くかと思えたが、ネットバブルが崩壊し、会社は行き詰まった。

ロボットベンチャーとして順調に成長

そんなとき、科学技術振興事業団（現・科学技術振興機構）に転職した知人から、「人型ロボットを研究しているから見に来ないか」と誘われた。文部科学省が管轄する組織だが、民間に技術移転できるという。

「私はもともと、メカトロニクスの分野で制御が専門でしたが、ロボットの基本も制御です。自分の集大成としてロボットを本業にしていこうと決意しました」

二〇〇一（平成一三）年一月、谷口はたったひとりで、ゼットエムピー（現ＺＭＰ）を創業した。社名は、ロボットが二足歩行をするとき、床を踏んだ力と反発する力が、ちょうどゼロになったらバランスがとれる「ゼロモーメントポイント（zero moment point）理論」にちなんでいる。経営も同じように、マーケティングと開発、販売のバランスが重要だという思いを込めた。

「インターネットで広告代理店もやっていましたから、宣伝の仕方とか、ブランディングもわかっていました。会社を立ち上げて、ウェブサイトを作ったら、どんどん引き合いが来ました」

それが、童話のピノキオをモチーフにした人型ロボットの「PINO（ピノ）」だ。宇多田ヒカルの大ヒットシングル「Can You Keep A Secret?」のプロモーションビデオや、「ペプシコーラ」のコマーシャルにも出演した。価格は標準セットで八〇〇万円にも上り、大学や研究機関向けに販売されたほか、イベントのマスコットとしてレンタルで使われた。売り上げは、初年度から六〇〇〇万円、二年目には一億円を超えて、順調に事業は滑り出した。

ベンチャーキャピタルからの出資を受けて、二〇〇五（平成一七）年には新しい人型ロボット「nuvo（ヌーボー）」を発売した。

「工業デザイナーの奥山清行さんに、デザインを依頼しました。フェラーリのデザイナーをされていた方ですが、日本にも活躍の場を広げようとされていたときに知り合って、意気投合したのです」

谷口は、一流の人と意気投合できる才能があるようだ。

その頃、アイボなどペット型ロボットはあったが、人型ロボットの量産モデルはまだなかった。機能は声を掛けると歩いてきたり、ダンスをしたりする。ＮＴＴドコモが開発したＦＯＭＡの端末を内蔵し、ロボットのカメラが捉えた画像をテレビ電話機能を使って遠隔操作で見ることもできる。スポーツ用品メーカーのミズノがロボット用のウェアとスニーカーの開発を担当した。身長は三九センチ、重さ二・五キロの小型ロボットだ。価格は一台が五八万八〇〇〇円、蒔絵を施した漆塗りのモデルは八八万八〇〇〇円もする。売り出すと話題を呼び、一人で二台買う人も現れるなど注文が殺到した。

リーマンショックで資金が底をついてしまった

やがて売り上げは鈍化した。

「予想はしていました。最初は面白い。問題は継続性です。携帯電話やスマホみたいに、常にやり取りしていないと、みんな使わなくなってしまう。一過性なのです」

次なるアイデアを探していた谷口は、通勤時に使っていたアップルのデジタル音楽プレーヤー「iPod」に注目した。外ではいい音で音楽を楽しめる。しかし家に帰ってまで、イヤホンをしていたくはない。かといって、ステレオのある部屋に行って、座って音楽を聴くのも面倒で、ついリビングルームでテレビをつけてしまう。

「音楽を移動させればいいじゃないか。音楽ロボットにiPodを差して、好きなところで音楽が聴ける。朝は寝室に来て、ハードロックで起こしてくれる。新しいミュージックライフじゃないかと、ひらめいたのです」

音楽ロボットは、人型にはしないことにした。二足歩行するためには最低でもモーターが一二個必要で、コストがかかりすぎる。しかも段差があると、つまずいてしまう。二足から二輪にすることで、倒れる心配がなくなった。小回りも利くし、その場で回転もできる。

スピーカーとアンプは、「ケンウッド」と共同開発した。最大のセールスポイントは、リスナーの希望する場所に、自動的に移動することだ。そのためには、室内の見取り図を学習させる必要がある。本体にはカメラや各種センサーを搭載し、自動で位置を変える「自律移動」の機能を組み込んだ。マッピングモードで、室内の配置と床の摩擦係数を把握した上で、ソファの前とか、ベッドの脇など、目的地を登録しておくのだ

音楽を聞きたい時間と場所、それに聞きたい曲を設定しておけば、例えば谷口が考えたように、朝になると勝手に寝室に移動して来て、谷口の好きなヴァン・ヘイレンの「ジャンプ」と共に目覚めることができる。

値段は一〇万八八〇〇円。「miuro（ミューロ）」の名前で、二〇〇六（平成一八）年に販売を開始した。売れ行きは好調で、銀座のアップルストアでも販売された。

谷口は、値段を一気に引き下げて販路を拡大することにした。ベンチャーキャピタルから十数億円の融資が受けられることになり、中国の工場を選定し、生産体制を整えた。その矢先に起きたのが、二〇〇八（平成二〇）年の「リーマンショック」だった。

融資を受けられるはずだったベンチャーキャピタルの出資が見送られ、資金は底をついてしまった。「会社が潰れそうになって、社員もどんどん辞めていきました。三分の二になり、半分になり、『このままじゃまずい』という状態にまで追い込まれたのです」

「ロボカー」で奇跡のV字回復を果たす

谷口は冷静になって、「これまで自分が取り組んできた事業の棚卸」をしてみた。

大学を卒業して車関連の会社に入ったので、車のことは詳しい。その当時から、「将来の車は自動運転で、ロボットのようになる」と言われていた。音楽ロボットを作るときには、自律移動の技術を開発した。そのふたつを組み合わせると、ロボットカーができる。谷口は、一〇分の一サイズのロボットカーに人型ロボットの目を入れて、自動で走らせたら、自動運転の研究用として自動車メーカーに売れるはずだと考えた。さっそく開発に取り組み、「RoboCar」（以下、ロボカー）という名前で商標登録をして、一〇〇万円で販売することにした。

しかし株主や投資家は、「軽自動車が買える金額だ」「絶対、売れない」と猛反対した。「売ってみないとわからないじゃないか」と、谷口は強がってみせたものの、資金が底をつき、社員もどんどん辞めていった。

「社員の給料だけは一度も遅れたことがないのですが、ぼくには給料がなく、生活が破綻しそうでした。翌々月くらいで、会社はつぶれるところでした」

絶体絶命のピンチである。

「会社にくら～い雰囲気が漂いました。こういうときこそ明るく行こうと、なけなしのお金をはたいて、『第一回ZMPフォーラム』を開いたのです」

二〇〇九（平成二一）年七月のことだった。登壇者は、薄謝で勘弁してくれる大学の先生と、自社の社員である。

その会場で、ロボカーを記者発表した。プリントアウトした道路コースで、ロボットが歩道を歩いて行く。二台のロボカーが、白線に従って走り回る。ロボカーの目が、前方の車との距離を計測して、間隔を一定に保ちながら走行する。その様子がテレビのニュースで報道された。

「それを自動車メーカーの幹部が見て、研究用に何台も買ってくれたのです」

その会社だけでなく、ほぼすべての自動車メーカーが買ってくれた。メーカーは、本物のクルマを使ったテストをする前に、模型でシミュレーションする。その実験用にロボカーがぴったりだったのだ。会社の売り上げは、奇跡のV字回復を成しとげた。小型のロボカーは、累計で約四〇〇台売れている。

二〇一一（平成二三）年には、屋外で走るひとり乗りのロボカーを、五〇〇万円で売り出した。自動車メーカーや部品メーカーのほかにも、大学や自治体が小型モビリティの研究用に購入した。

翌年には、トヨタの「プリウス」を改造した自動運転カーを売り出した。自動運転で目の役目をする、レーザー光を使ったレーダーであるＬｉＤＡＲ（Light Detection and Ranging、または Laser Imaging Detection and Ranging）（以下、ライダー）をはじめとする各種センサーや、ソフトウェアを、いずれも自社開発して搭載した。ベース車両は「エスティマ」や、「レクサス」のクロスオーバーＳＵＶも加わり、さらに装備はセンサーやカメラなどが選べて、価格は約三〇〇〇万円から約五〇〇〇万円である。これまでに八〇台以上売れた。

「グーグルがプリウスを使って自動運転を始め、すごく話題になりました。『あれ、日本でもやっているじゃない』と、一躍注目を集めて、さらにロボカーが売れるようになりました。こうして、自動運転にも力を入れるようになったのです」

自動運転の機運が一気に高まり、様々なサービスを展開していった

二〇一三（平成二五）年の首相スピーチで、自動運転の機運が一気に高まる。翌年から、公道での走行実験に乗り出した。

「名古屋が戦略特区に選ばれ、名古屋大学とZMPで公道の許可を受けて走りました」

二〇一四（平成二六）年一月、谷口は「Robot of Everything」戦略を発表した。自動運転の技術を自動車だけでなく、あらゆる分野に広げようというのだ。建設機械や農業、物流などの産業用、さらには空を飛ぶドローンにも応用できる。

「人間の目でまわりを見ながら、頭で判断して、乗用車の運転をしたり、荷物を運んだり、トラックの運転もする。そういう目と頭脳を作るというコンセプトです」

これを踏まえていままでは「ロボカー」シリーズをはじめ、「AUTO TAXI」（以下、オートタクシー）、物流支援ロボット「CarriRo」（以下、キャリロ）、宅配ロボット「CarriRo Deli」（キャリロデリ）、さらにモビリティパートナー「Robocar Walk」（以下、ロボカーウォーク）など、様々な分野でロボット技術の展開を進めている。

このうち、テレビニュースでもよく取り上げられるのが、自動運転のタクシーだ。

「父親が倒れて兵庫県の実家に帰ったとき、十数年ぶりにタクシーに乗ろうとしたら、廃業していて、タクシーがなかったのです。これは大変だと感じました。それでオートタクシーを作らなければならないと感じました」

二〇一八（平成三〇）年八月、日の丸交通と共同で、世界初の自動運転タクシーを用いた公道でのサービス実証実験を東京の都心部で行った。グーグルの関連会社であるウェイモが世界に先駆けて自動運転タクシーの商用サービスを開始したのは、その四カ月後のことである。

次のステップとして、タクシーだけでなく、空港リムジンバスも参加して、東京の丸の内と、羽田空港や成田空港とを結ぶＭａａＳ実験を行う予定だ。

一方、物流支援ロボットは、やはり谷口が郷里で見た風景がきっかけとなっている。宅配業者がひとりで、二台の台車を押していたのだ。

「地方は本当に人手不足です。それでキャリロを思いつきました。これは台車をロボットにしようという単純な発想です」

キャリロは、自動車メーカーや半導体メーカー、食品会社や宅配業者など、約一五〇社で導入されている。

東京・丸の内をハンドルなしで自律走行するロボカーウォーク

ロボカーウォークは電動車いすと同じ規格であり、第2章で紹介したウィルのパーソナルモビリティと同じコンセプトだ。ウィルよりも大型でゆったりとした座り心地である。最大の特徴はハンドルがないことだ。タブレットによる操作も可能である。

二〇一九（令和元）年一一月から、東京丸の内の歩道で、ＺＭＰはロボカーウォークを試験的に走らせている。試乗した谷口の感想である。

「ロボットが街中を自動運転しているのが、普通の景色として溶け込んでいるのは、未だかつてないことです。街の皆さんがそんなに驚かないのは、自動運転をしていることに多分気づかれていないのではと思います。前方から来る人や、人の流れによって走行ルートを判断し、人が多い場所でもスムーズに自律移動します。私も乗りましたが、とても快適でした。ゆっくりと紅葉で色づく街並みを眺めながらウィンドーショッピングも楽しめました。普段は仕事で急いで通過するだけでしたが、改めてロボカーウォークに代わりに歩いてもらって、街を散策する楽しさを実感しました」

インバウンド客をはじめ、観光客にも喜ばれそうだ。

「近い将来には、自宅からバス停や鉄道の駅までをロボカーウォークが結びます。ロボカーウォークは、ＭａａＳの隙間を埋めることができるのです」

ひとりの人間の思いが、社会を変えていく。それは、本当はひとりだけの思いではないからだ。みんなの思っていることが、こうして少しずつ、実現されていく。

20 自動運転× MaaS & CASE

自動運転のカギを握るソフトウェア。ティアフォーが仕掛ける日本発オープンソース戦略

自動運転技術のカギを握ると言われる、複数の機能を統合して制御するソフトウェア。その開発で、日本のトップを走るのがティアフォーである。同社は、自動運転のソフトウェアである「オートウェア」をオープンソースにすることで、同分野で先行するグーグルなどに対抗する。〝日本発の自動運転技術〟は、見事に花を咲かせることができるのか――。

ティアフォーらが開発する完全自動運転EV「マイリー」

提供：ティアフォー

米国自動車技術者協会が定める「自動運転のレベル」の定義

自動車の自動運転技術は通常、一から五まで五段階のレベルで定義されている。これはSAE（米国自動車技術者協会）が二〇一四年に発表したもので、日本をはじめ世界で広く受け入れられている。

レベル0は、ドライバーがすべてを操作する一般的な自動車であり、自動運転ではない。

レベル1は「運転支援システム」で、ステアリング、アクセル、ブレーキのいずれかをシステムがサポートする。障害物を感知すると自動的に作動する衝突被害軽減ブレーキなどが該当する。ドライバーの疲労軽減や危険回避に役立つ技術だ。

レベル2は「部分運転自動化」と呼ばれ、ステアリングと、アクセル、ブレーキのうちの複数の操作をシステムがサポートする。ADAS（エーダス・Advanced driver assistance systems）、先進運転支援システムとも呼ばれ、二〇一五年にアメリカのテスラが初めて実用化した。

矢野経済研究所が二〇一八（平成三〇）年六月に発表した「ADASの世界市場調査」によれば、二〇二〇（令和二）年には二〇一七（平成二九）年の実績比で八六％増の一兆六六八八億万円、二〇三〇（令和一二）年に三兆二七五五億円に達すると予測しており、市場が急拡大する分野である。

日産などがPRしている「ハンズオフ機能」は、道路上の車線と、周囲の車両をシステムが認識してハンドル操作するもので、国交省の認可を受けている車種であれば手放し運転が可能となる。レベル2までは、あくまで運転するのはドライバーであり、いわゆる「自動運転」のカテゴリーには入らない。レベル3で「条件付き運転自動化」となり、クルマが運転の主体となる「自動運転」の世界になってくる。通常は自動運転が可能だが、緊急時はドライバーが対応しなければならない。レベル4は「高度運転自動化」で、速度や道路環境など一定の条件を前提とした上で、すべての運転操作をシステムに任せることができる。レベル5は「完全運転自動化」で、どのような場合でもドライバーを必要としない自動運転が可能となる。

テレビのCMで目にする日産の〝手放し運転〟は、時代の進化を感じさせるが、まだ自動運転の手前の段階である。レベル3から運転の主体はシステムとなるが、もし事故が起きた場合の責任の主体はどこになるのかなど、これから対応すべき課題は山積している。

政府は二〇二〇（令和二）年を目途として、レベル3にあたる、高速道路向けの自動運転システム実用化という目標を掲げているが、国土交通省は、そのためには「安全基準や交通ルール等の多岐にわたる交通関連法規について見直しが必要」としている。

逆に言えば自動運転の研究開発は、すぐにでも交通法規の見直しなど、社会制度の整備が必要なレベルにまで到達しているということだ。

自動運転の技術のカギは複数の機能を統合して制御するソフトウェアにある

研究開発が進む自動運転車は、「道路運送車両法」で、「自動車を運行する者の操縦に係る認知、予測、判断及び操作に係る能力の全部を代替する機能を有し、かつ、当該機能の作動状態の確認に必要な情報を記録するための装置を備えるもの」と定義されている。記録装置は、事故が起きた場合の原因究明ができるようにするためだ。

このうち「認知」の技術は、ステレオカメラや超音波、さらにライダーと呼ばれるレーザー光を利用した光センサー、それにGPSや慣性航法ユニット、高精度の三次元地図などを使って、自車の現在位置を正しく認識し、豪雨や逆光、暗闇の中でも信号や障害物など周辺の環境を正確に把握する。「予測・判断」は、認知機能を踏まえて、歩行者の飛び出しなど事故の発生する可能性を予測し、減速などの対策をあらかじめとっておく。加えて、移動経路を計画したり、状況の変化に応じて適宜変更したりするプランニングも重要だ。AIの進歩で実現した分野である。

「操作」は、予測と判断に基づいて、アクセルやブレーキ、ハンドル操作で車両を制御する。以前のクルマはメカニカルな機構で操作されていたが、いまの高級車は「バイワイヤー（信号線）」と呼ばれる電子制御が増え、自動運転との相性が良くなってきた。

カギを握るのは、こうした自動運転に関する複数の機能を統合して制御するソフトウェアである。この分野で日本の先頭を走るのが、TierⅣ（以下、ティアフォー）が開発をリードする自動運転のソフトウェア、Autoware（以下、オートウェア）だ。オートウェアは公道での本格的な利用が可能なレベルに達しており、しかもこの分野では世界で最初の、無料で使えるオープンソースとあって、各国の企業や研究機関で広く利用されている。

私は東京海洋大学の構内で、オートウェアが実装されたクルマによる、自動運転車のテストに同乗させてもらった。万一の事態に備えて、運転席にドライバーが座っているが、ハンドルから手は離れている。大学構内だから最高速度は二〇キロ程度だが、前方を人が横切ろうとすると、察知してブレーキがかかる。カーブでの減速や加速もなめらかだ。高速ではどうかわからないが、低速であれば十分、実用に耐え得るレベルに到達しているように感じられた。

限られた環境下での〝技術〟ではなく実用に耐え得る〝品質〟が求められる

ティアフォーの創業者で、CTO（最高技術責任者）の加藤真平は一九八二（昭和五七）年、神奈川県藤沢市で生まれた。少年時代はサッカーが好きだった。勉強は数学が得意で、大学は理工学部情報工学科を選んだ。加藤は子どものころからクルマ好きだったのだろうか。

「そもそも自動運転やMaaSは情報通信技術を使った世界であり、クルマを好きかどうかは関係ありません。だから、グーグルやアップルがやっているのです」

特にクルマが好きというわけではなかったようだ。自動運転との出会いは、アメリカのピッツバーグにあるカーネギーメロン大学で、研究員として情報処理を研究していたときのことだ。

「たまたま自動運転のプロジェクトに入ったのです。後にグーグルカーを作って有名になるクリス・アームソンがプロジェクトを辞めた直後だったので、猫の手も借りたいような忙しさで、ぼくもいろいろ関わることができました」

ティアフォー加藤真平 CTO

そのとき加藤は、自動運転についてどう感じたのだろうか。

「一口に自動運転と言っても、実はものすごく多様な技術の集合体なのです。ある環境下で、機械学習やロボット技術ができたといっても、それだけでは実験で終わってしまいます。本当に社会に実装しようと思うと、多くのプロセスを経て、品質を保証しなければなりません。いわゆる『エコシステム』として、全体の大きなシステムを形成する必要があります。ぼくは、そこが得意なのです」

加藤は、そのキーワードが「品質」だと言う。例えば、大学生程度の知識と技術があればゴーカートを作ることができる。走って、曲がって、止まるのは自動車と一緒だ。しかし、自動車メーカーの作るような車を、学生は作れない。簡単には壊れないし、保証がつき、販売網がある。これらすべてが揃って、自動車としての「品質」が保証されるのだ。

二〇一二（平成二四）年に帰国した加藤は、名古屋大学にポストを得て、翌年に大学院情報科学研究科の准教授となった。

「アメリカではあんなに流行っていたのに、日本では『自動運転は危ない』とか、『使えない』とか言われて、自動運転という言葉すら使わない、自動運転NG時代でした。それが嫌で、ぼくは〝自動運転〟と言っていたのですが、唯一サポートしてくれたのが、武田先生でした」

名古屋大学未来社会創造機構教授で、ティアフォーの代表取締役も務める武田一哉は、「信号処理」が専門である。武田の研究する信号とは、人間の行動をカメラで撮影したり、マイクで録音したりしたデジタルデータを指す。その信号を処理することで、人間の状態を理解し、次の行動を予測することができるようになる。

ティアフォー武田一哉社長

武田はなぜ、自動運転に興味を持ったのだろうか。

「人間は、環境に対して反応します。刺激と反応が、人間の本質なのです。それを測定するとき、スマートフォンだと電池がもたないとか、身体に様々な機器をつけないといけないといった問題があります。それが、クルマだと網羅的に測定できるのです。電気はクルマからもらえばいい。センサーもクルマに取りつければいい。色々な場所や環境の中で、ドライバーがどう考え、どう行動するかを全部、記録できてしまいます。そこで一九九九（平成一一）年に、環境と人間、そして人間の協力者であるクルマという三者の情報を全部集める行動科学の研究を始めました」

研究はＪＳＴ（科学技術振興機構）のプロジェクトに採択され、武田だけでなく、機械工学や画像認識、コンピューターシステム、交通工学などの研究室もプロジェクトに加わった。研究が軌道に乗り始めた二〇一一（平成二三）年、モビリティに関するイノベーションを起こそうと、名古屋大学に「グリーンモビリティ連携研究センター」が設立された。加藤も、センターでの研究に合流した。

加藤は名古屋大学で、自動運転のソフトウェア作りに取りかかった。開発期間は約三年である。

「カーネギーメロン大学にいたので、ソフトウェアの仕組みや、何を作ったらいいのかは大体、頭の中に入っていました。あとはそれを具現化する作業でした」

加藤は、ロボット用のソフトウェアとして世界規模で共同開発されてきたＲＯＳ（Robot Operating

System）とリナックスをベースに、レベル4のシステムを制御できる自動運転のＯＳ（オペレーティングシステム）「オートウェア」を、長崎大学、それに産業技術総合研究所の協力を得て完成させた。

プログラムのソースコードを無償で公開

このあと加藤のとった行動が、その後のティアフォーの発展を支える基盤となる。加藤はオートウェアをオープンソース、つまりプログラムの設計図であるソースコードを無償で公開することにしたのだ。自動運転の開発を進める研究機関はもちろん、メーカーも営利目的で自由に使ってよく、その対価は取らない。しかも、「オートウェアを使っている」と公表する義務もないし、ティアフォー側に報告する必要もない。オートウェアに付加価値をつけて特許を取るのも自由だ。なんとも太っ腹だが、その裏には当然のことながら思惑がある。

「開発した当初、ぼくらは学生を含めて数人で開発しているのに、グーグルは何百人もの専門知識を持ったエンジニアがいました。『よーい、ドン』でやっても負けるのに、すでにグーグルはかなり先行していました。唯一、追いつき追い越せる方法が、オープンソースだったのです。ぼくらにとって良かったのは、グーグルに対しては後発でしたが、オープンソースというカテゴリーの中では、ぼくらが先駆者でした。公開した瞬間に、みんなが『待ってました』と、使い出してくれたのです」

ウィンドウズが先行していたＯＳの世界では、オープンソースのリナックスがサーバーやスーパーコンピューターをはじめ、電化製品の組み込みシステムなどで幅広く使われるようになった。アップルがｉＯＳで先行していたスマートフォンの世界では、グーグルがアンドロイドを無償で開放してシェアを拡大した。このように、オープンソースという戦略は、後発組にとって非常に有効なのだ。単に無料というだけでなく、世界中の技術者が日々、改良に当たっている。いくらマイクロソフトやアップルが巨大企業であっても、世界の技術者が協力すれば、後発でも先行者に追いつくことが可能だ。

武田は、加藤が作ったオートウェアの良さを、次のように指摘する。

「オープンソースにするのは、そんなに簡単なことではありません。いろんな環境で動かないといけない。しかも、みんなが手を入れやすいソフトになっていないといけない。ガチガチに制御のことだけ考えて作り込んであると、みんなはいじれないのです。つまり、コンピューターシステムとしての機能が、かなり良かったのです。それをオープンソースにできたのは、私たちが（営利を目的としない）大学に所属していたからだと思います」

二〇一五年にティアフォーを創業し、二年後にはレベル４の自動運転に成功

二〇一五（平成二七）年には、オートウェアの提供に加え、オートウェアを使った完全自動運転システムを開発する「ティアフォー」を創業した。システムの熟度が増してきて、大学という組織の制約を離れたほうが、具体的な事業を進めやすくなったからだ。資本金の一〇〇〇万円は、加藤や武田ら名古屋大の教員のほか、協力会社の社員など七人が持ち寄った。

自動車業界で「ティアワン」から「ティアスリー」と言えば、自動車メーカーを頂点とした、垂直

統合型の系列を意味する。「ティア」とは階層の事だ。つまり、「ティアフォー」には、これまでの縦系列とは違う「新しいティア」を作りたいという意味が込められている。自動運転システムは、異業種や異分野との横のつながりで、革新的なアイデアが生み出されていくものだからだ。これがティアフォーのキャッチフレーズである、「自動運転の民主化」である。さらにフォーはローマ数字で「Ⅳ」、英語のＩＶ（インテリジェントビークル、賢い乗り物）の頭文字にも通じる。

二〇一六（平成二八）年、加藤が東京大学大学院情報理工学系研究科准教授に転じると、ティアフォーの拠点は東京と名古屋の二カ所に拡大。翌二〇一七（平成二九）年一二月には愛知県内の一般公道で、遠隔制御型自動運転システムの実験を国内で初めて実施し、レベル4の無人運転に成功した。

ティアフォーは、オートウェアの開発を加速するため、二〇一八（平成三〇）年に「The Autoware Foundation」（以下、オートウェアファンデーション）を作り、ライセンスをオートウェアファンデーションに譲渡した。オートウェアファンデーションにはトヨタの関連会社をはじめ、海外からはインテルやアームなど半導体大手、ベロダインなどセンサーメーカーも参加し、加藤が代表理事に就任した。それまではティアフォーという一私企業の提供するソフトウェアだったが、オートウェアファンデーションに移行したことで、業界団体としての性格を持ち、いわゆるデファクトスタンダード（事実上の標準）としての採用を働き掛けている。

こうした活動が評価され、ティアフォーの累計資金調達額は一二三億円に上っている。

社長の武田は、オートウェアの広まりに自信を見せる。

「オートウェアを敵だと思っている人はいないと思います。オートウェアの使えるところは全部使った上で、本当に勝負したい技術だけを自分たちで作ればいい。ソフトウェアとしてのオートウェアを、誰もなくしたいとは思っていないと思います」

学生ベンチャー一〇〇社の設立を目指して

ティアフォーの事業で興味深いのは、博士課程の大学院生に資金を提供して、ベンチャーの起業を奨励していることだ。名古屋大学で学生ベンチャーの支援をしている武田は、「大学の研究力強化が最大の目的」と語る。

「『自分の技術を活かしてベンチャーをやってみたい』と思っている学生は、結構います。自動運転は裾野が広い技術なので、様々な技術を活用できます。ティアフォーが大学と連携して学生の起業を支援し、起業したベンチャーと協業することで、学生や研究室の技術をスムーズに社会実装することができるのです。学生は五年間の博士課程で専門知識を学術的に深めると同時に、社会実装も体験できます。そのまま自分の会社を続けたいのなら、続ければいい。『ティアフォーに入りたい』と思ってくれたら、入ればいい。向いていないし、魅力を感じないから就職したいとなれば、会社に就職すればいい。研究者の道に進みたいのなら、そうすればいい。知のプロフェッショナルに対する支援として、これ以上の方法は無いと思います」

その背景には、博士課程に進学する学生が減っているという、大学人としての危機感がある。

「世界中どこでもそうですが、基礎研究力の源泉は若手研究者、特に博士課程の大学院学生の自由な発想に基づく研究です。優秀な博士課程の学生数は研究力に直結します。ところが、産業界を志向するほとんどの理系大学院学生は、二年間の修士課程で修了して就職します。五年間の博士課程には『修了後は大学で研究を続ける』イメージが強いためです。優秀な学生を博士課程に惹きつけるために、修了後のキャリア像として、大学に残って研究するだけではなくて、ベンチャーを作ったり、会社に入ったり、いろんなスタイルがあると示すことは、非常に重要ですね」

将来的には学生ベンチャー一〇〇社の設立を目標にしている。

それにしても、オープンソース戦略をとるティアフォーのビジネスモデルは、どうなるのだろうか。加藤は次のように説明する。

「オートウェアを無料で使って自動運転車は作れます。しかし、品質の担保は全然違う話なのです。ソフトウェアはオートウェアでも、都心を走るときと、地方を走るときでは、設定が大きく変わってきます。地域に特化して、センサーの強度をチューニングする必要も出てきます。こうした設定作業は数をこなしていないとできません。製品化やサービス化をするためには、ティアフォーに聞かないと、わからない仕組みになっているのです」

部品の調達からアプリの開発、実装まで、システム構築の支援サービスがビジネスのメインとなる。オートウェアは、海外も含めると約二〇〇社で導入が進む。これはティアフォーが把握しているだけであり、実際にはもっと多いと見込まれる。主要な開発メンバーも、世界で一〇〇人を超えてきた。

普及のひとつのきっかけは、アメリカのオンライン教育ベンチャー「ユダシティ」の自動運転に関するプログラムに、オートウェアが採用されたことだった。ユダシティは、社会人のためのインターネット大学で、「知識のシェア」を目指している。そこで学んだ学生が一斉にオートウェアを使いだし、アメリカで認知度が高まった。その結果、大手半導体メーカーのエヌビディアをはじめ、多くの企業がオートウェアを導入するようになったのだ。

自動運転用ソフトウェアのオープンソース化で先陣を切ったティアフォーだが、追随者が現れてきた。中国のネット検索最大手、百度（バイドゥー）が二〇一八年に事業を開始した「アポロ計画」だ。中国以外の海外勢ではフォードやダイムラー、日本からはトヨタとホンダが参加している。自動運転の実用化を念頭に置きながら、開発競争に拍車がかかっている。

自動運転車がMaaSのラストワンマイルを担う時代へ

ティアフォーが掲げるミッションは、「破壊的な創造」だ。それは「地域の活性化」につながると、加藤は考える。

「いま、地方では人が減り、労働力が減り、公共交通機関も減少しています。ここで自動運転というツールを使って、地域を活性化することができたら、これは本当のイノベーションになります。そのためには、自動運転車が公共交通機関として、地域のインフラにならなければなりません。道路や地下鉄の建設、あるいは医療と同じで、基本的には公共事業としての対応が必要です。スマートシティの発想は、地方の再構築なのです」

先端技術を駆使したスマートシティ作りによる自動運転の実用化を、加藤はいつ頃と見込んでいるのだろうか。

「いまある街をスマートシティ化するのであれば、二〇二〇年代前半。全体に普及させていくとなると、二〇三〇（令和一二）年ぐらいでしょうか」

そのためには道路交通法をはじめ、様々な規制をクリアしなければならない。レベル3に対応した道路交通法の改正は二〇一九（令和元）年九月に閣議決定されたが、レベル4はこれからだ。

「法律を変えるのはすごく大変なので、戦略特区を作って、その中で規制緩和を実施したらいいと思います。例えば運転席に人が乗らないのは道路交通法の安全運転義務に外れますが、その代わりの措置として、遠隔で車を監視制御できるようにします。その結果として、総合的に道交法を満たすようにする。こうした方式であれば前進すると思います」

武田は、低速の領域で自動運転は実用化するという見通しを抱いている。

「時速五〇〜六〇キロでの自動運転は、現状では非常に難しい。例えば、クルマの絵が描いてある看板があったら、本物と間違える可能性はゼロではない。『絶対に間違いは起きないと言わなければダメ』と言われたら、たぶん誰もできないでしょう。規制とか、基準、登録、保険、そういうもろもろの社会制度は、急には変えられません。一方で、ぶつかったとしても、人はころんでケガをするかもしれないが、重大事故の起きる可能性は非常に低い、時速二〇キロ程度であれば、社会的許容度も変わってきます。そういう低速の領域から自動運転は普及するというのが、ひとつの予想図だと思います」

これはＭａａＳのラストワンマイルを担うサービスカーに、自動運転車が役に立つということだろう。ＭａａＳと自動運転が融合する時代も、そう遠いことではないかもしれない。

㉑ 自動運転× MaaS & CASE

自動運転のプラットフォームを開発。SB ドライブが取り組む無人運転バス

車内に運転者がいない自動運転システムを活用した移動サービスについて、政府は「無人自動運転移動サービス」と呼んでいる。この分野で先頭を走るのが、ソフトバンクの子会社である SB ドライブだ。全国に張り巡らされたモバイルネットワークを駆使する同社の交通戦略とは——。

SBドライブが実証実験で使用している自動運転バス「アルマ」

無人自動運転移動サービスとは？

内閣官房がとりまとめている政府としての自動運転に関する戦略、「官民ＩＴＳ構想・ロードマップ二〇一九」（二〇一九年六月発表）では、自動運転システムを次の二種類に分類している。ひとつは、「車両内に使用者が存在する自動運転システム」。もうひとつは、「車両外に使用者が存在し、その者の遠隔監視・操作等に基づく自動運転システム」である。ロードマップでは後者を「遠隔型自動運転システム」、さらに車内に運転者がいない自動運転システムを活用した移動サービスを「無人自動運転移動サービス」と呼んでいる。この節で取り上げるのは、無人自動運転移動サービスである。

ＩｏＭＴという概念でビジネスコンテストの第二位に輝く

二〇一九（令和元）年一〇月、北海道の中央にそびえる大雪山の東山麓、上士幌町《かみしほろちょう》の公道で、自動運転の小型バスに乗客と貨物を乗せる貨客混載の実証実験が行われた。上士幌町は面積が六九六平方キロ。偶然だが第2章で紹介した豊岡市の六九八平方キロとほぼ一緒で、東京二十三区より広い。この広大な土地で公共交通を維持して行くため、上士幌町は自動運転バスの導入を目指している。二〇一七（平成二九）年に実証実験を行って住民の理解を得た上で、翌二〇一八（平成三〇）年にはふるさと納税の仕組みを使って全国から寄付を募った。その結果、同年四月から年末までの九カ月間で、約五三〇〇万円に上る寄付金が寄せられ、これをもとに様々な実験が行われている。一連の実験で車両の運行を担当しているのが、ソフトバンクの子会社である「ＳＢドライブ」だ。

ＳＢドライブは、第５章で紹介した「オープンストリート」と同様、ソフトバンクのベンチャービジネスコンテストで選ばれて発足した会社である。ただし、正確に言えば、オープンストリートはソフトバンクグループの社内起業制度である「ソフトバンクイノベンチャー」、ＳＢドライブはソフトバンクの中期戦略アイデア募集と、それぞれ別の制度を利用したものだ。

社長の佐治友基《さじゆうき》は一九八五（昭和六〇）年、茨城県日立市で生まれ、東京の大学に進学した。学生時代は「アルバイトに明け暮れました」とのことで、ごく普通の大学生だった。経済学部を卒業した佐治は、ソフトバンクモバイル（現ソフトバンク）に入社した。ソフトバンクの同期入社は約八〇〇人で、携帯電話事業の営業戦略部門に配属された。入社二年目には、孫正義による後継者発掘・育成プログラム「ソフトバンクアカデミア」の第一期生に選ばれている。

SB ドライブ佐治友基社長

数年して仕事に慣れた二〇一五（平成二七）年四月、会社のトップ人事で新社長に就任した宮内謙《けん》から全社員に、ソフトバンクが中長期的に取り組むべきテーマ募集のお知らせが届いた。

「社長からメールが来ることなんて、なかなかありません」

日本の課題をＩＴで解決できないかと考えていた佐治は、さっそくコンテストに応募した。それが自動運転だった。

「その頃はまだMａｓSという言葉もなく、役員は自動運転について、ソフトバンクの領域だとは思っていませんでした。『なぜクルマ作りに、ソフトバンクが絡む必要があるのか』と、選考会で聞かれました」

ＩｏＴ（Internet of Things）は、「モノのインターネット」と訳され、すでにＩＴ業界のキーワードとなっていた。そこで佐治は、ＩｏＭＴ（Internet of Moving Things）という言葉で説明した。

「クルマを作るのではありません。自動運転のための通信やコンテンツ、そしてインフラをサービスとして提供する。ＩＯＴのＴの部分が、動いているクルマというだけなのです。しかし、動いているからこそ、モバイルネットワークである必要があります。ＩｏＭＴは、情報革命そのものです」

モバイルネットワークという言葉に役員たちは関心を持った。「どのようなビジネスモデルを描いているのか」という当然の質問が出された。しかし当時の佐治に、そこまでのプランはまだなかった。

「まずビジネスをさせてください。そうしたらビジネスモデルを作って持ってきます」

まだ海のものとも山のものともわからない段階だったが、コンテストでは約五〇〇件の応募の中から佐治のプランが第二位となり、事業化が認められた。ちなみに一位に選ばれたプランは、まだ事業化されていない。

三人のキーパーソンに出会い、ＳＢドライブを設立した

事業化に向けたゴーサインが出ると、佐治はまず、東京大学生産技術研究所次世代モビリティ研究

センター教授の須田義大《よしひろ》に会いに行った。須田は、「車両の運動と制御」を専門としており、日本における自動運転の研究で第一人者のひとりだ。「自動車技術会」や「日本鉄道技術協会」などの理事も務めている。その須田が佐治に、「紹介したい会社がある」と言う。それが、二〇一四（平成二六）年に設立されたばかりの「先進モビリティ」だった。

社長の青木啓二は、元はトヨタで二〇年以上にわたって自動運転を開発していた技術者である。須田と青木は、トラックを隊列走行させる国の実証実験で、プログラムディレクターと主席研究員として関わった縁で、ふたりが中心となって、自動運転技術を開発する「先進モビリティ」を起業したのだ。

佐治は、須田を通じて自動車メーカーをはじめ、国土交通省や経済産業省などに人脈を広げた。事業の具体化にあたっては、先進モビリティと協力することにした。目指すビジネスの方向性は、「運行管理センター」を中心とした、無人運転バスのプラットフォーム作りに狙いを定めた。

佐治は、自動運転バスとプラットフォームのアイデアを携えて、全国の自治体やバス会社を回った。「アイデアコンテストのときは、ＩＴ事業者の目線だけでした。現場の大変さとか、事故の重大さとかを、まったくわかっていなかったのです」

それを教えられたのが、鳥取県の第三セクター「若桜鉄道」社長の山田和昭だった。ＩＴマーケティング業界出身の山田は、公募社長として若桜鉄道に入り、地元バス会社と連携したりして会社を再生させ、高く評価された人物だ。現在はすでに若桜鉄道社長を退いている。その山田に「バス事業は多くの人の命を運んでいるからこそ、難しいのだ」と諭された。

「交通事業者が安全対策にどういう取り組みをやっているのか。それがクルマの開発以上に大変なことだと気づかされました。その指摘をいただいたおかげで、ＳＢドライブらしい道に特化していくことになったのです」

鉄道会社には、すべての運行状況を監視する中央管制センターがある。エレベーターには、管理会社の監視システムがある。自動運転のバスにも、そうした仕組みが必要となるはずだ。

「自動運転の研究は進んでいても、自動運転車を使ったサービスは研究されていません。車内をＡＩで見て、発車していいタイミングでドアを閉めるという基本的なことですら、十分な研究がありません。さらに、危ないときにはアラームが鳴る必要があります。私たちは黒子として、そのシステムを提供したいと考えました」

それが、佐治の狙い定めたビジネスモデルである。

こうして二〇一六（平成二八）年四月、資本金三〇〇〇万円で「ＳＢドライブ」がスタートした。立ち上げメンバーは佐治を含めて三人だ。

安全と効率性が求められるディスパッチャー

まず、技術開発で取り組んだのが、自動運転バスの遠隔運行管理システム「Dispatcher」（以下、ディスパッチャー）だ。ディスパッチャーという用語は運行管理者を意味し、一般には航空会社の「フライトディスパッチャー」を指すことが多い。フライトディスパッチャーは航空会社の地上勤務スタッフで、機体のサイズや航続距離、気象の状況や乗客人数、搭載した貨物などから、燃料の積載量を含めたフライトプランを作成する。機長は安全面を考えて多めの燃料を要求する傾向にあるが、余分に積み過ぎると重量が増えて経費がかさむ。そこでディスパッチャーは、安全性と運行コストを総合的に考慮してフライトプランを決定するのだ。このようにディスパッチャーの仕事には、安全と効率性の両面が求められる。

そこで、ＳＢドライブのディスパッチャーである。大型二輪免許を所有するスタッフが、バスと常時接続されたパソコンで運行を遠隔管理する。無人で自動運転するバスには、車内と車外に数多くのカメラが設置され、乗客の人数はもちろん、乗客が座っているのか立っているのか、ドアの開閉状況や走行中の道路状況などが、リアルタイムの映像で確認できる。バスの現在位置も地図上に表示される。スピードやエンジンの回転数など、走行中の車両に関する情報も把握できる。もし車内で何らかの異常が発生したときは、アラートが鳴り、管理者はボタンひとつでバスを停車させることができる。車内の乗客と電話で会話することも可能だ。

国土交通省の調べでは、バスの車内で起きる事故でもっとも多いのが、発車時の転倒事故である。そこでディスパッチャーではＡＩを使って、乗客の車内移動を検知し、バスの発進時などに乗客が動こうとすると、バスはスタートしないなどの安全対策を取っている。

効率化の面では、スタッフひとりで、複数の自動運転バスを管理できるようにした。これによって、バスの運転手不足に対応でき、人件費の削減にもつながる。

さらにディスパッチャーの情報は、遠隔管理しているスタッフだけでなく、自動運転車の保守点検を担当するエンジニアや、保険会社の担当者も共有することができる。

こうしたシステムに加え、「標準的なバス情報フォーマット」ファイルが用意され、事業者情報や系統、バス停などの設定を行うアプリケーション「ダイヤ編成支援システム」も開発した。

ＳＢドライブが実証実験などで使用している自動運転のバスは、障害物など問題がないことをセンサーで確認して、ディスパッチャーで設定した時刻になったら自動的に発車するようになっている。もし遅延が発生している場合、決められた通りにしか発車しないのであれば、遅れはいつまでたっても解消されない。ディスパッチャーを使用することで、乗客がすでに着席し、発車ＯＫの状態になっていれば、バス停の停車時間を短縮して、遠隔操作でバスを出発させることができる。そうすれば、遅れは少し解消する。

逆に早く着いた場合、バス停で決められた停車時間を過ぎても、定時にならないと発車しない。ワンマンバスでは運転手が車掌の役割も兼ねており、乗客の安全と、運行状況の確認も、当然のこととして行っている。その役割を、ディスパッチャーを活用した遠隔監視者が果たしているのだ。

全国各地で進められる実証実験

ＳＢドライブはこれまで、先進モビリティが改造した日野自動車の自動運転バス、それにフランス・ナビヤ社の一五人乗り自動運転バス「アルマ」を使って、各地で自動運転の実績を積み重ねている。

注目されたのは、東京電力福島第一原子力発電所内の構内バスに採用されたことだ。ハンドルや運転席のないアルマが三台導入され、ＳＢドライブが運行支援している。

この他、羽田空港では全日空と共同で、江の島では小田急と共同して実証実験を行った。大学関係では、慶應大学の藤沢湘南キャンパスと、東京大学の柏キャンパスで実証実験を行い、企業や大学との連携も深めている。

さらに福岡県北九州市や鳥取県八頭町、長野県白馬村、静岡県浜松市などと協定を結び、自動運転の実証実験を進めている。

「乗合バスは全国六万台で、年間四二億人を運んでいます。しかし一九七二（昭和四七）年頃には一〇〇億人以上を運んでいた時代もありました。ＭａａＳとＣＡＳＥの時代を迎えて、もう一度、バスの輸送人員一〇〇億人の時代を目指したいですね」

佐治は、ディスパッチャーの海外への展開も狙っている。すでにアジアから引き合いが来ている。海外の新興国では、まっさらな状態から大規模なスマートシティを作るケースも多く、自動運転バスの専用レーンを確保して、日本より運行管理の仕組みを作りやすい場合もありそうだ。

自動運転が実用化されると、運行管理などの課題が出てくると同時に、新たなビジネスチャンスも生まれてくる。最終章では、そうした事業の広まりについて紹介しよう。

第7章

ビヨンド MaaS：だれも見たことがない世界へ

INTRODUCTION

改めて確認すれば、ＭａａＳとは、高度に発達した情報通信技術を利用して各種の移動手段を切れ目なくつなぐことで、公共交通を利用した移動の利便性を限りなく向上させる取り組みである。

そうなると、モビリティの先もシームレスにつなぎたくなって来る。そこに、様々なビジネスチャンスが生まれる。ＭａａＳを利用することで、新たな価値を創造しようとする取り組みは、Ｂｅｙｏｎｄ ＭａａＳ（以下、ビヨンドＭａａＳ）と呼ばれるようになった。

最終章では、不動産、そして医療の世界におけるビヨンドＭａａＳの取り組みを紹介しよう。

22

空き家× MaaS & CASE

アドレスが提供する定額制の住まいは シームレスな MaaS があってこそ成立する

MaaSは単に安い・早いことに存在意義があるわけではない。人びとの多様な価値観に応えることが重要である。その意味で、MaaSを担うのはモビリティの事業者に限らない。その代表的な存在が、会員制の多拠点居住サービスである「アドレス」だ。シェアリングやサブスクリプションといった概念を取り込み、テレワークやノマドといったライフスタイルとも相性がいい「住み放題」とは――。

ADDressのサービス概要

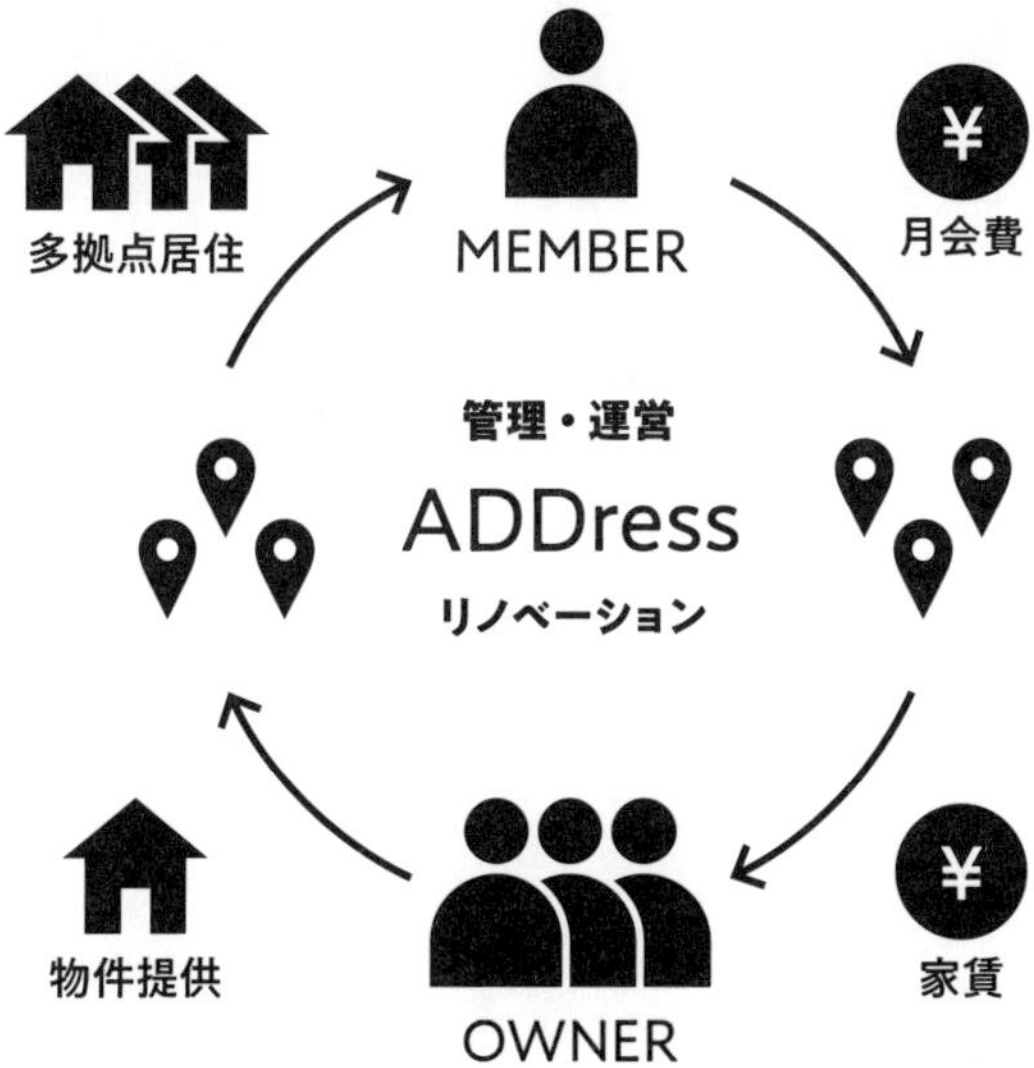

参考：https://www.hellocycling.jp/

住まいのシェアリングで多拠点居住を実現する

食事の「食べ放題」とか、電話の「かけ放題」はもちろん知っているが、「住み放題」という言葉は、はじめて聞いた。いろんなサブスクリプションモデルが出てきているが、住まいまでが定額制になる発想に、驚かされた。

二〇一八（平成三〇）年一一月設立の「ＡＤＤｒｅｓｓ」（以下、アドレス）は、翌二〇一九（平成三一）年四月から先行会員を対象としたサービスを開始し、同年一〇月、正式に事業をスタートさせた。その社名に、設立の理念が凝縮されている。「address」は住所という意味だが、「ＡＤＤ」、つまり「つけ加える」という言葉が大文字で強調されている。これまではひとりで一住所だったものを、ひとりで複数の住所を持つような暮らし方を始めようという、暮らし方の一大変革である。

ひとことで言えば、アドレスは会員制の多拠点居住サービスである。具体的には、一カ月四万円の会費で、アドレスが運営しているどの物件でも自由に移り住むことができる。二〇一九（令和元）年一〇月時点では、北海道から九州まで、全国二四拠点を設けている。施設は最低でも四ＬＤＫで、中にはむかし、旅館だった施設もある。その個室を、一カ所最長一週間を限度に使用できるというシステムだ。一週間を限度にしたのは、ひとりで長期に独占されると、他の会員が使いたくても使えなくなることが予想されるからである。正式サービス開始時点で、三三〇〇人がすでに会員登録をしている。

すでにサービスを利用していた先行会員は二〇〇人で、二〇代から四〇代の会員が約七〇％を占めている。女性は約三〇％だ。アドレスを使った悠々自適の生活を全国で楽しみたいという七五歳の人もいる。

アドレスの拠点には、「家守《やもり》」と呼ばれる管理者が配置される。単に施設を管理するだけでなく、地域との交流機会を提供したり、その地域に暮らしているからこそわかる情報を、会員に提供したりして、会員と地域住民とを結ぶ接点となる。

個室にはインターネット回線やベッド、机やいすが用意され、全員が利用できるスペースでは炊飯器や冷蔵庫も使えるようになっている。光熱費などはすべて会費に含まれている。単身者だけでなく、家族での利用も可能だ。会員の一親等以内、あるいは孫であれば、無料で個室に同室できる。

会員には、個室利用とは別に、希望する拠点のドミトリーベッドがひとつ、自身の専用ベッドとして確保される。追加料金を払えば、専用個室プランもある。後述する「アドレスホッパー」は、そこに住民票を置いて、自身のホームグラウンドとすることも可能である。

アドレスがユニークなのは、シェアリングとサブスクリプションの手法を掛け合わせて使っている点だ。旅館やホテルの場合は「旅館業法」、最近話題の民泊の場合は「特区民泊」や「民泊新法」が適用される。これに対してアドレスの会員は、アドレスがオーナーと賃貸契約、または一括借り上げのサブリース契約を結んだ物件を「準共有」、つまり所有権以外の財産権を複数で共有する契約が適用される。アドレスの会員全員で、アドレスの全物件を定額で借りるサブスクリプションである。その物件を、みんなが共同で利用する。だから、一カ所につき一週間の利用であっても、旅館業法による宿泊ではなく、住まいのシェアリングなのである。

アドレスホッパーという新しいライフスタイル

アドレスの事業が成立する背景は、複数ある。ひとつは、「マルチハビテーション」だ。「複数の」「多様な」を意味する接頭語の「マルチ」に、「住まい」「居住地」を意味する「ハビテーション」を組み合わせた造語だ。古くは別荘を持つ富裕層が該当した。総務省はかねてから、マルチハビテーションを観光と定住の中間にあたる「交流居住」と位置づけ、地方の過疎化対策として推進してきた。

不動産サイトの「ＳＵＵＭＯ（スーモ）」を展開している「リクルート住まいカンパニー」では、「デュアルライフ」という呼び名で、「都心」と「田舎」の両方に生活拠点を持つライフスタイルをバックアップしている。

総務省や経済産業省、国土交通省では、「働き方改革」を進める手段のひとつとして、「テレワーク」に力を入れている。会社に出勤しないで、自宅などで仕事をすることで、通勤時間をなくすことができる。「リモートワーク」とも呼ばれる。コロナウィルスによる新型肺炎の感染防止対策としてテレワークを導入した企業も多い。

最近になって、「デジタルノマド」と呼ばれるライフスタイルが普及し始めている。「ノマド」とは、英語で「遊牧民」を意味し、ノートパソコンやスマートフォンと高速なＷｉ－Ｆｉ環境があれば、どこでも仕事ができる人たちの、一カ所にとどまらない働き方だ。

「アドレスホッパー」というライフスタイルも始まっている。特定の「アドレス」、住所や拠点を持たずに「ホップ」する、つまり「動き回る」。持ち家とも、賃貸とも違う、第三の暮らし方として話題になっている。住所がないというと、「ホームレス」と誤解したり、一カ所にとどまらないというと「フーテンの寅さん」的な哀愁を感じたりする人もいるかもしれないが、現代のアドレスホッパーは、そんなイメージではない。「自宅に住めなくなった」というマイナスからの出発ではなく、「自分の意思で移動する生活を選んだ」という、ポジティブな発想からスタートしている。

欧米ではもともと人材流動性が高いという下地を背景に、デザイナーやITエンジニアなどリモートワークが可能な人たちが率先して、リゾートなど自分の好きな場所で仕事をするようになった。いまでは多くの人たちに、アドレスホッパーというライフスタイルが受け入れられるようになっている。

「シェアサービスを活用した街づくりはできないか」

アドレス社長の佐別当《さべっとう》隆志は、「シェアリングエコノミー協会」常務理事でもあり、政府から「シェアリングエコノミー伝道師」に任命されている、シェアリングエコノミーの専門家である。

一九七七（昭和五二）年、大阪で生まれた佐別当は、大学時代にインターンシップを体験した東京のIT企業に就職した。会社では広報や事業開発などを担当した。私生活では、東京の恵比寿にできたばかりのシェアハウスに入居した。

「経営コンサルタントや起業家、大使館員など、職業も違えば国も異なる約三〇人が生活していました。一〇〇畳ほどの広さのリビングキッチンがあって、みんなで食事をしたり、それぞれの友人を呼んでイベントをしたりしました。そこで会う人、会う人が面白くて、リアル空間のSNSのような印象を受けたのです」

佐別当は会社の仕事でアメリカに出張した。そのとき、ライドシェアのウーバーをはじめて体験した。いまでは「バケーションレンタル」で世界最大手に成長したAirbnb（以下、エアビーアンドビー）も、はじめて利用した。バケーションレンタルとは、物件の所有者が、空いている部屋を貸し出すサービスのことである。日本で言えば、民泊だ。その頃はウーバーも、エアビーアンドビーもまだ始まって数年しかたっておらず、ようやくアメリカ社会に受け入れられ始めた頃だった。佐別当は、先端的なシェアリングエコノミーのすばらしさを肌で感じた。

アドレス佐別当隆志社長

「『社会を変えるに違いない』という印象を受けました」

帰国した佐別当は、会社でもシェアリングサービスの事業化に取り組み、二〇一五（平成二七）年には、シェアリングエコノミーに特化したウェブメディアをリリースした。そこには、「シェアとは希望である」と書かれている。

「いま、私たちが生きているのは、あまりに窮屈でどこにも誰にも寄りかかれない社会。みんなが一律に成長し消費する中で、目に見える幸せを感じているうちは良かったが、いまは、減っていくパイを必死に奪い合っている。自分よりも幸せそうな人を妬み、自分よりも不幸そうな人を笑う、生きづらい風潮。それを格差というのかもしれない。

しかしシェアは、そんな現状さえも、楽しく解決してくれる可能性に満ちている。消費や所有の強迫観念をぶち壊し、私たちのライフスタイルを再発明できる自由がある。格差そのものは無くせなくても、違いこそが価値であり、寄りかかることを許容し合う生きやすい文化を作ることができる」

シェアリングエコノミーは、新たな経済基盤となって、私たちの生活を少しずつ、だが確実に変えている。それが佐別当の考えだ。

佐別当はシェアリングエコノミー協会の仕事で、人口の少ない市町村から、「シェアサービスを活用した街づくりができないか」という相談を、数多く受けていた。話を聞く中で、特に自治体が苦労していると感じられたのが、空き家対策だった。移住や定住を促す政策に取り組んではいるのだが、なかなか実績に結びつかない。

その頃、佐別当自身は、自分の家をシェアハウスにしたり、民泊用に提供したりして、都会における新しいシェアライフの実践を始めていた。さらに、都会だけで暮らすのではなく、地方でも家を借りたり、安い家を買ったりして、両方で暮らしたいと思い始めていた。

「ぼくだけではなくて、そう思っている人はけっこう多いのではないかと考え始めました。住む場所がないだけ、もしくは、その地域に知り合いがいないだけであって、場所があり、人さえいれば、都会と地方の両方共に住むという暮らし方に対するニーズは高いのではないかと思い始めました。それなら、自分でチャレンジしようと思って、アドレスを立ち上げたのです」

佐別当は二〇三〇（令和一二）年に、会員数一〇〇万人、二〇万拠点の運営を目指している。

「空き家が一〇年後に二〇〇〇万戸になると予想されています。そのたった一％をぼくたちが運営して一〇〇万人がそこに住めば、それは一〇〇万人のメガシティを運営しているようなものなのです。しかもその都市は一極集中ではなく、二〇万の分散型社会です。ある意味、ぼくたちが会員から4万円の税金をいただいていると考えることもできます。一〇〇万人いれば、四〇〇億円が入ってきます。そのお金で道路を整備したり、お祭りに協賛したり、農作物を販売したりすることができます。役所に頼りきるのではなく、自分たちの町は自分たちで守るという生き方もあると思うのです」

アドレスの事業を成り立たせるには安くて便利な公共交通が不可欠

アドレスの事業が成立する背景には、先述した新しいライフスタイルの普及に加えて、ＭａａＳがある。たとえ定額制の住まいが普及したとしても、移動コストが高ければ、一般の人はなかなか利用できない。そこでＭａａＳが役に立つ。公共交通を上手に乗り継いで目的地へ到着できるＭａａＳは、アドレスの掲げる多拠点居住と非常に相性がいいのだ。

二〇一九（令和元）年一〇月にアドレスが行った正式サービス開始の記者会見では、資本提携をしたり、共同で事業を展開したりする交通事業者が紹介された。

このうちＡＮＡホールディングスの担当ディレクターは、「地域の人口が減少し、ローカル路線も将来的には縮小せざるを得ないという危機感を持っています。そこで地域と多様に関わる『関係人口』のみなさんに、気軽に利用してもらえる移動サービスを作っていきたいと考えています」と述べ、アドレスと連携して新たな事業を展開する考えを明らかにした。総務省によれば「関係人口」とは、「定住人口」でも、観光に来た「交流人口」でもない、地域と多様に関わる人びとを指す言葉だ。

その最初の事業が、二〇二〇（令和二）年一月末から約二カ月間の期間限定で実施された。アドレスの会員が月額三万円の追加料金を支払えば、ＡＮＡ国内線の指定便に限り、月ごとに最大二往復できるという実証実験である。対象となったのは、新千歳、鳥取、高松、徳島、福岡、大分、熊本、宮崎、それに鹿児島の各空港と、東京の羽田空港とを結ぶ九路線で、それぞれ比較的乗客の少ない昼間の一～二便を指定便として実施された。ＡＮＡとアドレスは、「これからも地方と大都市間を行き来する新たな人の流れを創出することで、ＡＮＡの国内地方路線の維持・存続を図ると同時に、地域活性化に貢献していきます」とのコメントを出している。

ベンチャー企業を支援するＪＲ東日本グループ「ＪＲ東日本スタートアップ」の担当マネージャーは、「ＪＲは地方に、ホテルや遊休資産、無人駅も持っており、交通だけでなく、アドレスの本来事業との組み合わせも検討できます」と、期待感を示した。

中古車販売のガリバーを運営するイドムの担当者は、「乗り捨て可能なカーシェアリングサービスを検討したい」と話した。

佐別当の提案に対し、大手の交通事業者が次々と協力を申し入れている。かつて、阪急の小林一三《いちぞう》が、牧歌的な郊外に目をつけて鉄道を建設し、沿線に住宅地を開発したり、ターミナルデパートを作ったりして集客したように、従来は事業者側が交通の主導権を握っていた。しかしＭａａＳの時代は、利用者が主導権を握る時代になろうとしている。利用者が、住む場所や目的地を選び、交通機関も自分たちで選択できる時代になりつつある。フィンランドで生まれたＭａａＳという発想は、公共交通の事業者側から出発したものだが、利用者はそれを自分のものとして使いこなす時代に向かっている。単に安いとか、早いのが、ＭａａＳではない。人びとの多様な価値観に応えるのがＭａａＳである。それはもはや、後戻りできない流れとなるだろう。

医療× MaaS & CASE

㉓ ヘルスケアと MaaS を掛け合わせると医療者側と患者側のニーズを合致できる

高齢化や少子化が進む地方で暮らし続けるためには、新しい技術の取り込みが不可欠である。そこで注目を集めるのが医療型 MaaS。ヘルスケア分野で様々な事業を展開するフィリップスと第4章で紹介したモネが協業し、事業化を進める「ヘルスケアモビリティ事業」がその代表例だ。2019 年 12 月には、長野県伊那市で、移動診療車「ヘルスケアモビリティ」の運用が始まった。

長野県伊那市の実証事業で運用が開始された「ヘルスケアモビリティ」

（左からフィリップス・ジャパン堤浩幸社長、モネ・テクノロジーズ宮川潤一社長、伊那市・白鳥孝市長）

解禁されたオンライン診療

「オンライン診療」とは、予約や診察、処方や決済まで、インターネット上で行う遠隔診療である。離島やへき地などの患者に対しては、一九九七（平成九）年から「遠隔診療」が認められてきた。情報通信技術の著しい進歩を背景に、二〇一八（平成三〇）年、厚生労働省が遠隔診療という用語をオンライン診療に改めた上で、その指針を発表し、ビデオ通話を用いたオンライン診療が一般にも認められるようになった。

仕事や家事などの都合、あるいは身体が不自由なため、頻繁に医療機関を訪れることの難しい患者が、スマートフォンなどを利用して手軽にオンライン診療が利用できるようになったのだ。

とはいうものの、制限は多い。対象となる疾患は、高血圧や糖尿病などの生活習慣病、あるいは小児特定疾患、てんかんなど、状態が安定していて、毎月の対面診療までは必要がなく、オンライン診療を活用することが治療の継続に有効であると認められるものに限られている。急性疾患は対象外だ。認められている疾患でも、初診と三カ月ごとには、対面診療が求められている。さらに、緊急の事態に備えて、「おおむね三〇分以内に対面診療が可能な体制を有していること」と決められている。つまり遠距離でのオンライン診療は認められていない。また、医療を提供する医療者側には、スマートフォンなどのテレビ電話だけで安全な医療を提供できるのか、そのコストはどのように負担するのかなど、懐疑的な意見を持つ専門家も少なくない。

こうした中、この分野に参入したのが、「ナンバーワン・ヘルステックカンパニー」を目指して、ヘルスケア分野で様々な新事業を展開している「フィリップス・ジャパン」（以下、フィリップス）だ。フィリップスは、単なるオンライン診療ではなく、第4章で紹介したモネと協業して、MaaS時代のヘルスケアモビリティ事業を展開しようとしている。その第一弾として二〇一九（令和元）年一二月に運用を開始したのが、長野県伊那市の移動診療車「ヘルスケアモビリティ」だ。

長野県伊那市が始めた医療型MaaSの「モバイルクリニック事業」

伊那市は、面積が六六七平方キロ。本書で登場した兵庫県豊岡市や北海道上士幌町と同様に、東京二十三区よりも広いという広大な市域を持つ。市街地のある伊那盆地は標高約六〇〇メートルの高地にあり、東の南アルプス、西の中央アルプスに抱かれて、中山間地が多い。

地方では医師の偏在や不足が課題となっている中で、伊那市が属する「長野県上伊那二次医療圏」は、医師少数県の長野県の中でもさらに医師偏在地域である。病院への移動時間や待ち時間が、遠隔地に住む患者の負担になっている。医師不足で訪問診療も厳しい状況だ。公共交通手段も限定されている中で、高齢のため運転免許の返納を考えざるを得ない人も増えている。

そんな中、第4章で紹介したモネが、全国の自治体や企業向けに二〇一九（平成三一）年三月、東京で「モネサミット」を開催した。企業間の連携を推進する組織である「モネコンソーシアム」の参画企業として紹介されたフィリップスは、移動クリニックや健康相談サービスをモビリティと組み合わせたヘルスケアサービスのプランを披露した。医師は病院や診療所にいながら、ＣＡＳＥのＣ（コネクテッド）を利用し、効率的に遠隔の患者を診療する仕組みとして、ＭａａＳを利用する。いわゆる「医療型ＭａａＳ」である。

その発表を聞いた伊那市の関係者が、半月後に東京のフィリップス本社を訪ね、モビリティを使ったオンライン診療の事業化に向けて動き始めた。伊那市はまずモネ、次いでフィリップスと協定を結び、医療型ＭａａＳとして「モバイルクリニック事業」を実施することになった。伊那市は「トヨタ・モビリティ基金」からの助成を受け、一般会計予算に車両や運転手、システムなどに関係する実証委託経費を計上した。

実は、伊那市は、「はこだて未来大学」のベンチャー「未来シェア」と、ＡＩ配車システムを使って、ドアtoドアの乗合タクシーを提供するオンデマンド交通事業化の実証実験をすでに二回実施している。地域活性化のために最先端の技術を使っていこうという下地が、もともとあったのだ。

高価なものよりも、最低限の設備で利便性が高く、複数の医療機関がシェアできるクルマを目指している

完成した移動診療車「ヘルスケアモビリティ」は、トヨタ・ハイエースの福祉車両を改造した四人乗りである。車内には、医療機関にいる医師と話すためのモニターや折り畳み式の簡易ベッド、机やいすなどがコンパクトに配置され、医療機器は心電図モニター、血糖値や血圧、酸素飽和度の測定器などが搭載されている。後部には、車いすで乗車するためのリフトが備えつけられている。

医師が乗らないことを前提にしているため、計画当初の段階から、高価な医療器械や、申請手続きの必要となる医療施設化は想定していない。医療設備が必要な急性期患者の対応は、ドクターカーや救急車を想定している。高価なクルマを作るよりも、最低限の設備で利便性が高く、複数の医療機関がシェアできるクルマを目指しているのだ。

今回のヘルスケアモビリティで行われる診察は、厚生労働省の「オンライン診療ガイドライン」に従って行われるが、一般的なオンライン診療と異なるのは、車両に医療スタッフとして看護師などが同乗し、医師の指示に従って患者をフォローする点だ。通常のオンライン診療では、音声による応答と、画面に映る顔色などで、医師は判断するしかない。触診などができないため、限られた情報の中で診断しなければならない医師にとっては、負担がかかる診察となる。それを補完するため、看護師がサポートするのである。看護師が医師の指示に従って、心拍測定など患者の検査や、必要な処置を行えるようにしている。看護師は検査結果や問診などの情報を、「情報共有クラウドシステム」に記録し、担当医師とデータを共有できるようにする。

また、地方ではスマートフォンやタブレットの操作に不慣れな高齢者が多い。通信環境を備え、プライバシーや情報セキュリティが確保され、看護師が補助しながら医師がオンライン診察を行うのに最適な環境が、ヘルスケアモビリティには備わっている。

ヘルスケアモビリティでオンライン診療を行う手順としては、移動診療車に伊那市の手配した運転手と、病院の看護師が乗り、モネテクノロジーズの配車システムにより予約された患者の自宅や、事前に決められた駐車場などへ訪問することになる。

市長も主張するヘルスケアモビリティの重要性

二〇一九（令和元）年一一月には「改正医薬品医療機器法」が成立した。現状では対面に限られている、薬の飲み方を教える服薬指導のオンライン化が、初回は薬剤師が対面指導することなどを条件に解禁されることになった。伊那市では二〇二〇（令和二）年度に地元薬剤師会などと実証を行いたいと考えている。

オンライン服薬指導が可能になっても、薬は車内で処方することはできない。伊那市では買い物弱者対策としてドローン物流やボランティア活用などについても実証試験を行っている。医療型ＭａＳと物流の連携が可能になれば、患者の利便性は一層、向上するはずだ。

オンライン診療はまだ始まったばかりであり、厚生労働省ではその普及状況や、安全性、有効性などを検証した上で、定期的に指針の見直しを行うとしている。

フィリップスやモネは、移動型でオンラインのクリニックや薬局も目指している。その場合、医師が医療用として扱う診断装置も、モビリティに搭載されることになるだろう。診断にＡＩを組み合わせることで、医師の負担軽減や、患者の安全性向上をはかることも期待されている。簡易的な処置については、遠隔ロボティクス技術などで対応できる可能性もある。

もちろんその先は、モビリティの自動運転化を、モネは目指している。

伊那市長の白鳥孝《しろとりたかし》は、ヘルスケアモビリティお披露目の式で、「私たちは『伊那に生きる、ここに暮らし続ける』という決心をしています。地方が高齢化や少子化で小さくなっていく流れを、なんとか新しい技術でカバーしたい。地方にとって、医療型ＭａａＳは画期的な取り組みなのです」と、期待を込めた。

モネ社長の宮川潤一は「多くの自治体の方と話す中で、医療で困っているところがこんなに多いのかと感じています。私たちがそれぞれの故郷で暮らし続けていくためには、こういうクルマを増やしていくことが必要です」と述べて、ヘルスケアモビリティの意義を強調した。

ゼロサムゲームだった世界がウィンウィンのプラスサムゲームに

オランダ発祥のフィリップスは、照明やＣＤを生み出した総合電機メーカーとして有名だったが、現在はヘルスケアテクノロジーに関連した事業に経営資源を集中している。その日本法人で社長を務める堤浩幸《ひろゆき》は、大学卒業後、日本内外の通信機器メーカーでネットワークの構築などを手がけてきたＩＴの専門家である。

「なぜフィリップスに入ったかというと、変な話ですが、一番ＩＴ化が遅れているように感じたからです。ということは、それをやれば、もっと活性化するし、一つひとつの事業が一緒に動けば、シナジー効果が出る。特にいまの医療は、かなり縦割りです。それを解消すれば、もっと素晴らしいことができると考えたのです」

そのフィリップスが最近力を入れているのが、ヘルスケア領域の製品にモバイルとモビリティを掛け合わせることだ。それにより、従来の固定化し、画一化したヘルスケアサービスから、「最適配置が可能なヘルスケア」に変革できるからだ。その具体化のひとつがヘルスケアモビリティである。

「ＭａａＳ時代は、ハード主体ではなく、サービス主体となります。ではサービスとは何かというと、価値創造です。価値を生み出さないものに、消費者は投資しません。ポイントは、具体的に見える化できるかどうかです」

ヘルスケアモビリティは、まさに目に見える形で、利用者の前に現れ、生活レベルを改善してくれる。

「街づくり、コミュニティづくりが私たちのゴールです」

街づくりとは、様々な人と人とが出会い、触れ合う仕組み作りのことであろう。ヘルスケアとＭａａＳを掛け合わせることによって、医療者側と患者側のニーズを合致させることができる。それを成り立たせているのは、ヘルスケアの専門事業者であるフィリップスの知見と技術、それにモネが持つ移動と通信のテクノロジーだ。

患者が十分な治療を受けたいと願えば、医師が疲弊する。医師が決められた勤務時間を守れば、患者が困り果てる。それがこれまでの、誰かが得をすれば、誰かがその分、損をするという「ゼロサムゲーム」の世界だった。しかし伊那で模索されているのは、市民も医療者も、市役所も、モネも、そしてフィリップスも、みんなが得をするウィンウィンの「プラスサムゲーム」だ。トータルで見ると、新しい価値が生み出されていることになる。それがＭａａＳのもたらす、新しい世界なのだ。

おわりに

今回の取材でよく耳にしたキーワードをいくつか紹介してみたい。

まずは「シェアリング」。驚くほどの勢いで、様々な分野に広がりつつある。おもしろいのは、サービスの受け手が、同時にサービスを供給する側にも立てることだ。以前は企業がサービスの主体だったが、シェアリングビジネスでは、個人がサービスの主体となることもできる。

つづいて「サブスクリプション」。定額制であり、「〇〇し放題」のことだ。ネットの世界では映画や音楽の配信などで定番だが、リアルの世界でも広まりつつある。サブスクリプションの優れている点は、提供する側が消費する側と、常につながっていることだ。クルマを売っておしまいというビジネスモデルではなく、常にメンテナンスに気を配り、顧客の満足度を追求し続けなければならない。

「五段階評価」もあった。提供する側が評価されるだけでなく、相互に評価するシステムが普及している。もしサービスを受ける側が、あまりにわがままだったり、旅の恥は掻き捨て的な行動をとったりすると、サービスする側の厳しい評価がウェブ上に掲載され、その人はその後、サービスを利用しづらくなるというチェック機能が働くのだ。

「競業」ではなく「協業」、「競争」ではなく「共創」という言葉もよく聞いた。成熟した市場なら、限られたパイを競い合って、争いが起きるかもしれない。しかしＭａａＳやＣＡＳＥの世界は、技術的にも、資金的にも、一社だけで完結できるような世界ではない。横のつながりを重視する「エコシステム」の時代である。前途洋々たるブルーオーシャンに向かい、同業者は協力して舟を漕ぎだすのだ。「モノ作り」と「コト作り」も、よく使われていた。ハードを作る側とソフトを作る側が、それぞれ協力しながら、新しい領域を創造していく。「ＡＩ」と「ディープラーニング」は、あっという間に定着した。もはやＡＩを使っていない分野はないのではないかと思われるほどである。

事業のプレゼンテーションを聞く機会も多々あったが、若い経営者の間で「一気通貫」という言葉が多用されていた。様々な交通機関に乗り継いで目的地まで行く際、シームレス（これもよく聞く言葉で、「切れ目なく」という意味である。）に行けることを表現したものだ。一気通貫のもともとの意味は、マージャンで同じ種類の数牌を一から九までそろえた役のことである。

こうしてキーワードを並べてみると、時代の変化に気づかされる。大企業中心で上意下達の垂直型社会から、いまやベンチャー企業や個人中心でボトムアップの水平型社会に移り変わっている。中央の決定事項が地方に伝達されるのではなく、ローカルで必要だからこそ生まれたものが、クモの巣状に広まっていく。

本書のまとめに、ＭａａＳの魅力をひとことで表現するとすれば、それは「出会いの魔法」だと思う。最新のテクノロジーを駆使して、各種交通機関はもちろんのこと、観光、不動産や医療など、様々なサービスと個人を、ＭａａＳがマッチングする。観光型ＭａａＳで紹介したウィラーの村瀬さんは、「人との出会いが、感動を多重化する」と言う。いつの世になっても変わらぬ、大切なものは、人と人との出会いだ。ヴィレッジインクの橋村さんはそれを、「完全なる非日常」における「ヴィレッジング」と表現した。医療型ＭａａＳに取り組むフィリップスの堤さんは、「コミュニティづくりが私たちのゴールです」と強調した。様々な出会いが、新しい価値を生み出す。誰かが得をすれば誰かが損をするというゼロサム社会ではなく、みんながうれしくなるプラスサム社会へと導いてくれる。ＭａａＳやＣＡＳＥは、そんな出会いを実現するための、最適なツールなのである。

今回の企画は、プレジデント社書籍編集部の桂木栄一部長と雑談していて、「最近ＭａａＳとＣＡＳＥって、新聞で見るようになったけど、いまひとつわからないね」という話から始まったものだ。

的確なアドバイスをいただいた月刊自動車雑誌『ニューモデルマガジンX』編集長の神領貢さん、本書の編集を担当していただいた遠藤由次郎さん、装丁デザインを担当していただいた秦浩司さん、そして取材にご協力いただいた多くのみなさまに改めてお礼申し上げたい。

二〇二〇年三月　著者

〈参考文献〉

『アップル、グーグルが自動車産業を乗っとる日』桃田健史（二〇一四年、洋泉社）
『モビリティをマネジメントする』藤井聡他（二〇一五年、学芸出版社）
『クルマを捨ててこそ地方は甦る』藤井聡（二〇一七年、ＰＨＰ新書）
『モビリティー進化論』アーサー・ディ・リトル・ジャパン（二〇一八年、日経ＢＰ社）
『２０２２年の次世代自動車産業』田中道昭（二〇一八年、ＰＨＰビジネス新書）
『完全理解 自動運転』林哲史（二〇一八年、日経ＢＰ社）
『ＥＶ・自動運転を超えて〝日本流〟で勝つ』アビームコンサルティング（二〇一八年、日経ＢＰ社）
『コネクティッドカー戦略』ネクスティ エレクトロニクス（二〇一八年、日経ＢＰ社）
『クルマをディーラーで買わなくなる日』桃田健史（二〇一八年、洋泉社）
『ＭａａＳモビリティ革命の先にある全産業のゲームチェンジ』日高洋祐他（二〇一八年、日経ＢＰ社）
『ＣＡＳＥ革命 ２０３０年の自動車産業』中西孝樹（二〇一八年、日本経済新聞出版社）
『モビリティと人の未来』須田英太郎他（二〇一九年、平凡社）
『クルマ社会の地域公共交通』野村実（二〇一九年、晃洋書房）
『空飛ぶクルマ』根津禎（二〇一九年、日経ＢＰ社）
『Ｍｏｂｉｌｉｔｙ ３・０』アクセンチュア戦略コンサルティング本部 モビリティチーム（二〇一九年、東洋経済新報社）
『ＭａａＳ入門 まちづくりのためのスマートモビリティ戦略』森口将之（二〇一九年、学芸出版社）

〈初出〉

第２章①、②『ニューモデルマガジンＸ』（ムックハウス／二〇一九年一二月号）
第３章④、⑤『ニューモデルマガジンＸ』（ムックハウス／二〇二〇年三月号）
第５章⑯『ニューモデルマガジンＸ』（ムックハウス／二〇一九年一一月号）

〈著者略歴〉

中村 尚樹（なかむら ひさき）

1960年、鳥取市生まれ。九州大学法学部卒。NHK記者を経てジャーナリスト。専修大学社会科学研究所客員研究員。法政大学社会学部非常勤講師。

著書に『マツダの魂 不屈の男 松田恒次』、『最重度の障害児たちが語りはじめるとき』、『認知症を生きるということ―治療とケアの最前線』、『脳障害を生きる人びと―脳治療の最前線』（いずれも草思社）、『占領は終わっていない―核・基地・冤罪そして人間』（緑風出版）、『被爆者が語り始めるまで』、『奇跡の人びと―脳障害を乗り越えて』（共に新潮文庫）、『「被爆二世」を生きる』（中公新書ラクレ）、共著に『スペイン市民戦争とアジア―遥かなる自由と理想のために』（九州大学出版会）などがある。

ストーリーで理解する

日本一わかりやすい
MaaS & CASE

2020年 4月13日　第1刷発行

著　者　　中村 尚樹
発行者　　長坂 嘉昭
発行所　　株式会社プレジデント社
〒102-8641　東京都千代田区平河町2-16-1
平河町森タワー13階
http://www.president.co.jp/
電話：編集（03）3237-3732　販売（03）3237-3731
編　集　　桂木 栄一　遠藤由次郎
装　幀　　秦 浩司
制　作　　関 結香
販　売　　高橋 徹　川井田美景　森田 巌　末吉 秀樹
印刷・製本　　萩原印刷株式会社

ISBN978-4-8334-2358-8
Printed in Japan